大平和典

日本後紀の研究

国書刊行会

日本後紀の研究　目次

目次

目次

第二部

第七章　二十巻本『日本後紀』の編纂と流布をめぐって

第八章　尾張藩二代藩主徳川光友の学と堀杏庵門下

第九章　『日本逸史』延暦十三年十二月庚申是日条考
――賀茂社行幸初見記事の出典をめぐって

目次

序論

「記紀で研究する前に、記紀を研究しなければならぬ[1]」、あるいは「六国史で、歴史を研究する前に、六国史を、研究する段階が必要[2]」という坂本太郎氏の言葉はあまりにも有名であるが、重厚な研究史を誇る『日本書紀』『続日本紀』に対して、『日本後紀』以下の四国史は、坂本氏の研究以後は際だった成果もなかった。

記紀についても、多くの研究が蓄積されてきたとはいえ、それらの大半はいわゆる「史料批判」に重点がおかれ、記紀の虚構性を暴こうとすることに終始し、近年においてもその傾向は払拭されていない。このことは、『史学雑誌』における「回顧と展望」号の記述に顕著に現れているであろう。

・中野高行氏「『日本書紀』における「任那日本府」像[3]」に対して

研究史を整理したうえで、『書紀』の描く「日本府」像を「忠実」に「再構成」してみせるが、真摯な史料批判にもとづく実証を放棄するかのごとき態度は如何なものか。

（樋口知志氏執筆、『史学雑誌』「二〇〇四年の歴史学界――回顧と展望　古代　二」平成十七年五月）

・若井敏明氏「古代日本の形成における暴力の問題についての覚書[4]」に対して

五世紀までを軍事統一と内部抗争の歴史と捉え、古代国家の暴力的性格を強調するが、史料批判もせずに神武東征などを事実とする姿勢は歴史学の自殺行為に他ならない。

（佐藤長門氏執筆、『史学雑誌』「二〇〇六年の歴史学界――回顧と展望　古代　二」平成十九年五月）

・若井敏明氏「記紀神話の原像とヤマト王権の起源(5)」に対して
史実性が乏しい神話は記紀編纂段階の理想像を示しているにすぎず、そこから具体的史実をみようとするのは方法論的誤謬。

（同右）

・若井敏明氏「河内における県の展開(6)」「古代日本の形成における暴力について(7)」に対して
両者とも「史料」を使わない研究を批判して確信犯的に記紀の所伝をそのまま根拠としているが、逆に史料として生かす何らの方法論も用いないのは本末転倒。

（松木俊曉氏執筆、『史学雑誌』「二〇〇八年の歴史学界――回顧と展望　古代　二」平成二十一年五月）

「実証を放棄するかのごとき態度」「歴史学の自殺行為」「方法論的誤謬」「史料として生かす何らの方法論も用いない」と文字通りの酷評であるが、これらを見ると、そもそも「史料批判」「実証」とは何なのか、考えさせられる。こうした動向に警鐘を鳴らすものとして、奈良女子大学「日本史の方法」研究会発行の『日本史の方法』第七号が若井敏明・西谷地晴美・小路田泰直各氏による対談「古事記・日本書紀はいかに読むべきか」を掲載するが(8)、翌年の「回顧と展望」号では、「全体的な趣旨としては如何なものかとも思うが、西谷地の作品論的研究批判には傾聴の余地もあろう」（松木俊曉氏執筆）と評される。記紀に信用を置かないことイコール「科学的」である、ということであり、そこに古典を尊重する態度は見受けられない。
こうした評に対して若井氏自身は、その著『邪馬台国の滅亡(9)』において次のように述べておられる。

そして、『記紀』などの国内史料を用いた研究にたいする学界の対応はあまりに冷淡であった。たとえば、田中卓氏は戦後一貫して国内史料を利用した古代国家論を提唱してきたが（『日本国家の成立』など）、その主張は反論すらされず、無視されつづけてきた。同様のことは、神武東征から邪馬台国東遷説を主張する安本美典氏にたいしてもいえる。また、日本古代史の大御所といえる坂本太郎の研究は、多くの分野で継承されてきたが、『国家の誕生』などで示された大和政権についての見解は受け継がれているとはいいがたい。

このような傾向は現在もつづいているようにみえる。たとえば、かつて大化改新否定論をひっさげて学界を震撼させた原秀三郎氏が、埼玉県の稲荷山古墳出土の鉄剣銘文の発見などをきっかけに、『記紀』など国内史料を重視すべきことを主張している（『日本古代国家の起源と邪馬台国』など）。ところが、改新否定論については議論百出した学界が、今回はすっかり鳴りをひそめ、原氏の議論にかかわろうとはしないのである。さらに、かくいうわたし自身、神武天皇の東征を再検討すべきだと述べたばかりに、歴史学の自殺行為とまで酷評されたことがある。（七頁）

戦後長らく続く日本古代史学界の大勢を占める風潮であり、その傾向は今日に引き継がれているといってよい。とはいえ、最近の考古学における発見は、『日本書紀』が史実を伝えていることを示すものばかりである[10]。また、大きな枠組みにおいては『日本書紀』本文をそのままに理解してもまったく矛盾がない事例について、あえて憶測を重ねその虚を論ずることが、正しい史料批判のあり方、「真摯な史料批判にもとづく実証」なのであろうかと、疑問に感じざるをえない[11]。

以上は主として『日本書紀』の話であるが、『続日本紀』についても、記事を虚実に切り分けるといった方法論がみられることは、危惧すべき傾向といえるのではなかろうか。それが、例えば、道鏡事件はなかったとする中西康裕氏の説[12]、あるいは道鏡皇胤説を唱える高森明勅氏の説[13]であり、一方は『続日本紀』を批判的に読んでそこに政治的意図による編者の捏造を読み取り、一方は自らの女系天皇公認論を補強するため、といったように立場こそ異なれど、いずれも『続日本紀』撰者の「地の文」に疑念を抱き、撰者の意図的な史実の改竄を認める「記事を虚実に切り分ける」といった方法論がとられており、筆者には首肯し難い。何にでも疑ってかかるのは結構だが、『日本書紀』に対する疑念と同様の視点が『続日本紀』にも及び始めており、このことは緒についたばかりである『日本後紀』以下の国史の研究においても、看過してよい問題ではないものと考える。

一方、記事を虚実に切り分ける、ということに対して、「勅撰史書成立が政治性を帯びたものであっても、だからといって記事内容の信頼性を損ねるものではない」と述べるのは、遠藤慶太氏である。遠藤氏の著書『平安勅撰史書研究[14]』は、『続日本紀』以下五つの国史の初歩的問題、すなわち史料論と成立論とに取り組まれ、前半部においては、研究の第一歩である良質な本文確定の前提となる作業である諸本調査を行って「将来の本文校訂に向けた道筋を示」し、「今後、新たな写本が出現するとしても、それを付け加える基盤」を用意され、後半部においては、史書が帯びた政治性を「勅撰性」の語で把握し、勅撰性には「鑑誡」となる不朽の記録作成、編纂を命じた当代天皇の正統性の表明、という二点の枠組みによって規定できることを具体例でもって指摘されたものである。

近年、六国史研究は新たな段階を迎えたといわれる。それに伴って、六国史、あるいは『日本後紀』の研究史についてまとめた成果も現れている。『国史大系書目解題[15]』、訳注日本史料本の解説[16]、遠藤氏および細井浩志氏の著書の序章[17]、関根淳氏による研究史整理[18]、などである。いずれも今日の研究段階を示す重要な論考ということができ、とりわけ遠藤氏の前掲書と細井浩志氏の著書は多くの書評・紹介がなされているが[19]、またその研究視角も尊重すべきものと考える。

細井氏は、『続日本紀』研究における中西氏[20]・長谷部将司氏[21]・関根淳氏[22]・安田政彦氏[23]などの研究を例に、記紀同様の観点からの史料批判が行われていることを指摘され、『続日本紀』と同じく『日本後紀』についても、政治的意図による編纂なので事実を正確には反映していないとする立場からの中西氏の分析[24]、あるいは笠井純一氏[25]・西本英夫氏[26]、および拙稿[27]をあげて、これらは「『後紀』の編纂過程を政治史的に見る」論考で、「今後は国史を政治的書物として見るという『続紀』の研究手法が、徐々に『後紀』研究にも波及する可能性はあるだろう」と述べておられる[28]。

遠藤氏も細井氏も、国史編纂を史実・歴史的評価の確定と位置づけ、そこに意図的な積極的偽造を認めない立場は共通するといえる。「勅撰性」を指摘される遠藤氏と、国史編者を一種の歴史家と見なして「積極的な捏造」や「政治性」を強調することを批判される細井氏の指摘とは、一見すると矛盾するようにも思われるが、史書が編纂の命を下された天皇の立場で記されることは当然の成り行きである。しかしそこに政治的な意図による事実の改竄や隠蔽を認めることとは話が違ってくる。そもそも、記事を当時の関心によって取捨選択することはなされても、明白な事実をひた隠しにすることにはある程度の限界があり、あるいは全くの偽りを記す、ということが、編纂・完成当時それを目にした者に認められたとは到底思われない。国史の対象読者層という問題も関わってくるが、それにしても、それがまかり通ったならば、国史の権威は失墜していたであろう。国史にしばしば見受けられる矛盾点や事実に反する記事などについては、政治的意図による改変を疑うのではなく、例えば細井氏の述べられる、奈良時代の記録保存の欠陥などによる「〝善意の〟事実誤認」、あるいは「編纂を命じた天皇、あるいは大臣以下の権力者の意向を肌で感じながら、自らの名誉欲を満たすために（中略）それに都合のいい手元の史料を選択して記述することにあた」っても、「こうした場合は偽文書の利用や不都合な史料の無視は行っても、積極的な偽造は起こりにくい」との指摘を考慮すべきである。以上のような視点は尊重すべきもので筆者も基本的には従うべき見解であると考えており、『日本後紀』に関しても、これを懐疑的にみるのではなく、素直に読み進めることも必要なのではなかろうか。

また、現在我々が使用する『日本後紀』の本文が、原撰本にどれだけ近いのか、あるいは違いがあるのか、ということを考えることも、『日本後紀』を扱う場合に必ず考えなければならないことであるが、『日本後紀』の諸本については遠藤慶太氏[29]、伝来については西本昌弘氏[30]の研究が一つの到達点を示しているといえる。平成十五年に刊行された『訳注日本史料　日本後紀』（集英社、平成十五年十一月）は、単に注釈書としてのみでなく、こうした諸本・伝来研究の成果を踏まえたものとしても注目に値する。現存の『日本後紀』は全体の四分の一に過ぎないとはいえ、その十巻が今日に伝えられたことの意義、逸文蒐集の努力、いずれも顧みられるべき業績である。『日本後紀』の探求は近世・近代を通じて多くの学者・研究者によってなされ、例えば昭和二十年に国史編修院長に就任した山田孝雄氏も『日本後紀』残欠を探したいという希望をもっていたという[31]。そうした『日本後紀』探求の一端を跡づけることも少なからず意味を有するであろう。逸文蒐集の成果は訳注日本史料本に集大成され、「逸文関係文献目録」も付されている。散佚した『日本後紀』の復原という観点では、近世に流布した二十巻本の『日本後紀』、あるいは『日本逸史』等もその一つであるということができる。『日本逸史』については山本信吉氏の解題[32]が最も詳細であり、二十巻本については三橋広延氏[33]および筆者がその検討を進めているが、これらもなお研究の余地が残されている分野といえよう。

以上、近年の六国史研究、『日本後紀』研究に対する所感を述べたが、こうした現状と問題意識をふまえ、本書では、

第一章において『日本後紀』の諸本を採り上げて、主要諸本間の文字の異同と校訂を概観する。第二章は、『日本後紀』の特色と撰者の個性との関係について通説に対する疑問を述べる。第三章・第四章は、『日本後紀』の内容に関するもので、近年有力となっている学説、第三章では桓武天皇遺勅の問題、第四章では薬子の変について、それぞれ国史を素直に読み進めるべきとの立場で言及した。第五章から第九章は、近世に流布した二十巻本『日本後紀』およびそれに関連する諸問題を扱った。

なお、最近の特記すべき事項として、遠藤慶太氏『六国史――日本書紀に始まる古代の「正史」』[34]の刊行があげられる。『六国史』と題する概説書はまさに坂本太郎氏以来のものであるが、『日本書紀』と史実との関係、勅撰史書のもつ政治性の問題、さらには六国史以後の私撰国史や日記による代替など、首肯すべき結論が一般向けにわかりやすく提示されている。本書においては十分にその成果を取り入れることができていないが、あわせて参照されたい。

註

（1）坂本太郎氏「記紀研究の現段階」（『史学雑誌』七二―一二、昭和三十八年十二月）。
（2）坂本太郎氏『六国史』（吉川弘文館、昭和四十五年十一月）。
（3）中野高行氏「『日本書紀』における「任那日本府」像」（三田古代史研究会編『政治と宗教の古代史』慶應義塾大学出版会、平成十六年五月、所収）。
（4）若井敏明氏「古代日本の形成における暴力の問題についての覚書」（『日本史の方法』三、平成十八年一月）。
（5）若井敏明氏「記紀神話の原像とヤマト王権の起源」（『日本書紀研究』二七、塙書房、平成十八年六月）。

（6）若井敏明氏「河内における県の展開」（『鷹陵史学』三四、平成二十年九月）。
（7）若井敏明氏「古代日本の形成における暴力について」（舘野和己・小路田泰直両氏編『古代日本の構造と原理』青木書店、平成二十年一月）。
（8）平成二十年五月発行。若井氏「神武天皇不在論は科学的か」、西谷地晴美氏「記紀の読み方——神野志隆光氏の所論によせて」、小路田泰直氏「津田史学からの脱却」。
（9）若井敏明氏『邪馬台国の滅亡　大和王権の征服戦争』（吉川弘文館、平成二十二年三月）
（10）発掘成果と記紀との関連性について指摘する論考は枚挙に遑がない。ここでは一例として、続・田中卓著作集第三巻『考古学・上代史料の再検討』（国書刊行会、平成二十四年六月）を掲げておく。
（11）遠藤慶太氏は、『日本書紀』を八世紀に成立したテキストととらえる議論は一つのアプローチであるとした上で、『日本書紀』が一つの書物としては統一を欠くことを指摘し、『日本書紀』の編纂そのものを問題とする議論の必要性を述べてそれを試みられている（『日本書紀の形成と諸資料』塙書房、平成二十七年二月）。学ぶべき姿勢であろう。
（12）中西康裕氏「道鏡事件」（『続日本紀と奈良朝の政変』吉川弘文館、平成十四年七月。初出は平成五年五月）。
（13）高森明勅氏「道鏡事件とは何か」（『季刊日本文化』二四、平成十八年四月）。
（14）遠藤慶太氏『平安勅撰史書研究』（皇學館出版部、平成十八年六月）。
（15）山本信吉氏「日本後紀」（皆川完一・山本信吉両氏編『国史大系書目解題』下、吉川弘文館、平成十三年十一月）。
（16）黒板伸夫氏「書名と編修」・同「特色と時代」・齋藤融氏「残存巻について」・三橋広延氏「逸文収集の歩み」・同「逸文関係文献目録」を掲載。
（17）遠藤氏前掲註（14）書、細井浩志氏『古代の天文異変と史書』（吉川弘文館、平成十九年九月）。
（18）関根淳氏「戦後六国史研究の潮流」（『日本歴史』七二六、平成二十年十月）。
（19）遠藤氏の著書については、水口幹記氏が『歴史学研究』八二六（平成十九年四月）、森田悌氏が『日本歴史』七一〇（平成十九年七月）、小倉慈司氏が『市大日本史』一一（平成二十年五月）、谷口孝介氏が『和漢比較文学』四一（平成二十年八月）、また筆者が『皇學館論叢』四〇―一（平成十九年二月）に、細井氏の著書については、木本好信氏が『甲子園短期大学文化情報学科研究報告』三（平成二十年三月）、遠藤慶太氏が『日本歴史』七二〇（平成二十年五月）、関根淳氏が『続日本紀研究』三七五（平成二十年八月）、山下克明氏が『日本史研究』五五五（平成二十年十一月）、河内春人氏が『歴史評論』七一一（平成二十一年七月）、水口幹記氏が『古文書研究』六八（平成二十二年二月）に、それぞれ書評・紹介を執筆している。

（20）中西氏前掲註（12）『続日本紀と奈良朝の政変』に集成された諸論文。

（21）長谷部将司氏『日本古代の地方出身氏族』（岩田書院、平成十六年十一月）所収「神託事件の虚像と実像」。

（22）関根淳氏「「長屋王の変」の構造――『続日本紀』『日本霊異記』の史料的検討」（『平田耿二教授還暦記念論文集　歴史における史料の発見』平田研究室、平成九年九月）・「長屋王の「誣告」記事と桓武朝の歴史認識」（『日本歴史』六六七、平成十五年十二月）。

（23）安田政彦氏「『続日本紀』にみえる地震記事」（『続日本紀研究』三〇〇、平成八年三月）。

（24）中西康裕氏「『日本後紀』の編纂について」（『続日本紀研究』三一一・三一二合併号、平成十年二月）。

（25）笠井純一氏「続日本紀と日本後紀――撰者と「蕃」人をめぐる一問題」（『続日本紀研究』三〇〇、平成八年三月）。

（26）西本英夫氏「『日本後紀』『続日本後紀』『日本文徳天皇実録』における叙位記事欠落について」（『続日本紀研究』三四二、平成十五年二月）。

（27）拙稿「『日本後紀』の編纂と藤原緒嗣」（『皇學館論叢』三五―二、平成十四年四月）。

（28）細井氏前掲註（17）書「序章　国史編纂史と年代学」。

（29）遠藤慶太氏「『日本後紀』の諸本と逸文」（前掲註（14）書所収。初出は平成十四年十月）。

（30）西本昌弘氏「『日本後紀』の伝来と書写をめぐって」（『続日本紀研究』三一一・三一二合併号、平成十年二月）。

（31）中田易直氏対談「国史学界の今昔（五六）戦中・戦後の文部省学術行政（上）」（『日本歴史』八一〇、平成二十七年十一月)。

(32) 山本信吉氏「日本逸史」(皆川完一・山本信吉両氏編『国史大系書目解題』下、吉川弘文館、平成十三年十一月)。

(33) 三橋広延氏「逸文収集の歩み」(訳注日本史料『日本後紀』解説、集英社、平成十五年十一月) 等。

(34) 遠藤慶太氏『六国史――日本書紀に始まる古代の「正史」』(中公新書、平成二十八年二月)。本書については多田圭介氏による紹介(『皇學館論叢』四九―四、平成二十八年八月) がある。

第一部

第一章　『日本後紀』の諸本をめぐる問題

はじめに

『日本後紀』は、『続日本紀』の後を承けて、桓武天皇の延暦十一年（七九二）正月より淳和天皇の天長十年（八三三）二月に至る四代四十一年余りを叙述の対象とする歴史書である。しかし、この『日本後紀』は恐らく応仁の乱前後に散佚し、今日現存するのは全四十巻のうち、巻五・八・十二・十三・十四・十七・二十・二十一・二十二・二十四の十巻、わずか四分の一に過ぎない。このことが、『日本後紀』、さらには平安初期の研究において大きな障害となっていた。

平成十年代に至ってようやく、『日本後紀』の諸本あるいは伝来についての研究がめざましい進展をみるに至った。とりわけ、注釈書の刊行は大きな意義を有している。本章においては、改めて『日本後紀』の諸本を概観したい。

一　『日本後紀』の主な写本と版本

『日本後紀』の諸本については、遠藤慶太氏の研究[1]があり、今日の学界の水準を示している。それによれば、現存写本はすべて三条西家本を祖とするものである。筆者も大学院在学中に、『国書総目録』に基づく諸本調査を始めたが、遠藤氏の成果が発表されたことや、主たる関心が二十巻本『日本後紀』に移ったことにより、調査を中断した。したがって、『日本後紀』諸本の概要は遠藤氏の調査結果に委ねることをお許しいただきたい。ここでは、主要な写本として、天理大学附属天理図書館所蔵の三条西家本、および西尾市岩瀬文庫所蔵の柳原紀光本、また版本として、塙保己一校印本、および伴信友校訂『本朝六国史』所収本を採り上げ、それらの概要のみ記述する。

①　三条西家本（天理大学附属天理図書館所蔵）

天理大学附属天理図書館の所蔵する三条西家本は、大永四年（一五二四）・天文元年（一五三二）・同二年（一五三三）に、三条西実隆・公条父子によって書写された古写本である。筆者は影印本でのみ閲覧し実見の機会を得ていないので、以下、堀池春峰氏の解題[2]により概要を述べる。

三条西家本は、袋綴十巻六冊、巻十二・十三・十四と、巻二十・二十一・二十二は合装されている。縦二八糎、横二一・五糎。表紙左上方に「日本後紀第八」や「日本後紀第十二十四」のごとき題簽がある。ただし、巻五のみ欠落。原表紙の上には新表紙が着装され、左上方に「写本／日本後紀第五」といった題簽あり。また、右上方に「三条西」の朱印を捺し、その下に「全六ノ壱」などと墨書する。
本文には朱点・書入れがなされ、干支にはまま朱引、廬点が施される。
奥書・識語は、次の六巻にみられる。

•巻五

本云
延久六年六月廿七日未時、比校了、
大永四年○《九月十九日》以二中書王御本一書写之、

•巻八

天文二三廿一、一見加二朱点一了、

•巻十三

天文二　五月、命二大史于恒宿祢一令二書写一、

•巻十七

天文元臘廿八、書写了、

•巻二十二

右、命二于恒宿祢一令レ書レ之、加二一見一加点点了、
于レ時天文二年九月十日、

•巻二十四

右、倩二于恒宿祢手一、令レ書レ之、

于レ時天文二年重九之後一日、加二一見一又加二朱点一了、

これらによって、巻五は大永四年（一五二四）に「中書王」すなわち中務卿伏見宮貞敦親王（長享二年〈一四八八〉―元亀三年〈一五七二〉）の蔵書を書写したものであり、巻八・十三・十七・二十二・二十四については天文元年（一五三二）・同二年（一五三三）に書写されたものであることがわかる。

巻五は伏見宮本を親本とすること明らかであるが、大永本と天文本とで書写年代に八年の開きがあることから、佐伯有義・坂本太郎両氏は、巻五以外は別本によったものとされ(3)、柄浩司氏もこれに従いつつ、すでに書写を終えた巻五を除く『日本後紀』と『続日本後紀』の所在が不明でその発見に年月を要したであろうこと、筆者である三条西公条の筆が父実隆に比べて遅いこと、の二点を別本によった原因として掲げている(4)。一方、山本信吉氏は、半葉十三行、原則として一行二十五字という書写の体裁が同じであることから、別本とみる理由はないとされる(5)。

書写者については、巻十三・二十二・二十四は三条西家の命をうけて于恒宿祢（小槻于恒）が書写したものであると明記されているが、坂本太郎氏は三条西実隆でなくその子公条であることを指摘され(6)、堀池春峰氏は書風などよりして巻五・八・十七・二十が公条、その他が于恒であると推測されている(7)。山本信吉氏は、このうち巻十二は筆跡から公条の筆とされる(8)。

この三条西家本は、元禄十六年（一七〇三）、前田綱紀によって裏打ちが施され(9)、また柳原紀光によって書写されているが（本節②参照）、その存在が広く知られることはなかった。幕末に至り、谷森善臣が弘化四年（一八四七）二月、塙本に伴信友校本をもって校合書入、さらに嘉永六年（一八五三）六月、三条西家本により校合していることが確認される（宮内庁書陵部所蔵）。

・谷森善臣校『日本後紀』識語(10)

弘化四年二月廿五日、以㆓伴信友老人校本㆒書入了、

谷森種宲

随所見連　加㆓批校㆒古写本類聚国史日本紀略扶桑略記等也

日本後紀残缺十巻、拠㆓天文書写之本㆒遂㆓批校㆒畢、

嘉永六年六月廿五日自㆓廿二日未刻㆒始至㆓廿五日酉刻㆒終　種宲

また、小中村清矩（文政四年［一八二一］—明治二十八年［一八九五］）も三条西家本を校合に用いている（東洋文庫所蔵）。この小中村校本に引かれた三条西家本が、（旧輯）国史大系本や国史大系六国史本で対校本に用いられている。昭和五十三年三月には、『天理図書館善本叢書　和書之部』の一冊として、本書の影印本も刊行されている。

② 柳原本（西尾市岩瀬文庫所蔵）

西尾市岩瀬文庫の所蔵する柳原本（九八函三三番）は、寛政八年（一七九六）、柳原紀光（延享三年〈一七四六〉—寛政十二年〈一八〇〇〉）の書写になり、三条西家本の謄写本である。早くは佐伯有義氏(11)が紹介し、また近年改めて西本昌弘氏(12)が注目され、さらに森田悌氏によって塙本の親本であることが論じられ(13)、その位置づけが確定された。

柳原本は、大和綴十巻六冊。三条西家本と同じく、巻十二・十三・十四、巻二十・二十一・二十二をそれぞれ一冊に合冊する。各冊とも、表紙左肩に「日本後記」との外題があり、その外題右方に「極秘」、綴代中央に「窓外不出」。外題の下に巻数を「第五」のごとく記す。また、右方上端に「得」と墨書し、第三・四・五冊には表紙右下に「共六

冊」とある。第一・二・六冊の見返の右方下端には「墨付十三枚」のように丁数を記す。

各冊の墨付第一丁には、右方に上から「日野柳原／秘府図書」、「岩瀬文庫」（ただし第二・第六冊には無し）、「日野柳原秘府／得明記之印」の蔵書印を捺す。

なお筆者はマイクロフィルムによって閲覧し、原本を実見していないので、「西尾市岩瀬文庫古典籍書誌データベース（試運転）[14]」によって補足すると、大本で、原装横刷毛目表紙紙縒綴本。表紙裏に反古あり、長野図書助・真継能登守宛東条左衛門等連名書状、柳原大納言宛〈摂州大念仏寺役者〉宝生院太運書状、『続史愚抄』史籍年表稿等。

奥書・識語は、巻十三を除く次の各巻にみられる。

・巻五
　本云　延久六年六月廿七日未時、比校畢、
大永四年九月十九日、御本書写之、
　寛政八七九校、
・巻八
　天文二三廿一一見、
　寛政八七十二校、
・巻十二
　寛政八八十九比典、
・巻十四

寛政八八廿一比校了、

・巻十七

一校、

・巻二十

寛政八七十八比校、

・巻二十一

寛政八七廿一比校、

・巻二十二

寛政八七廿七校、

・巻二十四

右日本後紀第五 八 十二 十三 十四 十七 二十 廿一 廿二 廿四十弓、以二或家古巻一左大史于恒宿祢書令二書写一則遂二比校一、全部曽有レ之云々、而可二借与一旨示レ之紛失歟、此書雖二多流布一非二真書一、今得二此書一、最可レ謂二奇珎書一、堅固可レ秘焉、

寛政八年八月廿一日　　正二位藤紀光（朱印）

紀光は、『続史愚抄』の草案を清書中であったが、寛政八年（一七九六）六月頃より三条西家所蔵の秘記を借覧することが許され、以後半箇年ほどそれらの謄写を行っている。[15] 本書もそうした中で写されたものである。本書の謄写を終えて間もない八月二十五日、紀光は永蟄居を命ぜられ、翌二十六日には皇居東側の本邸より岡崎の別荘に移っている。[16]

③　塙本（塙保己一校印本）

『日本後紀』は、応仁の乱前後に散佚したとみられ、江戸時代初期にはその所在が知られなくなっていた。やがて、塙保己一の門人稲山行教によって全四十巻のうち十巻が発見され、寛政十一年（一七九九）に巻五・八・十三・十四・十七・二十・二十二・二十四の八巻が、享和元年（一八〇一）に巻十二・二十一の二巻が、和学講談所より木版本十冊として刊行されるに至った。これが塙本である。ここにその散佚後初めて『日本後紀』の一部が世に現れることとなったのである。

寛政十一年に上木された八巻八冊の最後、巻二十四にみえる刊記には、

　右日本後紀、残缺第五第八第十三第十四第十七第二十第廿二第廿四合八巻、門人稲山行教於二京都一写之、以二類聚国史日本紀略等諸書一校合畢、

　　寛政十一年十月日　　検校保己一

とあり、追加の二巻二冊本の最後、巻二十一にみえる刊記には、

　右日本後紀、残冊第十二第廿一、門人稲山行教於二京都一写之、以二類聚国史日本紀略等諸書一校合畢、

　　享和元年十一月日　　検校保己一

とある。しかしこれらの刊記からは、塙本の親本は稲山行教が京都において書写したものであるということしか明らかでない。そこで従来は、近世期における松崎慊堂『慊堂雑説』や小宮山昌秀『諼草小言』の記述などから、親本は伏見宮家本であろうといわれてきた[17]。これに対して、西本昌弘氏は、『日本後紀』伝来についての研究を深めてその通

説に再考の余地があることを示され[18]、さらに森田悌氏は、塙本の親本が柳原紀光本であることを明らかにされた[19]ことは先述のとおりである。

その出版については[20]、寛政九年（一七九七）二月、国史・律令等の校正のため塙保己一より公儀御文庫（紅葉山文庫）の書物拝借の願が出され、同十年（一七九八）十月には国史・律令開板のための費用七、八百両拝借を願い出、十二月、五百両の拝借が許される。費用拝借を願い出る段階で開板計画を載せているが、これに『日本後紀』はいまだ含まれていなかった（以上、『和学講談所御用留』第一冊[21]）。柳原紀光による『日本後紀』書写は寛政八年八月に終わり、寛政十一年十月に塙本十巻十冊のうち八巻八冊が刊行されるが、寛政十年十月時点において塙保己一は『日本後紀』を発見しながらも開板計画のうちに記さなかったのか、それともこの十年十月から以後十一年十月の刊行までの一年の間に発見し急遽刊行に至ったのか、両様考えられる[22]。

塙本の各巻末には考異が付され、校訂により字句を改めた場合や諸書との異同がみられる場合にはその旨を示している。刊記には「類聚国史・日本紀略等諸書」をもって校合した旨が記され、他に考異には、「公卿補任」「続日本紀」「和気清麻呂伝」「本朝月令」「尊卑分脈」「一代要記」「類聚三代格」「神祇令」「延喜兵部式」の名がみえる。ただし、考異の掲載基準には疑問が存し、問題点として残る（本章第四節参照）。稲山行教による書写、諸書との校合、開板に至るまでを倉卒の間に行った故であろうか。

本書はその後、明治三十六年八月、発行者梶田甚助（名古屋）、発行所林平次郎（東京）・細川清助（京都）・鹿田静七（大阪）・吉田久兵衛（東京）・文光堂書店（名古屋）として、版権を譲り受け和装本のまま再版されていることも確認される。

なお、この塙本の版木は、一枚が温故学会に保管されている他[23]、樋口清之氏旧蔵の三枚が平成二十九年に皇學館大学附属図書館所蔵となった[24]。

④　本朝六国史本

伴信友校訂本を底本とする『本朝六国史』は、明治十六年、石版本として刊行された。五帙・全三十冊のうち、第三帙に『日本後紀』・『文徳実録』の八冊が収められ、このうち『日本後紀』は四冊。伴信友校訂『日本後紀』は塙本をもととしている。第一冊は巻五・巻八の二巻、第二冊は巻第十二・十三・十四の三巻、第三冊は巻第十七・二十の二巻、第四冊は巻第二十一・二十二・二十四の三巻。『日本後紀』第一冊目の扉に「伴信友校訂／日本後紀　全十巻／佚存書坊印行」、第四冊に奥付があり、明治十六年四月十一日出版御届、同年同月出版。参考幷出版人として岸田吟香・磯部太郎兵衛・林安之助、発売人として赤志忠七、印行所は精版会社とある。なお、初帙（日本書紀）六冊は同年八月、二帙（続日本紀）十冊は同年七月、四帙（続日本後紀）六冊は同年五月、五帙（三代実録）十冊は同年六月の発行。

本書はその後、明治四十年三月に、一冊に合冊された洋装本の縮刷版が刊行されている。この縮刷版は、翻刻兼発行者櫻井庄吉、発行所は郁文舍・吉岡宝文館。この郁文舎版では、次のような例言が付されている。

例言

一、本書は、我が邦歴史の根本にして、開国以来平安朝の初葉に至る、万世一系の皇統の由来を初め奉り、時勢の変遷、国運の消長等を詳にしたるものなれば、国民として一日も座右を放つべからざる宝典なれども、洪澣なる書籍にして、何人も自由に繙くことを得ざるより、世界に比類なき国体を詳悉すること能はざるもの無きを保せず、実に痛歎の至りならずや、吾が編輯所はここに見る所あり、今回伴信友翁の校訂本を定本とし、数種の異本を参照校訂し、携帯に便ならしめんが為め、ここに縮刷刊行せり、されば何人もこれを閲読して、此の貴ぶべき国体の由来を悉知するを得るに容易なるべし。

一、本書の校訂は、左の順序を以てなせり。

一　伴信友翁校訂本を以て定本とし、左の書籍を以て校合せり。

古事記　先代旧事本紀　釈日本紀　日本紀私記　日本紀纂疏　日本書紀通証　書紀集解
類聚国史　和名類聚鈔　古事記伝　紀記歌集　万葉集古義　日本紀通釈　古写本

二　原書の古訓は、諸書に照らして其の謬りを正し、こと〳〵くこれを存し、音便の如きも亦すべて改めず、其儘これを存したり。

三　文字の疑はしきものは諸本に照らしてこれを訂し、猶不明にして諸本皆同じきものは其儘これを存しおけり。

四　漏脱の疑ひあるものも亦前項と同じ。

五　文字の異同等を訂したるものは、印刷上の都合により、其の書名等を記注することを略せり。

一、本書索引に天皇の御名の下に当時の皇居、及び年号を記注せしは、読者の便をはからんが為めに附記せるものなり。

二 『日本後紀』の校訂本と注釈書

次に、明治以後に刊行された『日本後紀』の活版本の概要を記述する。

① (旧輯) 国史大系本

田口卯吉氏の経済雑誌社より明治三十年六月に刊行。『続日本後紀』・『日本文徳天皇実録』と合冊して国史大系第三巻としている。

凡例によれば、「故文学博士小中村清矩氏の校本に拠り傍ら秘閣本其他一二の校本を参攷して流布本に校訂標註を加へ」ている。なお大沼宜規氏は、田口卯吉氏によって国史大系が計画され、編纂が始まった後の明治二十九年秋に黒板勝美氏が国史大系の予約広告を見て田口氏に面会、黒板氏が加わったことによって、単に流布本を翻刻するのでなく校訂を加える方針に変わったと考えられると述べる[25]。

凡例

一、三書総べて故文学博士小中村清矩氏の校本に拠り傍ら秘閣本其他一二の校本を参攷して流布本に校訂標註を加へたり

一、標註は毎行之を鼇頭に掲け一行に属するもの数多ある時は○符を挿入して連記すること既刊の日本書紀続日本紀に同し

一、標註に挙けたる異本の名目は省略に従ふもの左の如し

（日本後紀）

塙保己一校本　塙本　　天文古写本　天文本　　塙本考異　考異

（続日本後紀）

〔省略〕

（文徳実録）

〔省略〕

一、標註に挙けたる参考諸書の名を略せるものは左の如し

〔省略。日本後紀部分にみえるのは、類聚国史・日本紀略・帝王編年記・続日本紀・公卿補任・類聚三代格・享禄本類聚三代格・和気清麻呂伝・令・令集解・延喜兵部式・政事要略・本朝月令・一代要記・尊卑分脉・谷森種松云。〕

一、原本の闕脱を補ひ誤謬を正し衍文を別てることすべて続日本紀の如し

一、歴代の天皇朝廷山陵其他皇后公卿等の名を註されざるものには分註を加へて読者の備忘に便にすることまた続日本紀の如し

一、毎月朔日の干支は総べて之を補へり但し日本後紀は塙氏校本に従ひて干支の右傍に数字を加へたり

②　国史大系六国史本

経済雑誌社より大正二年十一月に刊行。『続日本後紀』・『日本文徳天皇実録』と合冊。「黒板勝美博士功績書（抄録）[26]」に「六国史及ビ類聚国史ノ如キハ大正年間独力ニテ諸本ヲ蒐集シテ再ビ校訂セル所アリシ」とみえるごとく、黒板勝美氏の校訂になる。

例言によれば、「塙保己一大人の校刊本を原とし、文学博士小中村清矩氏が天文年間の古写本に拠りて、更に校正を加へられしものと、類聚国史日本紀略等の諸書とを参考し」て、①旧輯国史大系本を校訂しなおす。また、新たに『類聚国史』により補った序を加えている。

例言

一、本書は、塙保己一大人の校刊本を原とし、文学博士小中村清矩氏が天文年間の古写本に拠りて、更に校正を加へられしものと、類聚国史日本紀略等の諸書とを参考し、之を校訂せり。

一、標注は毎行之を鼇頭に掲ぐ。その一行に属せるものは、すべて○符を挿みて連記し、且つ本文の左傍に・符を加へて、之を対照する便に供したり。

一、標注に挙げたる異本及び参考諸書の名目は、繁を避けて省略に従ふこと左のごとし。

天文古写本	天文本	塙保己一考異	考異	類聚国史	類史	日本紀略	紀略
日本逸史	逸史	公卿補任	補任	政事要略	要略	類聚三代格	三代格

其他類推せよ。

一、原本の闕脱を補へるものは□符を以て之を囲み、衍文攙入等はその上下に「　」符を加へて旧に仍り之を存せり。
一、校勘者の注せる傍書には、すべてその上下に括弧を加へ、以て原文と区別せり。
一、本書、日を掲ぐるに、たゞ干支を以てしたり、而して塙大人校本既に暦日を推歩して月日を傍注せるあり、今旧に仍つて之を存し、偶々その誤れるものを訂正するに止む。

なお、六国史の神祇関係記事の索引として、神宮皇學館編『六国史神祇索引』（神宮皇學館、昭和八年三月）があるが、本索引は国史大系六国史本に基づいて編纂、また旧輯国史大系本の頁数を併せて示すという形式がとられている。

③（朝日新聞社）六国史本

佐伯有義氏校訂、朝日新聞社より昭和四年十二月に刊行。

凡例によれば、「塙検校の校訂に係る日本後紀を以て底本とし、三条西伯爵家の所蔵に係る大永及天文の奥書ある古写本を以て校訂」、その他校合本等を旁引して採るべきものを取っている。

特色として、①（旧輯）国史大系本や②国史大系六国史本が小中村清矩校合本に引く三条西家本を対校に用いているのに対して、直接三条西家本を披見して校訂に用いていることがあげられる。また、校異や語句の注釈を標注に記す点も有益である。巻頭には佐伯氏による「日本後紀　解説」を付す。

なお、本書が三条西家本を直接に用いていることについて、佐伯有義氏が従事していた宮内省図書寮での六国史校訂事業の最中に三条西家本が発見され、大正十年九月に借用、田辺勝哉氏により対校が行われた。本書はその成果を

引き継いだものと考えられる。(27)

凡例

一、本書は塙検校の校訂に係る日本後紀を以て底本とし、三条西伯爵家の所蔵に係る大永及天文の奥書ある古写本を以て校訂せり、三条西家の本は世に天文本と称すれど、巻五は大永本にして、巻八以下の九巻は天文元年及二年の奥書あり、天文本と称すること些さか穏当ならず、故に三条西家本と称し、本書の符号は西本と書せり、

校合本には、狩谷棭斎校合本、谷森善臣翁校合本、井上頼圀翁校合本あれど、他に校合すべき古写本なかりしを以て、狩谷校本は僅に類聚国史日本紀略等を以て校合したるのみにて見るべきものなし、谷森校本は塙本に三条西家本を校合したるものなり、井上校本は谷森本を写し奈良本紀略等を書入れたり、予は幸に三条西家本を閲覧することを得、原本に就きて直に校合したれど、以上の校合本をも旁引し、採るべきものは之を取れり、

本書の注釈書と称すべきものなし、たゞ矢野玄道翁の日本逸史私記あり、標注に私記として引けるは是なり、

二、本書の校訂に方りて、底本と校合し、或は参照せる諸書は大略続日本紀に同じ、故に此に之を略す、

三、訓点は底本に拠りたれど、一二改めたるもあり、宣命の傍訓は新に之を加へたり、

四、本書は四十巻の中三十巻を逸ひ、残存するもの僅に四分の一に過ぎざれば、逸日本後紀を編纂して其の闕けたるを補はむと欲すれど、時日之を許さゞるを以て、他日を期して完成せむと欲す、

昭和四年十一月　佐伯有義識

④　新訂増補国史大系本

黒板勝美氏編、吉川弘文館より昭和九年十一月に刊行。『国史大系書目解題』(28)下巻所載の「新訂増補国史大系校訂分担者一覧」によれば、坂本太郎氏が校訂を担当。

凡例によれば、「塙保己一校印本を底本とし、三条西伯爵家所蔵の天文本を以て校合を加へ、傍ら類聚国史日本紀略類聚三代格公卿補任等を参考」にしている。

凡例

一、日本後紀は、続日本紀の後を承け、桓武天皇延暦十一年より、淳和天皇天長十年に及べる国史にして、承和七年十二月九日藤原緒嗣等勅を奉じて撰修奉進したるものなり。もと四十巻ありしが、早く散佚し、今は僅に十巻を存せるに過ぎず。さきに旧輯国史大系第三巻に本書を収め、塙保己一校印本を原とし、文学博士小中村清矩校本に拠りて天文本を参考せしが、ついで大正三(ママ)年国史大系六国史の一部として之を再刊するや、更に類聚国史日本紀略等の諸書に就いて校訂を加へたり。今新訂増補国史大系第三巻に収めて本書を公にするに当り、また塙保己一校印本を底本とし、三条西伯爵家所蔵の天文本を以て校合を加へ、傍ら類聚国史日本紀略類聚三代格公卿補任等を参考せり。

一、三条西伯爵家所蔵の天文本は渋表紙袋綴楮紙の六冊本にして、第一冊(巻第五)を除き、各冊白鳥子紙の題簽を附せり。一頁十三行、一行二十五字乃至二十八字、所々朱点朱勾点を加へ、又間ゝ要目を掲書し、校合を施したり。而して巻第五、巻第八、巻第十七及び巻第二十は蓋し三条西実隆自身の書写せしものなるべく、巻第

十三、巻第廿二、巻第廿四は天文二年小槻于恒の書写にかゝるものなるはその奥記によりて之を知るべく、巻第十二、巻第十四、巻第廿一もまた書風によるに恐らく于恒の筆なるべし。今三条西伯爵家の厚意により本書唯一の古写本に就いて校正の業を終へたるは幸とする所なり。

一、体裁は底本たる塙保己一校印本に従へり。而して月の上には〇、日の上には○、是月是歳等の上には◎を加へ、同日の記事にして異なれるもの二条以上ある場合にはその間に」を加へ、同条中の段落には』を加へて、閲読に便にせり。

一、塙保己一校印本には各巻末に考異を附し、校訂の所拠を注したり。今その必要なるものは【を冠して鼇頭に移し、以て参照に便ならしめ、又三条西伯爵家所蔵本に掲書せられたる要目も同じく之を鼇頭に出し、墨書のものには■を冠し、朱書のものには▯を冠して之を区別せり。

一、底本に闕脱したる文字は□を塡めてその闕字たるを示し、三条西伯爵家所蔵天文本及び諸書により、もしくは校勘者の私見を以て闕脱を補ひたるものもまた□を以て之を囲み、衍字攙入と思はるゝものは、その上下に「 」を加へて旧に仍り之を存し、以て他日の検討に資せり。

一、前項に挙げたる原文の改補衍文を始めとし、三条西伯爵家所蔵天文本及び諸書との対校、もしくは校勘者の私見等は毎行鼇頭に之を掲書し、その本文の一行に属せるものには○符を挿みて連記し、且つ本文の左傍に●符を加へて対照に便にせり。又校勘者の新に加へたる傍注はすべて上下に［ ］を加へたるも、毎月朔の傍注は繁を避けて之を加へず。

一、校勘者が本文の誤謬及び闕脱を三条西伯爵家所蔵天文本及び諸書により全く改補して可なりと信じたるものは、頭書に拠三条西本改、又は拠何書補と注し、猶多少疑を存するを可とすべきものは頭書に今従三条西本、今従何書と注し、校勘者の私見に出でたるものは頭書に今意改、今意補又は今例改、今例補とし、暦により干支等を改補したるものは今推改、今推補と注しその所拠を明にせり。

一、鼇頭に挙げたる参考諸書は便宜その名称を簡略にせること左の如し。

類史　類聚国史　　紀略　日本紀略　　書紀　日本書紀　　続紀　続日本紀

続後紀　続日本後紀　　逸史　日本逸史　　三代格　類聚三代格　　要略　政事要略

略記　扶桑略記

昭和九年十一月　　黒板勝美識

本書の索引として、まず彦由一太氏監修・赤羽洋輔・有賀仲興両氏編『日本後紀人名総索引』（政治経済史学会、昭和三十八年六月）がある。この索引においては、「「日本後紀」諸写本・諸版本・諸刊本等を通じて、その利用の便宜に備える為に、種々配慮」（凡例）、年月日で示しつつ、「特に学界の定本たる、新訂増補国史大系本「日本後紀」に関しては、各項の最終尾に頁数・行数を明記」（同）している。その二年後には、六国史索引編集部編『六国史索引三　日本後紀　続日本後紀　日本文徳実録　索引』（吉川弘文館、昭和四十年五月）が刊行された。こちらは、新訂増補国史大系本を底本として、人名・官職名・件名・地名・社寺陵墓名の五部門に分類、項目の検索は年月日によっている。

⑤　増補六国史本

③（朝日新聞社）六国史本を「巻五」として昭和十五年六月に朝日新聞社より再刊。特に校訂しなおしていないが、

翌十六年七月には、「巻六」に『日本後紀巻下』として佐伯有義氏が諸書より収集した逸文を刊行。昭和五十七年七月には名著普及会より上下合冊の上で復刊。

凡例

一、本書は、現存せる日本後紀巻五以下十巻を除くの外、巻一より同四に至る四巻、巻六・七・九・十・十一・十五・十六・十八・十九・廿三の十巻、及び巻二十五より四十に至る十六巻、合せて三十巻の逸文を纂輯せむと欲し、見聞の及ぶ限之を収載せり。

二、日本後紀の文は類聚国史及び日本紀略に最も多く遺れるを以て、主として之を採り、扶桑略記、政事要略、祭主補任、東大寺要録、釈日本紀、河海抄等の諸書に後紀曰或は国史曰として引用せるものは悉く之を採録せり。

三、類聚国史は、仙石本に拠り諸本を参考せり。仙石本は、

一、甲本　幕府四方に募りて纂成せるもの

二、乙本　学問所儒臣比校して編を成せるもの

三、丙本　古くして多く闕く

四、丁本　同上

五、戊本　塙保己一所蔵本

六、己本　阪昌成所蔵本

七、庚本　松岡辰方所蔵本

八、辛本　仙石政和所蔵本

以上の八本を以て校訂せり。是等の諸本引用の際多くは所蔵者の名を挙げて某本と書きたれど、甲本乙本の如きは旧に仍りて甲本或は乙本と称せり。仙石本以外に前田侯爵家本、柳原伯爵家本、東京帝大本等あり、是等も所蔵者の名を挙げて某本と称せり。

四、日本紀略は、主として無窮会神習文庫本（奈良一乗院本を複写せるもの）に拠り、国史大系本を参考す。紀略は日本後紀の文を大に省略したるものと、稍ゝ省略したるものとあれど、後紀の全文を抄録したるものもあり、類聚国史にも他の書にも見えざる記事の紀略に遺れるもの少からず。紀略には叙位或は任官とのみ書きしところ往々あり、是は全く抄録者の文にて、後紀の文に非ざることいふまでもなけれど、之に拠りて叙位或は任官ありしことを知らるゝを以て之を採録し、本文と区別せむが為に稍ゝ小形の活字を用ひたり。

五、記事は総べて年月の順序に依りて記載し、同日中数件あるときは、日本紀略の順序に拠れり。紀略は後紀の完本より順序を逐ひて抄録したるものなれば、之に拠るを適当なりと考へたればなり。但し紀略に記事見えずして適宜に決めたるもの一二なきにあらず。

六、巻数の区別は、日本紀略の上欄に頭書として記入せるもの、及び他の古書に引用せるものを参考して之を定めたり。奈良本紀略は日本後紀「一之十八」桓武より平城に至るまでを一巻とし、「十九之四十」嵯峨より淳和に至るまでを一巻とし、上巻には後紀の巻数を記入せるもの見えざれど、下巻には左の如く頭書せり。

日本後紀十九　弘仁元年正月条　日本後紀廿一　同　二年正月条　日本後紀廿二　同　三年正月条
日本後紀廿三　同　四年三月条　日本後紀廿四　同　五年七月条　日本後紀廿五　同　七年正月条

日本後紀廿六　同　九年四月条　日本後紀廿七　同　九年五月条　日本後紀廿八　同十一年正月条
日本後紀廿九　同　　年十月条　日本後紀卅　　同十三年正月条　日本後紀卅一　淳和天皇即位条
日本後紀卅三　天長元年正月条　日本後紀卅四　同　三年正月条　日本後紀卅五　同　四年正月条
日本後紀卅六　同　五年正月条　日本後紀卅七　同　六年正月条　日本後紀卅八　同　七年正月条
日本後紀卅九　同　八年正月条　日本後紀卌　　同　九年正月条

右の如く巻二十と三十二とは欠けたれど、巻二十は幸に現存し、巻三十二は釈日本紀十三に日本後紀第卅二として、天長元年七月の文を引用せるを以て、巻十九以下は巻数の区別明かなり。（紀略天長元年正月条に卅三と書けるは三は二の誤なること、釈日本紀にて明かなり）巻一より十八に至る巻数の区別は、巻五・八・十二・十三・十四・十七の六巻は現存すれど、其の他は証とすべきもののなきを以て、本朝国史目録に拠れり。但し巻十五十六の両巻は、国史目録にも欠けたるを以て、止を得ず私見を以て之を定めたり。

七、諸書引用の例は、書紀以下の例に拠れり。但し本文の分注は、類聚国史と日本紀略とは略称を用ひ、其の他は正しく書名を挙げたり。

八、本書の纂輯に就き、伊藤彌太郎氏の補助を得たること少からず、此に其の厚意を感謝す。

昭和十六年六月　佐伯　有義

また、本書には、巻末に索引が付されている。さらにその後、笠井純一氏は、「巻末に付された索引は、作成を急がれたためか不備が目立ち、人名項目以外は余り有益と思えない」として、改めて索引を作成された(29)。

⑥ 訳注日本史料本

黒板伸夫・森田悌両氏の編になり、集英社より平成十五年十一月に刊行。本注釈書は、「『日本後紀』全四〇巻のうち、残存している巻（巻第五・八・十二・十三・十四・十七・二十・二十一・二十二・二十四の一〇巻。以下、「残存巻」と呼ぶ）、および散逸した巻（序と上記の一〇巻以外。以下、「逸文巻」と呼ぶ）については逸文を集成し、序以下、巻次順に配列・構成した上で、校訂原文とその校異および訓読文とその注釈を施したもの」（本書凡例）である。解説を除く分担は次のとおり。

全体の調整・補訂……黒板伸夫・森田悌両氏
校訂　残存巻…………齋藤融氏
校訂　逸文巻…………三橋広延氏
訓読……………………黒板伸夫・森田悌・佐藤道生各氏
頭注・補注……………黒板伸夫・森田悌・梅村恵子・齋藤融・佐藤道生・三橋広延各氏

残存巻本文の校訂は、齋藤氏が担当され、凡例によれば、塙本（谷森善臣旧蔵本）を底本とし、三条西家本（影印本を使用）により対校、この他「谷森善臣が、塙版本に伴信友校合本の書き込みを転写し、「天文書写之本」で比校した注記も必要に応じて参照」し、さらに「現在における『日本後紀』研究の基本となっている『（新訂増補）国史大系』三（吉川弘文館）および『（増補）六国史』五（朝日新聞社）所収本文」あるいは「『類聚国史』および『日本紀略』も必要に応じて」校異に用いている。また、『日本逸史』あるいは『類聚三代格』『令集解』『公卿補任』『政事要略』『続日本紀』を参考にしている。

逸文巻については、三橋氏が担当し、『類聚国史』と『日本紀略』の記事をすべて採取するとともに、従来の研究で報告・指摘・言及された逸文を集成。『日本後紀』の逸文とは認めがたく本文に採用しなかったものも、巻末に「参考逸文」として一括し掲出されている。

巻末には「参考逸文」の他、「付図」「付表」、「解説」、そして本書の「索引」とが付されている。

凡例

一　本書の構成について

1　本書は、『日本後紀』全四〇巻のうち、残存している巻（巻第五・八・十二・十三・十四・十七・二十・二十一・二十二・二十四の一〇巻。以下、「残存巻」と呼ぶ）、および散佚した巻（序と上記の一〇巻以外。以下、「逸文巻」と呼ぶ）についていては逸文を集成し、序以下、巻次順に配列・構成した上で、校訂原文とその校異および訓読文とその注釈を施したものである。

2　校訂原文を右頁に掲げ、これに対応する訓読文を左頁に掲げた。

3　校異注・語句注は頭注として見開き頁内に収めた。見開き頁内に収まらない語句注は補注として末尾に一括して掲げた。

4　参考逸文は、『日本後紀』の逸文とは認めがたいため、本文に採用しなかった記事を掲げた。

5　『日本後紀』を理解する上で、参考となる図表を付した。

6　頭注（語句注）および補注に記載された人名、地名、官名、件名などについての索引を巻末に付した。

二　残存巻の原文の校訂について

1　和学講談所（塙保己一）板行（寛政十一年〔一七九九〕、享和元年〔一八〇一〕）の版本（以下、「塙版本」と呼ぶ）を底本とした。本書では、宮内庁書陵部所蔵谷森善臣旧蔵本（函号一四六）を用いた。

2　天理大学附属天理図書館所蔵三条西家旧蔵の大永本および天文本により対校した。本書では『（天理図書館）善本叢書（和書之部）』二八（八木書店）を用いた。

3　谷森善臣が、塙版本に伴信友校合本の書き込みを転写し、「天文書写之本」で比校した注記も必要に応じて参照した。

4　現在における『日本後紀』研究の基本となっている『（新訂増補）国史大系』三（吉川弘文館）および『（増補）六国史』五（朝日新聞社）所収本文も校異に用いた。

5　『類聚国史』および『日本紀略』も必要に応じて校異に用いた。また、『日本後紀』が佚書とされていた時期にその復原を試みた『日本逸史』も参考にした。校異に用いたテキストについては三・四参照。

6　その他、『類聚三代格』『令集解』『公卿補任』『政事要略』『続日本紀』などの関係文献も参考にした。校異に用いたテキストについては四参照。

三　逸文巻の記事採取、原文の校訂について

1　『日本後紀』の逸文のほとんどは、『類聚国史』と『日本紀略』の記事である。この二書の記事をすべて採取するとともに、「逸文関係文献目録」（解説）に掲げた諸氏によって報告、指摘、言及されたもののうち、編者らが逸文として認めた記事を、各逸文の末尾に記事典拠を表示して収載した。逸文と認めがたい記事は、

参考逸文として掲げた。

2　同一逸文が『類聚国史』と他の文献、例えば『政事要略』や『東大寺要録』などに引載されている場合の典拠表示は、原則として『類聚国史』のみとした。ただし、他の文献に引載されている逸文も必要に応じて記事の校合に用い、校異注で触れた。また、『日本紀略』は『類聚国史』と重複する場合も、記事の詳略にかかわらず典拠表示にすべて併記した。

3　『類聚国史』は、六国史の記事を類別に編集したもので、全二〇〇巻のうち六二巻（後述の巻第一七〇を含む）が伝存する。編目は、「神祇部」以下の大分類の部名と、その下の「伊勢大神」などの小分類の細目名とからなっている。典拠表示は、類史の略称で示し、巻次（アラビア数字で表記）、その次に検索の便と表記の煩雑を考慮して大分類の部名は省略し、小分類の細目名を記した。

底本には、文化十二年（一八一五）仙石政和校刊本（二七冊、考異三冊）を用い、『（新訂増補）国史大系』五・六所収本文、および『（増補）六国史』六引載本と校合した。上記の二書が校訂に用いた諸本との異同にまでは溯らず、校訂結果の本文との対校を原則とした。ただし、良質な古写本である、前田育徳会尊経閣文庫所蔵の古本（前本）、明応本、大永本（いずれも『尊経閣善本影印集成』三二～三四、八木書店、による）は校合に用いた。文字の異同、改変は編者らの判断により必要と認めた範囲で、校異注に掲げた。

なお、巻第一七〇災異部四旱は底本になく、国史大系本が醍醐寺三宝院所蔵の『祈雨日記』より復原したものによった。また、小分類の細目名が底本に欠けているものは、国史大系本の復原案に従った。

他の大分類を参照させることを示した「事具……部」の部分は、記事としては省略した。ただし、参照させた大分類が伝存しない場合には、頭注に「類史七八に「事具二京都部一」とある」などと注記した。

4　『日本紀略』は、六国史に対応する部分は本史の記事を抄出したものであり、抄出に際しては、原文の意を取って文章としたり、叙位・任官記事を「授位」「叙位」「任官」「除目」とのみ記すなど、厳密には逸文とはいえない部分もあるが、『日本紀略』のみに見られる記事は『日本後紀』の逸文として採取した。典拠表示は紀略の略称で示した。

底本には、宮内庁書陵部所蔵久邇宮家旧蔵興福寺一乗院本（函号五五三―六）を用い、『（新訂増補）国史大系』一〇所収本文、および『（増補）六国史』六引載文と校合した。校合方針は『類聚国史』に同じである。

5　『扶桑略記』残存巻のうち、『日本後紀』と年代の重なる部分は桓武天皇および平城天皇の一部であり、しかも抄出本であるが、文末に「国史」とある記事および逸文と判断される記事を採取した。

底本には、天理大学附属天理図書館所蔵東寺金勝院旧蔵本（『（天理図書館）善本叢書（和書之部）』一三、による）を用い、『（新訂増補）国史大系』一二所収本文、および『（増補）六国史』六引載文と校合した。校合方針は『類聚国史』に同じである。

6　『類聚国史』『日本紀略』『扶桑略記』以外の文献の底本および校合に用いたテキストについては四参照。

7　散逸した部分の各巻の収載記事年月（起尽年月）を知る史料として、『本朝国史目録』および宮内庁書陵部所蔵久邇宮家旧蔵興福寺一乗院本『日本紀略』の頭書がある。前者は、『日本書紀』以下の六国史各巻の収載記事年月を目録にしたものであるが、宮内庁書陵部所蔵本、その他諸本ともに『日本後紀』の巻第十五と巻第十六の記載を欠いている。また、後者は、各巻の起年月の箇所に該当巻次を頭書したものであるが、『日本後紀』については巻第一～巻第十八までと巻第二十・三十三についての書き込みがない。両書には誤記がみられるが、相互の照合および『釈日本紀』巻第十三所引逸文（大同元年三月辛巳・四月甲午、天長元年七月甲寅・己未・乙卯条）により、その誤りを正すことができる。しかし、『本朝国史目録』に欠けた巻第十五・十六については他に徴証がなく、巻第十五の起年月が巻第十四の尽年月によって、また巻第十六の尽年月が巻第十七の起年月によって推定できるが、巻第十五の尽年月と巻第十六の起年月は不明である。『（増補）六国史』六は「私見を以て之を定めたり」として、巻第十五を大同元年十月～同二年六月、巻第十六を大同二年七月～同三年三月と、それぞれに九ケ月分をあてている。本書においても、便宜上この区分に従っておく。

四　校異注、逸文採取に使用したテキストについて（省略）

五　原文の表記について（省略）

六　校異注について（省略）

七　訓読文について（省略）

八　頭注（語句注）・補注について（省略）

九　付図・付表について（省略）

一〇　引用文献の略称（省略）

一一　分担者氏名（省略）

一二　（謝辞）（省略）

⑥訳注日本史料本の編者である森田悌氏による全現代語訳。全三冊、平成十八年十月〜十九年二月、講談社より刊行。原文も併記されており、⑥訳注日本史料本およびその後の研究を参照して原文が作成されている。

⑦ 講談社学術文庫本

凡例

一、本書は、勅撰の正史「六国史」の第三、『日本後紀』の現代語訳で、原文も併記した。

一、『日本後紀』は四十巻からなる編年体の歴史書で、現存するのはそのうち十巻分である。残存巻については、行き届いた校訂本として新訂増補国史大系本（吉川弘文館刊、一九六一年）があり、散佚《さんいつ》した三十巻分については佐伯有義氏が逸文を集成し、一九四一年に朝日新聞社より刊行している。その後黒板伸夫氏と本書の著者が編集に当たり残存巻と逸文巻とを併せ一書とした『訳注日本史料日本後紀』が、二〇〇三年に集英社から刊行されている。本書では以上の成果、およびその後の研究を参照し、原文を作成した。

一、本文の配列は巻次順とし、月ごとに一括し区切りをつけ配列した。

一、逸文として採った文章の典拠文献は、その文末に示した。なお、文献については『類聚国史』は類史、『日本紀略』は紀略と略称した。

一、原文には返点を付した。

一、現代語訳は逐語訳を旨としたが、より判りやすくするため、語句を補ったり、意訳を行っている箇所もある。

一、難解な語句や専門的な歴史用語には適宜、訳文内に訳者注を（　）で囲んで施した。原文注の訳文は〈　〉

で示した。

一、漢字の表記については、原文・現代語訳共に常用漢字表にあるものは常用漢字体に改めた。

⑧ その他

この他に、管見に及ぶ限りでは、一般に公刊されたものではないが、

・宮本朝浪氏『日本後紀注解』（上中下三冊、国立国会図書館所蔵、ＹＳ一―三四、昭和六十一年初秋）

・近藤豊氏『全現代語訳　日本後紀』（私家版、平成十二年九月）

とがある。

宮本氏の『日本後紀注解』は、国立国会図書館に所蔵され、香川県・宇夫階神社に奉仕する著者が、『日本後紀』現存十巻について注解を試みたもので、本文・訓読・注解とが掲げられている。近藤氏の『全現代語訳　日本後紀』は私家版で、大高歴史勉強会・ほだか古文書の会に参加していた訳者が新訂増補国史大系本を現代語訳したものである。

以上、長らく、『日本後紀』残存巻については④新訂増補国史大系本、逸文巻については⑤増補六国史本がもっぱら用いられてきたが、近年に至り、⑥訳注日本史料本が刊行された。本書の特色については、内容見本に林陸朗・笹山晴生両氏による推薦の辞が掲載され[30]、また所功・遠藤慶太・藤森馨の諸氏および筆者による、書評・紹介がなされている[31]。その評価については後述する。

三　『日本後紀』三条西家本と塙本の異同について

現存諸本の祖たる三条西家本と、現行刊本の底本とされている塙本とでは、多くの字句の異同が存する。本節では、その異同を一覧表にして掲げる。

三条西家本・塙本異同一覧表

凡例

一、本表は、『日本後紀』について、三条西家本と塙本の字句の異同を示した一覧表である。三条西家本については、『天理図書館善本叢書』所収の影印本を用いた。

一、字体による異同は省略した。また、表に掲げるにあたり、くずし字等について一部字体を改めた文字がある。

一、三条西家本における文字の蠹蝕は、著しいと思われるもののみ選んで表に掲げた。

一、闕字・平出の異同は、礼節によるもの、条文の区切りを示すものについて省略した。

一、塙本において、本文が三条西家本と同文であっても、それが校訂の結果そのようになったことが考異により判明する場合は、改める以前の字句を表に掲げ、（　）でこれを示した。

一、「位置」の欄は、三条西家本により丁・表裏・行の順に記した。

一、①の欄は、増補六国史本において何れを採用しているかを示し、三条西家本であれば「西」、塙本であれば

「塙」、諸書により校訂を施したものは「｜」と記してこれを示した。
②の欄は、新訂増補国史大系本について同様に記した。
一、③の欄は、新訂増補国史大系本における校異記載の有無を「○」「×」で示した。

	位置	三条西家本	塙本	①	②	③	備考
	巻第五						
1	1・表・4	馬埒殿	（為埒殿）			○	塙本は類聚国史により改める
2	1・表・5	三品	授三品	塙	塙	×	
3	1・表・9	馬	焉	塙	塙	×	
4	1・裏・2	重任	重時	西	塙	○	
5	〃	開	聞	塙	塙	×	
6	1・裏・3	大和人	大和國人	塙	塙	×	
7	1・裏・5	從七位上 從七位上	從七位上	塙	塙	×	
8	1・裏・7	昧	昧□	塙	｜	×	
9	〃	五日行	五行	塙	塙	×	
10	2・表・2	諸兼	諸魚	塙	塙	×	
11	2・表・4	和大國	大和國	塙	塙	×	
12	〃	溢	水溢	塙	塙	×	もと同文、塙本は日本紀略により補う
13	2・表・5	諸	諸□	塙	塙	×	
14	〃	振恤	賑恤	塙	塙	×	
15	〃	遺使	遺使	塙	塙	×	
16	2・表・10	文字	□字	西	西	○	
17	〃	驛道	騎道	塙	塙	×	
18	2・表・11	付臣	侍臣	塙	塙	×	
19	2・裏・2	河内國	河内	塙	塙	×	
20	〃	若已	癸已	塙	塙	×	
21	2・裏・3	紀伊	紀伊郡	塙	塙	×	
22	2・裏・9	從労	徒勞	塙	塙	×	
23	〃	冋	問	塙	塙	×	

24	2・裏・11	大造	天造	塙	塙	×	もと同文、塙本は類聚国史により改める
25	〃	上統	土統	塙	塙	×	
26	2・裏・12	命	制命	塙	塙	×	
27	3・表・1	盛紀	盛化	塙	塙	×	
28	3・表・4	百絇	一百絇	塙	塙	×	
29	3・表・5	使欲	便欲	塙	塙	×	
30	〃	論	諭	｜	｜	×	
31	3・表・8	以	並以	塙	塙	×	
32	3・表・13	郡臣	羣臣	塙	塙	×	
33	3・裏・1	同日	周日	塙	塙	×	
34	3・裏・2	纂聲	慕聲	塙	塙	○	もと同文、塙本は類聚国史により改める
35	3・裏・5	精	請	塙	塙	×	
36	3・裏・6	恭	忝	｜	塙	×	
37	3・裏・7	住	任	塙	塙	×	
38	3・裏・8	奉□依(之良)	奉(尓)依(之氐)	塙	塙	×	
39	3・裏・9	國造	造	西	西	×	

40	3・裏・11	是	是日	塙	塙	×	
41	3・裏・12	外従五位位下	外従五位下	塙	塙	×	
42	4・表・1	呂[巨]勢朝臣	巨勢朝臣野足	塙	塙	×	もと同文、塙本は下文により補う
43	〃	下野守	為下野守	塙	塙	×	
44	4・表・3	為軍監	為兼鎮守将軍□□為軍監	塙	塙	×	もと同文、塙本は公卿補任により補う
45	4・表・6	(己卯条)	↓甲申条の前	西	西	○	もと同位置、塙本は干支により改める
46	4・表・9	去紀郡	志紀郡	塙	塙	×	
47	4・表・11	賜従一位	贈従一位	塙	塙	×	
48	4・表・12	廣	度	塙	塙	×	
49	4・裏・2	夷	□夷	塙	｜	×	
50	4・裏・3	機	□機	塙	塙	×	
51	〃	賢招	賢哲	塙	塙	×	
52	4・裏・4	輙	輕賤	塙	塙	×	
53	〃	難	誰	塙	西	○	

54	4・裏・7	停廢	停癈	西	西	○	
55	4・裏・8	各二	各二人	塙	塙	×	
56	〃	養以	養□□以	塙	塙	×	
57	4・裏・10	美濃	美濃人	塙	塙	○	
58	4・裏・12	鐵	鍪鐵	塙	塙	×	
59	4・裏・13	命輪	令輸	塙	塙	×	
60	〃	只	冬	塙	塙	×	三条西家本は蠹蝕か
61	5・表・3	従五位下	従五位上	塙	塙	○	
62	5・表・6	客隠	容隠	塙	塙	×	
63	〃	治田	沿田郡	塙	塙	×	
64	5・表・13	臯室	皇室	｜	｜	○	
65	5・裏・4	土乇國	土佐國	塙	西	○	
66	5・裏・5	不預勅	不預	塙	塙	×	
67	5・裏・13	仲成	□正五位下従五位下藤原朝臣仲成	塙	塙	×	もと同文、塙本は下文により補う
68	6・表・2	正□位上	正六位上	塙	塙	×	
69	6・表・3	治比	多治比	塙	塙	×	
70	〃	真人福	真人真福	塙	塙	×	
71	6・表・4	永	永継	塙	塙	×	もと同文、塙本は下文により補う
72	〃	大養	犬養	塙	塙	×	
73	6・表・5	聡招	聰哲	塙	塙	×	
74	6・表・6	安位	安倍	塙	塙	×	
75	6・表・8	沙波	沙婆	塙	塙	○	
76	6・表・9	高山	嵩山	塙	塙	○	
77	6・表・10	外八位	外□八位□	塙	塙	×	
78	〃	日理	亘理	西	西	○	朝日本・大系本共に「日」を「曰」に読む
79	6・表・11	日理	亘理	西	西	○	朝日本・大系本共に「日」を「曰」に読む
80	6・表・13	冨郡	富田郡	塙	塙	×	
81	6・裏・2	郡人	郡人□	塙	塙	×	
82	6・裏・6	大神神	大神	塙	塙	×	
83	6・裏・7	聰招	聰哲	塙	塙	×	

84	7・表・1	已上	以上	塙	塙	×	
85	7・表・2	幸	巡幸	塙	塙	×	
86	7・表・3	事	事師	塙	塙	○	
87	7・表・5	委佺	委任	塙	塙	×	
88	7・表・6	作	仰	塙	塙	×	
89	7・表・8	七七七	七十七	塙	塙	×	
90	7・表・12	土左國	土佐國	塙	西	○	
91	〃	土㐮國	土佐國	塙	西	○	
92	7・裏・4	イ田	位田	塙	塙	×	
93	7・裏・6	兼	為兼	塙	塙	×	
94	〃	近江掾	近江□掾	塙	塙	×	
95	7・裏・12	始故	如故	塙	塙	×	
96	〃	文章学士	文章博士	塙	塙	×	
97	〃	兼	為兼	塙	塙	×	
98	8・表・1	中衛将	中衛大將	塙	塙	×	
99	8・表・8	事	右事	塙	塙	×	
100	8・表・9	厂後	厥後	塙	塙	×	
101	〃	心書	必書	塙	塙	×	
102	8・表・10	微烈	嶶烈	塙	塙	×	

103	8・表・12	貌	貊	塙	塙	×	
104	8・表・13	末	未化	塙	塙	×	
105	〃	魏之	魏ゝ	塙	塙	×	
106	8・裏・1	先華	先業	塙	塙	×	
107	8・裏・5	刑部卿大 輔	刑部大輔	塙	塙	×	
108	8・裏・6	前	前紀	塙	塙	×	
109	〃	而已已	而已	塙	塙	×	
110	8・裏・8	開	関	塙	塙	×	
111	8・裏・10	始別	如別	塙	塙	×	
112	〃	鹿	庶	塙	塙	×	もと同文、塙本は類聚国史により改める
113	〃	莫	英	塙	塙	×	
114	8・裏・12	諸詔	詔	塙	塙	×	
115	〃	止良麻	詔肯止良麻	塙	塙	×	
116	9・表・1	世	御世	塙	塙	×	
117	9・表・2	止波久	治賜止波久	塙	塙	×	もと同文、塙本は類聚国史により補う
118	9・表・4	動二等	勲二等	塙	塙	×	

119	9・表・9	小納言	少納言	塙	塙	×	
120	9・表・10	大庭	大庭王	塙	塙	×	
121	9・表・12	兼正	兼□□正	塙	塙	×	
122	9・裏・2	國池正	園池正	塙	塙	×	
123	9・裏・4	土乇守	土佐守	塙	西	○	
124	9・裏・5	亭力	事力	塙	塙	×	
125	9・裏・11	楯	擢	塙	塙	×	
126	10・表・1	正四上	正四位上	塙	塙	×	
127	10・表・2	忘	忘□	塙	塙	×	
128	10・表・6	必収	必	塙	塙	×	
129	〃	貧乏徒	貧乏之徒	塙	塙	×	
130	10・表・7	畄村	□留村	塙	｜	×	
131	10・表・8	甲斐	甲斐國	塙	塙	×	
132	〃	北	地	塙	塙	×	
133	10・表・12	正四位下	正四位上	塙	塙	×	もと同文、塙本は上文により改める
134	10・裏・1	右京大夫	左京大夫	塙	塙	×	もと同文、塙本は上文により改める

135	10・裏・3	多治	多治比	塙	塙	×	
136	10・裏・4	北	地	塙	塙	×	
137	10・裏・5	網麻呂	綱麻呂	塙	塙	×	
138	10・裏・6	野	北野	塙	塙	×	
139	10・裏・8	遺使	遣使	塙	塙	×	
140	10・裏・10	真	貞嗣	塙	塙	×	塙本は「嗣」の字を下文により補う
141	10・裏・12	國池正	園池正	塙	塙	×	
142	11・表・1	土乇	土佐	塙	西	○	
巻第八							
143	1・表・3	天皇	天皇 天皇 桓武	塙	塙	○	
144	1・表・6	礼詩□	禮詵宴	塙	塙	×	
145	1・表・7	殿□□	殿前	塙	塙	×	
146	1・表・8	五位巳上	命五位巳上	塙	塙	×	
147	1・表・10	廌高	鷹高	西	西	○	
148	1・表・12	昌蔭	冐蔭	塙	塙	×	
149	〃	□把笏	把笏	塙	塙	×	

150	1・裏・5	射□	射畢	塙	塙	×	
151	1・裏・6	倩麻呂	清麻呂	塙	塙	×	
152	1・裏・10	桑原	桑原公	塙	塙	×	
153	1・裏・12	國戌	國成	塙	塙	×	
154	1・裏・13	[illegible]成	仲成			×	三条西家本は「仲」の字蠹蝕
155	〃	□□頭	内匠頭	塙	塙	×	もと同文、塙本は上文により補う
156	2・表・1	川王	川村王	塙	塙	×	もと同文、塙本は上文により補う
157	2・表・2	奈立麻呂	奈弖麻呂	塙	塙	×	
158	2・表・3	大宰大貳	為大宰大貳	塙	塙	×	
159	2・表・4	法浣	法琬	塙	塙	○	
160	2・表・6	羈旅□	羈旅也	塙	塙	×	
161	〃	乙亥	乙亥朔	塙	塙	×	もと同文、塙本は干支により補う
162	2・表・8	糹彦	繼彦	塙	塙	×	

163	〃	従五位□	従五位下	塙	塙	×	もと同文、塙本は上文により補う
164	〃	□原	三原	塙	塙	×	
165	2・表・9	嵯峨大上天皇	嵯峨太上天皇	塙	塙	×	
166	2・表・10	従五位百済王明信	従三位百濟王明信	塙	塙	×	
167	2・表・11	従四位下従五位上	従四位下	塙	塙	×	
168	2・表・12	松稲	私稲	塙	塙	×	
169	〃	[illegible]食	乏食	塙	塙	×	三条西家本は「乏」の字蠹蝕、或いは「之」に作るか
170	2・表・13	民□	民情	塙	塙	×	
171	2・裏・2	□令	令	塙	塙	×	
172	2・裏・3	宗人	宍人	塙	塙	×	
173	2・裏・4	多治比真人継兄	従四位下多治比真人継兄	塙	塙		もと同文、塙本は上下文により補う
174	2・裏・5	為中務卿	為兼中務卿	塙	塙	×	

175	2・裏・8	栗田	粟田	塙	塙	×	
176	〃	従五位位上	従五位上	塙	塙	×	
177	2・裏・9	従[正]五位下	正五位上	塙	塙	×	もと同文、塙本は上文により改める
178	2・裏・11	従四位上	従四位下	塙	塙	×	
179	2・裏・13	又	从	塙	塙	×	
180	3・表・6	位田	位禄位田	塙	塙	×	
181	3・表・7	反逆	叛逆	塙	塙	×	
182	〃	切誅	切諫	塙	塙	×	
183	3・表・12	伐	代	塙	塙	×	
184	3・裏・2	共	共			×	三条西家本は「共」の字蠹蝕
185	3・裏・4	情	消	塙	塙	○	もと同文、塙本は和気清麻呂伝により改める
186	3・裏・13	當時	當時			×	三条西家本は「當」の字蠹蝕
187	4・表・2	定	之	塙	塙	×	
188	4・表・3	宇佐	宇佐郡	塙	塙	×	

189	4・表・4	驅	駈	塙	塙	○	
190	5・表・4	二氏	三氏	塙	塙	×	
191	5・表・7	大學助	大學頭	西	西	○	
192	5・表・8	苗嫁	苗稼	塙	塙	×	
193	5・裏・1	右兵衛佐如故	右兵衛佐	塙	塙	×	
194	5・裏・3	潡海関	渤海國	塙	塙	×	
195	〃	太昌泰	大昌泰	西	塙	×	
196	5・裏・5	躬	聘	塙	塙	×	
197	5・裏・6	而期	而猶	塙	塙	×	
198	5・裏・8	躬	聘	塙	塙	×	
199	5・裏・9	芭目	色目	塙	塙	×	
200	5・裏・13	左衛士	左右衛士	塙	塙	×	
201	6・表・6	穏使	穏便	塙	塙	×	
202	6・表・9	縄主	綱主	塙	塙	×	もと同文、塙本は下文により改める
203	6・裏・2	比奈麻治北賣神	比奈麻治比賣神	塙	塙	×	
204	〃	商量	商賈	塙	塙	×	

205	6・裏・3	嘉報	喜報	西	西	○	
206	6・裏・4	海郡	海部郡	塙	塙	×	
207	〃	主政□	主政	塙	塙	×	
208	6・裏・6	後慢	凌慢	塙	塙	×	
209	6・裏・8	駈	駈□	西	塙	○	
210	〃	不經本経	不経	塙	塙	×	
211	6・裏・9	大中臣弟 抆	大中臣朝 臣弟枚	塙	塙	×	
212	6・裏・11	尢衛少志	左衛士志	塙	塙	×	もと同文、塙本は類聚国史により改める
213	7・表・1	昧旦	昧且	西	西	○	
214	〃	給	洽	塙	塙	×	
215	7・表・2	谷	彼咎	塙	塙	×	
216	7・表・3	持	特	塙	塙	×	
217	7・表・5	停□（三字程度）	停徴焉	塙	塙	○	
218	7・表・9	礼	祀	塙	塙	×	もと同文、塙本は本朝月令により改める

219	7・裏・1	従五位下	正五位下	塙	塙	×	もと同文、塙本は上文により改める
220	7・裏・3	之食	乏食	塙	塙	×	
221	〃	住	任	塙	塙	×	
222	7・裏・5	正六位上 桑田真人 甘南倫	桑田真人 甘南備	西	西	○	
223	7・裏・12	助	□	西	西	○	
224	7・裏・13	歌舞	歌舞伎	塙	塙	×	もと同文、塙本は類聚国史・日本紀略により補う
225	〃	关	祭	塙	塙	×	
226	8・表・6	哀禁	哀楚	塙	塙	×	
227	〃	闷	閲	塙	塙	×	
228	8・表・8	池戊申	池成甲戌	塙	塙	×	塙本は尊卑分脈により「戌」を「成」に改める
229	8・表・9	郡加	那加	塙	塙	×	
230	〃	多河	多珂	塙	塙	×	
231	8・表・12	隠伎國	隠岐國	西	塙	○	

232	8・裏・7	辶	送	塙	塙	×	
233	9・表・1	従五位下上	従五位下	塙	塙	×	もと同文、塙本は上下文により改める
234	9・表・3	艱	難	塙	塙	○	
235	9・表・4	船代可作白	船代	塙	塙	○	
236	9・表・8	兄	允	塙	塙	×	
237	9・表・9	寘菲	寡菲	塙	塙	×	
238	〃	疵蘊	庇蔭	塙	塙	×	
239	9・表・12	直	宜	塙	塙	×	
240	9・裏・5	以ゝ	以	塙	塙	×	
241	9・裏・11	微	徵	塙	塙	×	
242	9・裏・12	巡察	遣巡察	塙	塙	×	
243	10・表・4	共	苦	塙	塙	×	
244	10・表・8	姓	□姓	塙	｜	×	
245	10・裏・1	黒之	黒足	塙	塙	×	
246	10・裏・2	王川	玉川	塙	塙	×	
247	〃	家	家継	塙	塙	×	
248	10・裏・4	陸奥國	陸奥國言	塙	塙	×	

249	10・裏・6	土左國	土佐國	塙	西	○	
250	〃	傳大法師位	傳燈大法師位	塙	塙	×	
251	10・裏・12	表	□表	塙	｜	×	
252	〃	未幾未幾	未幾	塙	塙	×	
253	11・表・2	大舎人助	□大舎人助	塙	塙	○	
254	〃	従五位下小倉王	従五位上小倉王	塙	塙	×	もと同文、塙本は上文により改める
255	11・表・6	私墾田	私懇田	西	西	○	
256	〃	槃和	磐梨	塙	塙	×	
	巻第十二						
257	1・表・1	十二	十二起延暦廿三年正月盡廿四年六月	塙	塙	×	
258	1・表・3	□（四行）	皇統……之房	塙	塙	○	塙本、辛巳条を類聚国史により補う
259	1・表・7	□守	蘓守	｜	｜	○	もと同文、塙本は類聚国史により補う

260	1・表・9	盖□□	盖欲令	塙	塙	×	
261	〃	学□	學者	塙	塙	×	
262	1・表・10	令□（十二字）	各深其業 歟如聞諸 寺學生就	塙	塙	×	
263	〃	□法相者	趣法相者 多	塙	塙	×	
264	1・表・11	氵奪	淩奪	塙	塙	×	
265	1・表・12	闕	開	西	西	×	
266	1・裏・1	□（七字）	以為得雖 讀諸論	塙	塙	×	
267	〃	□□得度	亦不得度	塙	塙	×	
268	〃	□（四字）論	其廣涉經 論	塙	塙	×	
269	1・裏・2	有有差	有差	塙	塙	×	
270	1・裏・5	如□（五字）	如聞苟忝 講師	塙	塙	×	
271	1・裏・10	史吏闔儺	史闔儺	塙	塙	×	
272	1・裏・13	正	征	塙	塙	×	
273	〃	是	是日	塙	塙	×	
274	2・表・3	供	供析	塙	塙	×	

275	2・表・4	□經□講	未經披講	塙	塙	×	
276	2・表・9	不改	不□	西	西	○	
277	〃	踈	踈□	塙	｜	×	
278	3・表・7	冭為京亮	為左京亮	塙	塙	×	
279	〃	為	為亮	塙	塙	×	
280	3・表・12	美濃權介	為美濃權 介	塙	塙	×	
281	3・裏・3	名	召	塙	塙	×	
282	3・裏・5	一杯	一抔	西	西	○	
283	4・表・1	金継	全継	塙	塙	×	
284	4・表・5	年未	辛未	塙	塙	×	
285	4・表・6	公田	損公田	塙	塙	×	
286	4・表・7	□為和地	點爲私地	塙	塙	×	
287	4・裏・10	年試才新 歲得度而 所司常	年	塙	塙	×	
288	4・裏・12	替	改替	塙	塙	×	
289	〃	□止	亦止	塙	塙	×	
290	4・裏・13	四千觧	四千斛	塙	塙	×	
291	5・表・2	産	家産	塙	塙	×	

292	〃	従五従五位下	従五位下	塙	塙	×	
293	5・表・6	常陸國國	制常陸國	塙	塙	×	塙本は「制」字を類聚国史により補う
294	5・表・7	谷	各	塙	塙	×	
295	5・表・9	□家成	家成	塙	塙	×	
296	5・表・11	□基	基	塙	塙	×	
297	5・表・12	□辰	星辰	塙	塙	×	
298	5・裏・1	淳化	淳和	西	西	○	
299	〃	乹云弘	□乾□弘	塙	｜	○	
300	5・裏・6	輊	謹	塙	塙	×	
301	5・裏・7	艱苦	艱苦	塙	塙	×	
302	5・裏・11	相僕	相撲	塙	塙	×	
303	〃	明女王	明□女王	塙	塙	×	
304	6・表・2	下孝	不孝	塙	塙	×	
305	6・表・3	葛川	葛野川	塙	塙	×	
306	6・表・11	大野	大原野	塙	塙	×	
307	6・裏・1	従五位下	従五位上	塙	塙	×	もと同文、塙本は上下文により改める

308	6・裏・7	[illegible]依	依	西	塙	×	三条西家本は一字蠹蝕
309	6・裏・8	兵部少丞	兵部少丞	塙	塙	×	
310	7・裏・9	勅侖	勅侖乎	塙	塙	×	
311	7・裏・11	□見特	御覧須時	塙	塙	×	
312	7・裏・12	[illegible]太比尓	於太比爾	塙	塙	×	
313	7・裏・13	二郡	二郡乃	塙	塙	×	
314	8・表・2	人皮尓	人波爾	塙	塙	×	
315	8・表・13	國司	國司郡司	塙	塙	×	
316	8・裏・5	郡司乃	及郡司乃	塙	塙	×	
317	〃	人尓	人波尓	塙	塙	×	
318	8・裏・6	御坐	御座	塙	塙	×	
319	8・裏・7	[illegible]井	葛井			×	三条西家本は「葛」の字蠹蝕
320	9・表・5	千分之七	十分之七	塙	塙	×	
321	9・表・7	鐵	錢	塙	塙	×	
322	〃	[illegible]姓	賜姓			×	三条西家本は「賜」の字蠹蝕
323	9・表・11	波城	彼城	塙	塙	×	

324	9・表・12	子學士	士□子學	｜	｜	×	
325	9・表・13	造宮髙	造宮亮	塙	塙	×	
326	9・裏・3	貞	貟	塙	塙	×	
327	9・裏・4	□斃	為弊	塙	塙	×	
328	9・裏・6	調誦經	誦經	塙	塙	×	
329	9・裏・7	[illegible]	自			×	三条西家本は「自」の字蠹蝕
330	9・裏・10	兵部卿	式部卿	塙	塙	×	
331	9・裏・13	許	詐	塙	塙	×	
332	10・表・1	賫費	賣買	塙	塙	×	もと同文、塙本は類聚国史により改める
333	〃	姧□	姧濫	塙	塙	×	
334	10・表・2	有差	各有差	塙	塙	×	もと同文、塙本は類聚国史により補う
335	10・表・6	□□鷹犬	放却鷹犬	塙	塙	×	
336	10・表・7	慖	悔	塙	塙	×	
337	〃	[illegible]	叔			×	三条西家本は「叔」の字蠹蝕

338	10・表・8	詩寺	諸寺	塙	塙	×	
339	10・裏・3	□水	吉水	塙	塙	×	
340	10・裏・6	分差白丁	一分差白丁	塙	塙	×	
341	10・裏・7	[illegible]	造			×	三条西家本は「造」の字蠹蝕
342	10・裏・9	□石上神宮使	造石上神宮使	塙	塙	×	もと同文、塙本は類聚国史により補う
343	10・裏・10	一千	一十	塙	塙	×	
344	〃	大政官	太政官	塙	塙	×	
345	10・裏・12	收	恥収	塙	塙	×	
346	10・裏・13	遠	差遠	塙	塙	×	
347	11・表・1	鳴[illegible]	放鳴鏑	塙	塙	×	三条西家本は「鏑」の字蠹蝕
348	11・表・2	村□	村邑	塙	塙	×	
349	11・表・4	倉□	倉仆	塙	塙	×	
350	11・表・7	[illegible]送納	恥送納			×	三条西家本は「所」の字蠹蝕
351	11・表・12	御□尓	御侖尓	塙	塙	×	
352	11・裏・2	願坐	願坐之	塙	塙	×	

353	11・裏・5	廣伎	廣岐	塙	塙	×	
354	11・裏・7	□磐尓	堅磐尓	塙	塙	×	
355	〃	常磐尓	常盤尓	西	西	×	
356	〃	辶	遣			×	三条西家本は「遣」の字蠹蝕
357	11・裏・9	□曹	将曹	塙	塙	×	
358	〃	為人	為	西	西	○	
359	11・裏・12	淛臣	朝臣	塙	塙	×	三条西家本、「朝」の異体字か
360	〃	申寅	甲寅	塙	塙	×	
361	12・表・3	志賀真	志賀真人	塙	塙	×	
362	12・表・7	豊今	豊岑			×	三条西家本は「岑」の字蠹蝕
363	12・表・8	長谷谷	長谷	塙	塙	×	
364	12・裏・1	津師	律師	塙	塙	×	
365	12・裏・7	云賔	玄賔	塙	塙	×	
366	12・裏・11	先己	先亡	塙	塙	×	
367	13・表・5	土在《佐》國	土左國	塙	塙	×	
368	13・裏・3	葛野□麻呂	葛野麻呂	塙	塙	×	

369	13・裏・6	鎮将	時	西	塙	×	
370	14・表・7	天子雅王迨	天子雍王适	塙	塙	×	
371	14・表・8	方機	萬機	塙	塙	×	
372	14・表・12	誒	設	塙	塙	×	
373	14・裏・3	便	使	西	西	○	
374	14・裏・8	糸	純			×	
375	14・裏・9	太行皇帝	大行皇帝	塙	塙	×	
376	14・裏・10	以國喪以國喪	以國喪	塙	塙	×	
377	14・裏・12	目	自	塙	塙	×	
378	15・表・1	吐蕃	咄蕃	西	西	○	
379	15・表・2	吐蕃	咄蕃	西	西	○	
380	15・表・4	吐蕃界	咄蕃界	西	西	○	
381	〃	吐蕃使	咄蕃使	西	西	○	
382	15・表・5	吐蕃	咄蕃	西	西	○	
383	15・表・6	吐蕃界	咄蕃界	西	西	○	
384	15・表・7	吐蕃	咄蕃	西	西	○	
385	15・裏・3	巻茅十二	巻苐十二	塙	塙	×	
巻第十三							

386	16・表・1	巻茅十三	巻第十三	塙	塙	×	
387	16・表・3	天皇	天[天皇]皇[桓武]	塙	塙	○	
388	16・表・7	玄	玄賔	塙	塙	×	もと同文、塙本は類聚国史により補う
389	16・裏・4	存□	存心	塙	塙	×	
390	16・裏・5	彸	於此	塙	塙	×	
391	〃	在匍匐	存匍匐	塙	塙	×	
392	16・裏・6	故	改	塙	塙	×	
393	16・裏・8	可脩南	甘南備	塙	塙	×	
394	17・表・3	古刀自	（右刀自）			○	塙本は下文により改める
395	17・表・6	請経	讀経	塙	塙	×	
396	〃	肆開	肆閞	塙	塙	×	もと同文、塙本は類聚国史により改める
397	17・裏・2	年五十九	五十九	西	塙	×	
398	17・裏・5	従五上	従五位上	塙	塙	×	
399	17・裏・13	□	巨勢	塙	塙	×	

400	18・表・1	国	國造	塙	塙	×	もと同文、塙本は下文により補う
401	〃	大私	大私部	塙	塙	×	
402	18・表・2	以上	已上	塙	塙	○	
403	18・表・7	癸[全]戌	全成	塙	塙	×	
404	18・表・13	今	令			×	三条西家本は「令」の字蠹蝕
405	18・裏・5	榎撫	榎撫	西	塙	○	
406	18・裏・8	勘問	勘之	西	塙	○	
407	〃	隠伎国	隠岐國	塙	塙	○	
408	19・表・2	文	父	塙	塙	×	
409	19・表・9	蔵原	藤原	塙	塙	×	
410	19・裏・3	妾	委	塙	塙	×	もと同文、塙本は類聚国史により改める
411	19・裏・4	三日	三箇日	塙	塙	×	もと同文、塙本は類聚国史により補う
412	20・表・6	畒大	畒火	塙	塙	×	
413	〃	容寛	寛容	塙	塙	×	

414	20・表・12	兼鳥	梟鳥	塙	塙	×	
415	20・表・13	限以六年	限六年	西	｜	○	
416	20・裏・2	蔄宜	宜蔄	塙	塙	×	
417	20・裏・7	廣人	（黄人）			○	塙本は下文により改める
418	20・裏・8	已上	以上	塙	塙	×	
419	20・裏・9	阿陪小殿	阿倍小殿	塙	塙	×	
420	21・表・2	疫	癈	｜	｜	×	
421	21・表・5	僧網	僧綱	塙	塙	×	
422	21・表・7	請	諳	塙	塙	×	
423	21・表・9	玄義	立義	塙	塙	×	もと同文、塙本は類聚国史により改める
424	〃	師	講師	塙	塙	×	
425	21・表・12	正五位下	正五位上	塙	塙	×	もと同文、塙本は上文により改める
426	21・裏・7	善介	善人	塙	塙	○	
427	21・裏・9	越前守	常陸守	塙	塙	○	

428	22・表・2	真嗣	貞嗣	塙	塙	×	もと同文、塙本は上下文により改める
429	22・表・11	大養	犬養	塙	塙	×	
430	22・裏・1	抆	收	塙	塙	×	
431	〃	曲	典	塙	塙	×	
432	22・裏・3	免[illegible]	免盤			×	三条西家本は「免盤」の二字蠹蝕
433	22・裏・8	従四位下	（従四位上）			×	塙本は下文により改める
434	23・裏・1	「下部	日下部			×	三条西家本は「日」の字蠹蝕
435	24・表・1	戊午	戊□	西	西	○	
436	24・表・2	曲薬頭	典薬頭	塙	塙	×	
437	24・表・6	字	家	塙	塙	×	
438	24・表・7	鍾	鐘	塙	塙	×	
439	24・表・10	□□許之	許之	塙	塙	×	
440	〃	五百井王	五百井女王	塙	塙	×	
441	24・表・11	廾一人	卅一人	西	西	○	

442	24・表・12	事	奉	西	西	○	
443	24・裏・3	□湏	復	塙	塙	×	
444	〃	𠃌臣	朝臣			×	三条西家本は「朝」の字蠹蝕
445	24・裏・5	持	家持	塙	塙	×	
446	24・裏・8	金剛舩若経	金剛般若経	塙	塙	×	
447	25・表・2	従四位上	正四位下	塙	塙	×	もと同文、塙本は上下文により改める
448	25・表・3	藤原緒嗣	藤原朝臣緒嗣	塙	塙	×	
449	〃	散位従四位下	散位従四位上	塙	塙	×	もと同文、塙本は上下文により改める
450	25・表・11	淡海	淡路	西	西	○	
451	〃	福長麻呂	福良麻呂	塙	塙	×	
452	25・表・13	従五位―	従五位下			×	三条西家本は「下」の字蠹蝕

453	25・裏・3	五𠂆人	五千人			×	三条西家本は蠹蝕により「十」か「千」か判明せず、塙本はもと「十」とあるを類聚国史により「千」に改める
454	25・裏・6	厚僧	厚繒	塙	塙	×	
455	〃	初	物	西	塙	○	もと同文、塙本は類聚国史により改める
456	25・裏・9	酷疚	酷疹	塙	塙	×	
457	〃	灾青	灾眚	塙	塙	×	
458	25・裏・10	遠	逮	塙	塙	×	
459	〃	伏	仗	塙	塙	×	
460	26・表・2	粟栖野	栗栖野	塙	塙	×	
461	26・表・7	塡納	填納	塙	塙	×	
462	26・表・8	行官	行宮	塙	塙	×	
463	26・裏・1	御坐志	御座志	西	西	○	
464	27・表・3	夷狄	夷狄	塙	塙	×	

465	27・表・7	従四位下	従五位下	塙	塙	×	もと同文、塙本は上文により改める
466	28・表・1	更納之	更納	塙	西	○	
467	28・裏・5	越前介	越後介	塙	塙	×	もと同文、塙本は上文により改める
468	29・表・1	（乙卯条）	↓丙辰条の前	塙	塙	×	もと同位置、塙本は干支により改める
469	29・表・7	大舎人頭	左大舎人頭	塙	塙	×	もと同文、塙本は続日本紀により補う
470	29・裏・7	従五位上	正五位上	塙	塙	×	もと同文、塙本は上下文により改める
471	29・裏・8	従五位下	従五位上	塙	塙	×	もと同文、塙本は上文・類聚国史により改める
472	29・裏・12	回	回茲	西	塙	×	
473	29・裏・13	問	間	塙	塙	×	三条西家本は蠹蝕、恐らく「聞」に作る
474	30・表・1	糟粮	糟糠	塙	塙	×	

475	〃	絶之	絶乏	塙	塙	×	
476	30・表・5	元	乢	塙	塙	×	
477	30・表・7	故	政	塙	塙	×	
478	30・表・9	元	乢	塙	塙	×	
479	〃	良展	良辰	塙	塙	×	
480	30・裏・2	曲薬頭	典薬頭	塙	塙	×	
481	30・裏・7	徴質	微質	塙	塙	×	
482	30・裏・8	叨労栄	叨榮	塙	塙	×	
483	〃	魂	□魂	塙	塙	×	
484	31・表・1	勞	榮	塙	塙	×	
485	31・表・5	巻苐十三	巻十三	西	西	×	
巻第十四							
486	32・表・2	等	等奉□勅撰	塙	塙	×	
487	32・表・3	天皇	天皇平城天皇	塙	塙	○	
488	32・表・5	為皇大子	為皇太子	塙	塙	×	
489	32・表・7	□祢宜祝	禰宜祝	塙	塙	×	
490	32・表・12	皇太后	皇大后	西	塙	×	
491	〃	太皇大后	大皇大后	｜	塙	×	

492	〃	皇太后	皇大后	西	塙	×	
493	32・表・13	某	某峨嵯	西	塙	×	
494	〃	皇大豸	皇太弟	塙	塙	×	
495	〃	藤原朝臣	藤原朝臣園人	塙	塙	×	もと同文、塙本は下文により補う
496	32・裏・1	買	置	塙	塙	×	
497	32・裏・3	帰暇舎日	帰舎暇日	塙	塙	×	
498	32・裏・4	閭黒	閭里	塙	塙	×	
499	〃	長宮	長官	塙	塙	×	
500	32・裏・7	若隠忍	隠忍	西	西	○	
501	〃	吉	告	塙	塙	×	
502	〃	关己	癸已朔	塙	塙	×	もと同文、塙本は干支により補う
503	33・表・6	傻	俟	塙	塙	×	
504	33・表・7	裏	衷	塙	塙	×	
505	33・表・10	増量	増置	塙	塙	×	
506	33・表・12	嘉献	嘉猷	塙	塙	×	
507	33・裏・13	石大小	有大小			×	三条西家本は「有」の字蠹蝕

508	34・表・1	諸司	肦司	塙	塙	×	
509	34・表・3	□□	□□□	西	塙	×	
510	34・表・4	右大臣	守右大臣	塙	塙	×	
511	34・表・5	叫	叩	西	塙	○	
512	34・表・9	寵先	寵光	塙	塙	×	
513	〃	戚	慼	塙	塙	×	
514	34・表・11	又	伏	塙	塙	×	
515	34・表・12	奉	奉表	塙	塙	×	
516	34・表・13	表〻	表□	塙	塙	○	
517	34・裏・3	讓	請	塙	塙	×	
518	34・裏・7	酒	湏	塙	塙	×	
519	35・表・1	卅段已	卅段已下	塙	塙	×	
520	35・表・2	三七	三七日	塙	塙	×	
521	35・表・4	閏六月	閏六月□□	｜	｜	×	
522	35・表・5	占蒹	□兼占	西	｜	×	
523	35・表・6	姓	□姓	｜	｜	×	
524	〃	裁	裁	塙	塙	×	
525	〃	林寺	林□寺	｜	｜	×	

526	35・表・8	皇大弟傳	皇太弟傳	塙	塙	×	
527	35・表・9	公	公私	塙	塙	×	
528	35・表・11	阿縱	阿従	西	西	○	
529	35・表・13	戊損	代損	西	西	×	三条西家本は「伐」の字蠹蝕
530	35・裏・1	菓實	菓實□	｜	｜	×	
531	〃	人	又	塙	塙	×	もと同文、塙本は類聚三代格により改める
532	〃	堨潚	堰堤	塙	塙	×	もと同文、塙本は類聚三代格により改める
533	35・裏・2	使	便	塙	塙	×	
534	35・裏・3	寄語	語寄	西	西	○	
535	35・裏・4	癈	廢	塙	塙	×	
536	35・裏・6	閞津	關津	塙	塙	×	
537	35・裏・8	持	特	塙	塙	×	
538	35・裏・9	懇	墾	塙	塙	×	
539	36・表・3	加耶	耶加	塙	塙	×	
540	〃	與作	興作	塙	塙	×	
541	36・表・4	大夏	大厦	塙	塙	×	

542	36・表・7	仗	伏	塙	塙	×	
543	36・表・11	楡楊	揄揚	塙	塙	×	
544	36・表・13	盡美善盡	盡善盡美	塙	塙	×	
545	〃	孃歌	壤歌	塙	塙	×	
546	36・裏・1	省	省□	塙	塙	×	
547	36・裏・4	行	竹	塙	塙	×	
548	36・裏・8	負	貟	塙	塙	×	
549	36・裏・11	朕肱	股肱	塙	塙	×	
550	37・表・3	祠	祝詞	塙	塙	×	もと同文、塙本は下文により改める
551	37・表・5	日本書記	日本書紀	塙	塙	×	
552	37・表・6	太王命	太玉命	塙	塙	×	
553	37・表・8	青和幣	下枝懸青和幣	塙	塙	×	
554	37・表・9	月次癸	月次祭	塙	塙	×	
555	37・表・12	秡	秡詞	塙	塙	×	もと同文、塙本は神祇令により補う

556	〃	幣	幣帛	塙	塙	×	もと同文、塙本は神祇令により補う
557	37・裏・3	資	資財	塙	塙	×	もと同文、塙本は類聚国史により補う
558	37・裏・4	或耕	或賣或耕	塙	塙	×	もと同文、塙本は類聚国史により補う
559	37・裏・5	斯類	期類	西	西	○	
560	37・裏・8	早暁	早晩	塙	塙	×	
561	37・裏・11	利	利稲	塙	塙	×	もと同文、塙本は類聚三代格により補う
562	37・裏・12	穀	頴穀	塙	塙	×	もと同文、塙本は類聚国史により補う
563	〃	民幣	民弊	塙	塙	×	
564	38・表・1	民幣	民弊	塙	塙	×	
565	〃	丁未	丁亥	塙	塙	×	
566	38・表・2	経	経年	塙	塙	×	もと同文、塙本は類聚国史により補う

567	38・表・5	寺	而	塙	塙	×	もと同文、塙本は類聚三代格により改める
568	38・表・7	監條	監修	塙	塙	×	
569	〃	壊	懐	西	西	○	
570	38・表・8	水早	水旱	塙	塙	×	
	巻第十七						
571	1・表・3	天皇	天皇平城天皇	塙	塙	○	
572	1・表・6	従□位下	従五位下	塙	塙	×	
573	1・表・7	□臣咋麻呂	紀朝臣咋麻呂	塙	塙	×	
574	1・表・11	死飛	死	塙	塙	○	塙本はもと「飛」に作り、日本紀略により改める
575	1・表・12	仲茂	仲成	塙	塙	×	
576	1・裏・1	（癸酉条）	↓乙亥条の前	塙	塙	×	
577	1・裏・2	□位已上	五位已上	塙	塙	×	
578	1・裏・3	□三驛	□三驛	塙	塙	×	

579	1・裏・4	大□□□	大舎人助	塙	塙	×	もと同文、塙本は下文により補う
580	1・裏・5	文室	出雲	塙	塙	×	
581	1・裏・7	續遺命	□遺命	西	西	○	
582	1・裏・11	記	訖	塙	塙	×	
583	1・裏・12	對扌	對揚	塙	塙	×	
584	2・表・2	被困厄	彼困厄	塙	塙	×	もと同文、塙本は類聚国史により改める
585	〃	□徳	施恩徳	塙	塙	×	
586	〃	定□	水損	塙	塙	×	
587	2・表・3	七分已上	七分已上 戸	塙	塙	×	
588	2・表・5	烈用	列用	塙	塙	×	
589	2・表・9	紫震	紫宸	塙	塙	×	
590	〃	思□□精 □	思治勵精 施政	塙	塙	×	
591	〃	仁□（七字程度） 若臨	仁無被物 誠未感天 自従君臨	塙	塙	×	
592	2・表・10	斫□	斯應	塙	塙	×	

593	2・表・11	疢	疚	塙	塙	×	
594	〃	渙汗	漫汗	塙	塙	○	
595	〃	賂人庶	貽人瘼	塙	塙	×	塙本は「庶」の字を類聚国史により「瘼」に改める
596	2・表・12	□言	静言	塙	塙	×	
597	2・表・13	沅	汔	塙	塙	×	
598	〃	某	其	塙	塙	×	
599	〃	減	咸	塙	塙	×	
600	2・裏・1	□邑	郷邑	塙	塙	×	三条西家本は「邑」の字蠹蝕
601	〃	将薬	醫藥	塙	塙	×	もと同文、塙本は類聚国史により改める
602	〃	營□	營救	塙	塙	×	
603	〃	□□寺	國分二寺	塙	塙	×	
604	〃	々□□	左右京	塙	塙	×	
605	2・裏・2	振貝	振贍	塙	塙	×	
606	2・裏・6	容忌寸□ 主	谷忌寸野 主	塙	塙	×	

607	〃	長田□□	長田麻呂	塙	塙	×	
608	2・裏・7	負	各一負	塙	塙	×	もと同文、塙本は類聚三代格により補う
609	〃	非專一	□非專一	｜	｜	×	
610	〃	廢	癈	西	西	○	
611	2・裏・10	皇大弟	皇太弟	塙	塙	×	
612	3・表・7	秋尾	社屋	塙	塙	×	
613	3・表・8	志可□可 真廣	□志可□ 真廣	塙	塙	×	
614	3・表・11	援	授	塙	塙	×	
615	〃	光雄	兄雄	塙	塙	×	
616	3・表・12	従五位上	従四位上	塙	塙	×	
617	3・表・13	相撲介	相摸介	塙	塙	×	
618	3・裏・4	贍給	賑給	塙	塙	×	
619	3・裏・7	□田	山田	塙	塙	×	
620	3・裏・13	亡殁	士殁	西	西	○	
621	4・表・6	信宥	信宿	塙	塙	×	
622	〃	以必	必	塙	塙	×	
623	4・表・7	天子	太子	塙	塙	×	

624	4・表・8	子第	于第	塙	塙	×	
625	4・裏・5	故達	政達	塙	塙	×	
626	4・裏・7	卿[illegible]	卿者為	西	西	○	三条西家本は「者」の字蠹蝕
627	5・表・4	官掖	宮掖	塙	塙	×	
628	5・裏・1	仲嗣	御長真人 仲嗣	塙	塙	×	もと同文、塙本は上下文により補う
629	5・裏・2	一位	一従	塙	塙	×	
630	5・裏・3	大舎人頭	右大舎人 頭	塙	塙	×	もと同文、塙本は上下文により補う
631	5・裏・6	従五位上	従五位下	塙	塙	×	もと同文、塙本は下文により改める
632	5・裏・8	[illegible]部卿	式部卿	西	西	○	三条西家本は「民」の字蠹蝕
633	5・裏・11	合	令	西	西	×	
634	5・裏・13	従五位下	従五位上	塙	塙	×	もと同文、塙本は上下文により改める

635	6・表・1	正五位下	従五位下	塙	塙	×	もと同文、塙本は上下文により改める
636	6・表・2	ナ近衛少将	右近衛少将			×	三条西家本は一字蠹蝕
637	6・表・3	掃部	掃部□	塙	塙	×	
638	6・表・4	土乇守	土佐守	西	西	○	
639	6・表・6	従五下	従五位下	塙	塙	×	
640	6・表・9	土	士	塙	塙	×	
641	〃	木	本	塙	塙	×	
642	6・裏・1	御履長上一人	御履長上一人内膳司食長上一人	塙	塙	×	もと同文、塙本は類聚国史により補う
643	6・裏・8	ノ右兵衛	及左右兵衛	塙	塙	×	
644	7・表・1	佐	佑	塙	塙	×	
645	7・表・5	従四位丅	従四位下			×	三条西家本は「下」の字蠹蝕
646	7・裏・3	豊前	豊前□	塙	塙	×	
647	7・裏・4	葛野川	葛野川即移入野宮	塙	塙	×	

648	7・裏・9	大上	犬上	塙	塙	×	
649	8・表・3	阿礼波	阿礼婆	塙	塙	×	
650	8・表・4	飢病	飢疫	塙	塙	×	
651	8・表・5	固内	國内	塙	塙	×	
652	8・表・6	六足	不足	塙	塙	×	
653	8・表・9	盗	資	塙	塙	×	
654	8・表・10	並	普	塙	塙	×	
655	〃	其	具	塙	塙	×	
656	8・表・12	今年	今年六箇年収不四得六夂今年三月十九日格云収備後安藝周防等	塙	塙	×	
657	8・裏・2	班白使	班田使	塙	塙	×	
658	〃	河内等國	□河内等國	塙	｜	×	
659	8・裏・3	計之	許之	塙	塙	×	
660	9・表・8	伊勢太神宮	伊勢大神宮	塙	塙	×	
661	9・表・9	(上)ㄥ國	二國	塙	塙	×	

662	9・表・12	郡司	國郡司	塙	塙	×	もと同文、塙本は類聚国史により補う
663	9・裏・5	智磨	智治麻呂	塙	塙	×	
664	〃	茅千	弟守	塙	塙	×	
665	9・裏・6	茅葛	弟葛	塙	塙	×	
666	9・裏・11	姉	姉継	塙	塙	×	もと同文、塙本は類聚国史により補う
667	10・表・2	上野	大野	塙	塙	×	
668	10・表・4	廣清	廣濱	塙	塙	×	
669	10・表・8	茅守	弟守	塙	塙	×	
670	10・裏・1	補之	便補之	塙	塙	×	
671	10・裏・2	女	其女	塙	塙	×	
672	10・裏・5	右衛士	右衛士督	塙	塙	×	
673	10・裏・7	心	心□	塙	塙	×	
674	10・裏・8	愛	受	塙	塙	×	
675	10・裏・11	垂隟	乗隟	塙	塙	×	
676	10・裏・12	屋	臣	塙	塙	×	
677	11・表・4	矜元	矜乣	塙	塙	×	
678	11・表・6	従五位五位下	従五位下	塙	塙	×	
679	11・表・11	従三位	従二位	塙	塙	×	
680	11・裏・3	従五位上	従五位下	塙	塙	×	もと同文、塙本は類聚国史により改める
681	11・裏・4	百斎王	百濟王	塙	塙	×	
682	11・裏・5	甘麻呂	耳麻呂	塙	塙	×	
683	〃	鎮将軍	鎮守將軍	塙	塙	×	
684	12・表・4	従一位	従二位	塙	塙	×	
685	12・表・10	正□位下	正五位下	塙	塙	×	
686	12・裏・1	少監	少監物	塙	塙	×	
687	〃	佐度	佐渡	塙	塙	×	
688	12・裏・4	四位已上	四位已下	塙	塙	×	
689	12・裏・11	山	山田	塙	塙	×	
690	12・裏・13	時變臣	變臣	西	西	○	
691	〃	死	死□	塙	塙	×	
692	13・表・1	大私	大私部	塙	塙	×	
693	13・表・7	右乇兵庫	左右兵庫	塙	塙	×	
694	13・表・8	内獄司	囚獄司	塙	塙	×	

695	13・表・10	大蔵省八負	（無し）			×	塙本は類聚国史により補う
696	13・裏・2	横笛師	横笛師二人高麗樂師四人横笛	塙	塙	×	
697	13・裏・3	新楽師	新羅樂師	塙	塙	×	
698	〃	度羅楽楽師	度羅樂師	塙	塙	×	
699	13・裏・7	従五位下	従五位上	塙	塙	×	もと同文、塙本は上文により改める
700	〃	子伊大比	子伊太比	塙	塙	×	
701	13・裏・13	召民	公民	塙	塙	×	
702	14・表・2	加以以	加以	塙	塙	×	
703	14・表・8	寄顔	□□	西	西	○	
704	14・裏・3	鄙夷	鄙□	西	西	○	
705	14・裏・6	歯青《曽イ》	歯胄	西	西	○	塙本は三条西家本の傍書に同じ
706	〃	道	□道	塙	塙	×	
707	14・裏・8	改	政	塙	塙	×	
708	14・裏・11	舞	衆	塙	塙	×	

巻第廿

709	1・表・5	□遷	擬遷	塙	塙	×	
710	1・表・6	□嗣	冬嗣	塙	塙	×	
711	1・表・9	□□之	□之	塙	塙	×	
712	〃	遷都□	遷都事	塙	塙	×	
713	1・表・13	従四位上	（従四位下）			×	塙本は類聚国史・日本紀略により改める
714	〃	詔《上良麻》	詔旨《止良麻》			×	三条西家本は「止」の字蠹蝕
715	1・裏・2	春宮坊	東宮坊	塙	西	○	
716	1・裏・4	起逐《氏》	趁逐《氏》	｜	｜	○	
717	1・裏・5	擅	檀	西	西	○	
718	1・裏・6	裹貶《止許》	褒貶《止許》	塙	塙	×	
719	1・裏・7	御坐	御座	西	西	○	
720	2・表・1	遣	遣使	塙	塙	×	もと同文、塙本は類聚国史により補う

721	2・表・4	然物乎	而其為性乃不能所乎知食氏退賜比去乎賜支氏然物	塙	塙	×	もと同文、塙本は類聚国史により補う
722	2・表・5	任意止	任意氏	塙	塙	×	
723	2・表・12	无死	无礼	塙	塙	×	
724	2・裏・3	□	紀	塙	塙	×	
725	〃	亠敏	廣敏	塙	塙	×	
726	2・裏・9	兼為	為兼	塙	塙	×	
727	2・裏・12	従五位下紀朝臣田上	従四位下紀朝臣田上	塙	塙	×	もと同文、塙本は上下文により改める
728	2・裏・13	伊豆権守	為伊豆権守	塙	塙	×	
729	3・表・1	従五位下	従五位上	塙	塙	×	もと同文、塙本は上下文により改める
730	3・表・13	ヵ	被			×	
731	4・表・5	□宣宮旨	東宮宣旨	塙	塙	×	
732	4・表・8	言由	自由	塙	塙	×	

733	4・裏・3	諱	諱和淳	塙	塙	×	もと同文、塙本は日本紀略により補う
734	4・裏・8	義野王	磯野王	塙	塙	×	もと同文、塙本は上文・類聚国史により改める
735	5・表・2	壹伎権守	壹岐権守	塙	塙	○	
736	5・表・13	為兼	為	西	西	○	
737	5・裏・1	直世王	真世王	西	西	○	
738	6・表・1	右兵衛督	右衛士督	塙	塙	×	もと同文、塙本は上下文により改める
739	〃	朝臣入鹿	多朝臣入鹿	塙	塙	×	
740	6・表・7	弘仁元	弘仁元年	塙	塙	×	
741	6・裏・2	罔継	國継	西	西	○	
742	6・裏・3	鷹高	(鷹高)	塙	塙	×	塙本は下文・類聚国史により改める
743	6・裏・6	従五位上	従五位下	塙	塙	×	もと同文、塙本は下文により改める
744	〃	為兵衛佐	右兵衛佐	塙	塙	×	

745	6・裏・10	従四位上	（従四位下）			×	塙本は上下文により改める
746	7・表・1	雑忌	雑志	塙	塙	○	
747	7・裏・6	未由	末由	西	西	○	
748	7・裏・13	是詞	是嗣			×	三条西家本は「嗣」の字蠹蝕
749	〃	従五位下	従五位上	塙	塙	×	もと同文、塙本は類聚国史により改める
750	8・表・3	文室	文屋	塙	塙	○	
751	8・表・12	御井上	御井王	塙	塙	×	
752	8・裏・2	大中臣諸人	大中臣朝臣諸人	塙	塙	×	
753	〃	世南□	甘南備	塙	塙	×	
754	8・裏・4	成	仲成	塙	塙	×	もと同文、塙本は類聚国史により補う
755	〃	畆大	畆火	塙	塙	×	
756	〃	真□	真人	塙	塙	×	
757	8・裏・8	□主	山主	塙	塙	×	もと同文、塙本は類聚国史により補う

758	9・表・3	大物位下	大初位下	塙	塙	×	
759	9・表・8	結吉	継吉	塙	塙	×	
巻第廿一							
760	10・表・3	（無し）	嵯峨太上天皇	塙	塙	○	
761	10・裏・4	海使	渤海使	塙	塙	×	
762	10・裏・6	祟	崇	塙	塙	×	
763	〃	命終	終命	塙	塙	×	
764	10・裏・7	禄	録	塙	西	○	
765	10・裏・8	奨	□奨	塙	塙	×	
766	10・裏・12	□養疾	養疾	塙	塙	×	
767	11・表・4	叓	處	西	西	○	
768	11・表・6	隳	墮	塙	塙	×	
769	11・表・8	従二位	従三位	塙	塙	×	もと同文、塙本は日本紀略により改める
770	11・表・10	餘	餘官	塙	塙	×	
771	11・裏・1	畠	白田	塙	塙	○	
772	11・裏・8	齋日	散齋日	塙	塙	×	

773	11・裏・9	頒告	（頒）			×	塙本は類聚三代格により補う
774	11・裏・10	頒告	（告）			×	塙本は類聚三代格により補う
775	11・裏・13	宮人	官人	塙	塙	○	もと同文、塙本は類聚国史により改める
776	12・表・9	庸材	庸才	西	西	○	
777	12・裏・3	聀司	諸司	西	西	○	
778	12・裏・11	矛足	弟兄	塙	塙	×	
779	13・表・1	常磐	常盤	西	西	○	
780	〃	賜	賜姓	塙	塙	×	
781	13・表・9	鷹	鷹養	塙	塙	×	
782	13・表・11	弊伊	幣伊	塙	塙	×	
783	13・表・13	滅	減	塙	塙	×	
784	13・裏・4	倫守	倫□守	塙	塙	×	
785	13・裏・5	磐	盤	西	西	○	
786	13・裏・10	陸奥人	陸奥國人	塙	塙	×	もと同文、塙本は例により補う
787	〃	裒	褒	塙	塙	×	
788	14・表・12	近河國	近江國	塙	塙	×	

789	14・裏・3	且	具	西	西	○	
790	14・裏・8	長有	（有長）			×	塙本は延喜兵部式により改める
791	14・裏・9	藤原朝臣	藤原朝臣雄友薨	塙	塙	×	
792	14・裏・10	賜	贈	塙	塙	×	もと同文、塙本は例により改める
793	15・表・2	不妄	不	西	西	○	
794	〃	恣儀	姿儀	塙	塙	×	
795	〃	師	帥	西	西	○	
796	15・表・5	従従五位上	従五位上	塙	塙	×	
797	15・表・10	神衆薨	神泉苑	塙	塙	×	
798	15・表・11	正位上	正六位上	塙	塙	×	
799	15・表・13	早	旱	塙	塙	×	
800	15・裏・9	大舎頭	大舎人頭	塙	塙	×	
801	15・裏・10	登真人藤井津	登美真人藤津	塙	塙	×	
802	15・裏・13	賀祐麻呂	賀祐麻呂	西	西	○	
803	16・表・1	讃伎守	讃岐守	塙	塙	×	

804	16・表・4	将	将軍	塙	塙	×	
805	16・表・10	不合	不可	塙	塙	×	
806	16・裏・1	折裏	折衷	塙	塙	×	
807	16・裏・4	自在	自存	塙	塙	×	もと同文、塙本は例により改める
808	16・裏・7	慴常	慣常	塙	塙	×	
809	17・表・1	従二位	(従三位)			×	塙本は下文により改める
810	17・表・2	時	時□	｜	｜	×	
811	17・裏・5	時議	時儀	西	西	○	
812	17・裏・6	□得	得	塙	塙	×	
813	18・表・3	同年	同年□	塙	塙	○	
814	18・表・11	綿麻呂	綿麻呂等	塙	塙	×	もと同文、塙本は例により補う
815	18・表・13	夷俘	俘	西	塙	×	
816	〃	臨伐	臨討	塙	塙	×	
817	18・裏・1	奮	奮□	塙	塙	×	
818	18・裏・2	詳議	評議	西	塙	○	
819	19・表・4	弊伊村	幣伊村	塙	塙	○	

820	19・表・9	曰靴	曰茲	塙	塙	×	
821	19・表・11	金巴只	金巴兄	塙	塙	×	
822	19・裏・7	今	今月	塙	塙	×	もと同文、塙本は類聚国史により補う
823	19・裏・13	任不意直	任意不直	塙	塙	×	
824	20・表・3	渤海國	渤海	西	塙	×	
825	20・表・6	□綿麻呂	綿麻呂	塙	塙	×	
826	20・表・10	公	君	塙	塙	○	
827	20・表・11	警偵	警慎	西	西	○	
828	20・裏・6	壬卒	士卒	塙	塙	×	
829	20・裏・7	騒櫌	労擾	西	西	○	
830	20・裏・8	新羅	新獲	塙	塙	×	もと同文、塙本は類聚国史により改める
831	20・裏・10	大宿	大宿祢	塙	塙	×	
832	21・表・3	洪猷	(供猷)			×	塙本は類聚国史により改める
833	21・表・7	無玷	(無沾)			×	塙本は類聚国史により改める

834	21・表・8	喜	嘉	塙	塙	×	もと同文、塙本は類聚国史により改める
835	21・裏・3	等□	等乎	塙	塙	×	
836	21・裏・10	冦位	冠	西	西	○	
837	22・表・4	載	翼	塙	塙	×	
838	22・表・11	警	警□	塙	塙	×	
839	22・表・12	運轉	轉運	塙	塙	×	
840	22・裏・3	獨兵	獨身	塙	塙	×	
841	22・裏・4	藤□代	藤代	塙	塙	×	
842	22・裏・6	大俣	大伇	西	西	○	
843	22・裏・7	宍人	（宗人）			○	塙本は類聚国史により改める
	巻第廿二						
844	23・表・2	□	左大臣正二位兼行左近衛大将藤原朝臣冬嗣等奉　勅撰	塙	塙	○	
845	23・表・5	朝賀□（十八字）□	朝賀宴侍臣於	塙	塙	○	

846	23・表・6	□□宰府	大宰府	塙	｜	○	
847	23・表・7	□□西海	□西海	塙	塙	×	
848	〃	下縣郡	下縣郡			×	三条西家本は「下」の字蠹蝕
849	23・表・10	□人	五人	塙	塙	×	
850	23・裏・5	父室	文室	塙	塙	×	
851	23・裏・9	従五位正上六位上	従五位上正六位上	塙	塙	×	
852	23・裏・10	□継	縄継	塙	塙	×	もと同文、塙本は類聚国史により補う
853	24・裏・6	従五下	従五位下	塙	塙	×	
854	25・裏・10	髙	亮	塙	塙	×	
855	26・表・5	大膳髙	大膳亮	塙	塙	×	
856	26・表・6	死	宛	塙	西	○	
857	26・裏・1	勘錄	勘録	塙	塙	×	
858	26・裏・3	従五依下	従五位下	塙	塙	×	
859	26・裏・5	電	雹	塙	塙	×	
860	26・裏・7	上毛野緑野	上毛野緑野	塙	塙	×	
861	26・裏・9	頂	頃	塙	塙	×	

862	26・裏・10	記	託	塙	塙	×	
863	26・裏・11	司	官司	塙	塙	×	
864	26・裏・13	牓尓	牓示	塙	塙	×	もと同文、塙本は類聚国史により改める
865	27・表・1	一人心	一人	塙	塙	×	
866	27・表・6	並	兼	塙	塙	×	
867	27・表・7	卒	率	塙	塙	×	
868	27・表・8	懲草	懲革	塙	塙	×	
869	27・裏・3	修	修理	塙	塙	×	もと同文、塙本は類聚三代格により補う
870	27・裏・11	身外	自外	塙	塙	×	
871	28・表・2	遣使	(遣)			○	塙本は類聚国史により補う
872	28・表・10	自今	自爾	塙	塙	×	
873	28・表・12	庻	(度)			○	塙本は類聚国史により改める
874	〃	姧耶	姧邪	塙	塙	○	
875	28・裏・2	旡来	元来	塙	塙	×	
876	29・表・7	弊	幣	塙	塙	×	

877	29・裏・1	彼	被	塙	塙	×	
878	〃	訪 坊也	訪	塙	塙	×	
879	29・裏・2	而不覺	不覺	塙	西	○	
880	29・裏・7	庲	庻	塙	塙	×	
881	29・裏・12	庲	庻	塙	塙	×	
882	29・裏・13	走弊	走幣	塙	塙	×	
883	〃	奉弊	奉幣	塙	塙	×	
884	30・表・1	従四下	從四位下	塙	塙	×	
885	30・表・3	天推国高产天皇	天推國高彦天皇			×	三条西家本は「彦」の字蠹蝕
886	30・表・6	若	差	塙	塙	×	
887	30・表・7	死	宛	塙	西	×	
888	30・表・9	従四位上	(從四位下)			×	塙本は上文により改める
889	30・裏・9	懲	以懲	塙	塙	×	もと同文、塙本は類聚国史により補う
890	30・裏・10	□慎	慎	塙	塙	×	
891	〃	湏	頃	塙	塙	×	
892	30・裏・13	□依	依	塙	塙	×	

893	31・表・1	⺷	（差）			○	塙本は類聚国史により「若」に改める、三条西家本も恐らく「若」に作る
894	〃	□有	有	塙	塙	×	
895	31・表・3	甾學問	學問	塙	塙	○	
896	〃	辶慈大徳	道慈大徳			×	三条西家本は「道」の字蠹蝕
897	〃	□氣	気	塙	塙	×	
898	31・表・5	千載	千歳	塙	塙	○	
899	31・裏・3	少倉	小倉	塙	塙	×	
900	31・裏・5	椋椅	椋崎	西	西	○	
901	31・裏・9	若	差	塙	塙	×	
902	32・表・11	无職	无識	塙	塙	×	もと同文、塙本は類聚国史により改める
903	32・裏・1	至人	聖人	塙	塙	○	
904	32・裏・2	冐	冒	塙	塙	×	
905	32・裏・7	火	大	塙	塙	×	
906	32・裏・8	期	斯	西	西	○	

907	32・裏・10	駈	駈	西	西	○	
908	33・表・1	若	差	塙	塙	×	
909	33・表・11	卒世	奕世	塙	塙	×	
910	33・表・12	廡	廡	塙	塙	×	
911	33・裏・1	苟亼	苟合	塙	塙	×	三条西家本は一字蠹蝕、「令」に作るカ
912	33・裏・2	廡人	廡人	塙	塙	×	
913	〃	傑跖	桀跖	塙	塙	×	
914	33・裏・7	三騜	三驛	塙	塙	×	
915	33・裏・10	史	史生	塙	塙	×	
916	33・裏・12	若	差	塙	塙	×	
917	34・表・1	丙成	丙戌	塙	塙	×	
918	34・表・3	朩	某			×	三条西家本は「某」の字蠹蝕
919	34・表・6	粟《粟》田朝臣 鮑田麻呂	粟田朝臣 飽田麻呂	塙	塙	×	
920	34・表・8	主税	主税□	塙	塙	×	
921	35・表・1	従五位下	従五位上	塙	塙	×	もと同文、塙本は上文により改める

922	35・裏・3	伊豫介	伊勢介	西	西	○	
923	〃	平野主	平野王	塙	塙	×	
924	35・裏・6	近	迎	｜	｜	×	もと同文、塙本は類聚国史により改める
925	35・裏・11	養文郡	養父郡	塙	塙	×	
926	35・裏・13	佐伯宿清岑	佐伯宿祢清岑	塙	塙	×	
927	36・裏・5	賜姓	賜	塙	西	○	
928	36・裏・6	正正五位下	正五位下	塙	塙	×	
929	36・裏・13	若	差	塙	塙	×	
930	37・表・5	浮内	俘囚	塙	塙	×	
931	37・表・6	浮内	俘囚	塙	塙	×	
	巻第廿四						
932	1・表・3	大上天皇	太上天皇	塙	塙	×	
933	1・表・9	賀祜麻呂	賀祐麻呂	西	西	○	
934	〃	為蒦	為	西	西	○	
935	1・表・12	従五位下	従五位位下	西	西	×	
936	1・裏・6	太上大臣	太政大臣	塙	塙	×	

937	1・裏・11	辛官……辛未	辛未	塙	塙	×	
938	2・表・2	永真	永貞	塙	塙	○	もと同文、塙本は上下文により改める
939	2・表・8	戎	或	｜	｜	○	
940	2・表・11	申午	甲午	塙	塙	×	
941	2・裏・5	以下	已下	塙	塙	○	
942	2・裏・10	藤原朝臣永貞	従五位下藤原朝臣永貞	塙	塙	×	もと同文、塙本は上文・類聚国史により補う
943	3・表・5	肝食	旰食	塙	塙	×	
944	3・表・9	勳勞	勤勞	塙	塙	○	
945	3・表・11	賙給	賙	西	西	○	
946	3・裏・7	贏餘	贏餘	塙	塙	×	もと同文、塙本は類聚国史により改める
947	4・表・10	日料	日科	塙	塙	×	
948	4・表・12	音氣	音義	西	塙	×	
949	4・裏・1	辛波古知	(辛波右知)			○	塙本は日本紀略により改める
950	4・裏・9	預	豫	塙	塙	○	

951	5・表・2	倍位	陪位	塙	塙	×	
952	5・表・13	従五位	従五位下	塙	塙	×	
953	5・裏・2	□正四位下	正四位下	塙	塙	×	
954	〃	判官高英善	高英善	西	西	○	
955	5・裏・8	大納	大綱	塙	塙	×	
956	5・裏・11	蒹陸奥出羽按察使	為兼陸奥出羽按察使	塙	塙	×	
957	6・裏・7	右衛門督	右兵衛督	塙	塙	○	もと同文、塙本は上文により改める
958	6・裏・8	播麻	播磨	塙	塙	×	
959	6・裏・12	潘客	蕃客	塙	塙	×	
960	7・表・4	累葉	（累業）			○	塙本は類聚国史により改める
961	7・表・8	充	宛	塙	西	×	
962	7・裏・1	閒	間	塙	塙	×	
963	7・裏・3	委	悉	塙	塙	×	もと同文、塙本は類聚国史により改める

964	8・表・8	遠由郡	遠田郡	塙	塙	×	
965	8・裏・4	并掾已下賜衣被史生以下郡司已上	（無し）			○	塙本は類聚国史・日本紀略により補う、ただし塙本は「已上」を「以上」に作る
966	8・裏・8	丹	舟	塙	塙	×	
967	8・裏・9	藩客	蕃客	塙	塙	×	
968	9・表・3	駈	駐	塙	塙	×	
969	9・表・4	榮□爵	榮爵	塙	塙	×	
970	9・表・7	長罡朝臣罡	長岡朝臣岡成	塙	塙	×	もと同文、塙本は上文により補う
971	9・表・13	康	秉	塙	塙	×	
972	9・裏・9	病裏	病裡	塙	塙	×	
973	9・裏・10	人爵有餘人爵	人爵	塙	塙	×	
974	9・裏・12	奉表	□表	西	西	○	
975	10・表・5	胃寵	冒寵	塙	塙	×	
976	10・表・6	□殊	殊	塙	塙	×	
977	10・表・8	□請	請	塙	塙	×	

978	10・裏・9	宣□（七字）	宣	塙	塙	×	
979	10・裏・11	真嗣	貞嗣	塙	塙	×	もと同文、塙本は上下文・類聚国史・日本紀略により改める
980	11・表・12	逬	（逆）			○	塙本は類聚国史により改める
981	11・裏・1	後	復	塙	塙	×	
982	12・表・8	刀子	（力子）			○	塙本は日本紀略により改める
983	12・表・12	有	囚徒令有	塙	塙	×	もと同文、塙本は類聚三代格により補う
984	12・裏・1	秋分	秋冬	塙	塙	×	もと同文、塙本は類聚国史・類聚三代格により改める
985	〃	□奏	奏	塙	塙	×	
986	12・裏・13	公廨	公解	西	西	○	

以上、一覧表（以下、アラビア数字は本表の該当箇所を表す）によれば、塙本と三条西家本には九八六箇所の出入りがある。従来、両本の字句の異同が少なくないことは指摘されていたが(32)、頗る多いことが改めて確認される。そして、増補六国史本と新訂増補国史大系本のいずれにおいても、塙本の本文を多く継承していることが判明する。

四　『日本後紀』三条西家本・塙本と柳原本との異同について

西尾市岩瀬文庫の所蔵する柳原本は、先述のごとく、森田悌氏によって塙本の親本であることが論じられている。筆者はかつて塙本の親本が三条西家本とは異なる系統の写本であると述べたが(33)、同時期に発表された森田論文に接し、これに従うべきものと自説を改めた(34)。森田氏は論証に関わる異同のみを示され、訳注日本史料本では柳原本を対校に用いていないので、以下に、三条西家本・塙本と柳原本との間の異同を整理する。

柳原本は、三条西家本を忠実に書写することを心がけたようであり、異体字による相違や誤写も認められるものの、闕字・平出の類は三条西家本を踏襲している。三条西家本と塙本とで出入りのある箇所もおおむね三条西家本に一致するが、塙本と同じ用字となるのは次の一三九箇所である（異同一覧表の番号を示す。三条西家本の蠹触によるものは省く）。

15, 17, 65, 72, 90, 91, 107, 118, 119, 137, 142, 147, 151, 165, 167, 176, 178, 189, 191, 205, 216, 222, 231, 246, 249, 282, 290, 292, 293, 298, 298, 318, 353, 358, 360, 363, 367, 385, 393, 394, 397, 398, 402, 407, 415, 417, 421, 429, 433, 436, 441, 442, 446, 456, 457, 460, 463, 466, 480, 486, 487, 488, 500, 509, 570, 572, 589, 611, 620, 626, 632, 637, 639, 646, 678, 681, 687, 690, 695, 698, 700, 713, 719, 736, 741, 745, 750, 766, 767, 775, 778, 779, 781, 788, 789, 793, 796, 802, 803, 811, 815, 818, 819, 831, 832, 835, 843, 847, 850, 851, 853, 854, 856, 858, 870, 871, 879, 884, 888, 893, 895, 907, 917, 920, 927, 932, 933, 934, 936, 940, 945, 949, 952, 954, 958, 965, 974, 980, 985, 986

また、柳原本が抹消符を付すなどして三条西家本を訂正した結果、字句が塙本と同じ用字となるのは次の四十九箇所である。

32, 41, 64, 68, 89, 95, 123, 139, 166, 203, 232, 269, 278, 279, 280, 281, 297, 320, 366, 462, 464, 496, 542, 549, 554, 560, 577, 614, 617, 618, 633, 728, 739, 758, 787, 791, 795, 846, 855, 859, 861, 901, 908, 910, 916, 923, 928, 947, 950

三本とも異なる用字であるのは次の二十三箇所である。

16→字　145→殿□　223→等　227→闕　258→皇統…正月　262→合□（3字）　276→不　337→報　356→造

369→将　399→□□　406→勘文　468→（位置は西本に同じ、ただし「行五行五」）　578→□□三驛　594→渙汗

643→〆《及也》右兵衛　704→鄙　716→越遂氏　773→須告　774→須告　827→偵《鎮也》。　922→伊務介　982→力

三条西家本と塙本が同じ用字で柳原本のみに異同がみられるのは次の八十三箇所である。

巻	位置	三条西家本	柳原本	備考
巻五	3・表・3	期	斯	
〃	3・表・11	従	従従	
〃	5・表・9	如故	如此	
〃	8・表・4	藤原朝臣	藤原	
巻八	2・裏・9	少将	少尉	
〃	3・表・8	死刑	死形	
〃	4・裏・10	遣	遣○《使也》	
〃	6・裏・2	宕	宿	
〃	7・表・11	右少弁	右少弁右少弁	
〃	7・表・13	朝臣雄友	雄友	
〃	8・表・11	丙戌	丙辰	
〃	9・表・11	労望日	望日	

〃	9・表・12	具	其	三条西家本、或いは「其」カ
〃	10・裏・1	姓豊岡	豊岡	
〃	11・表・4	亡	壬	
巻一二	1・表・11	者	者□	
〃	3・表・12	殖栗	殖栗	
〃	4・表・10	木訥	木納	
〃	4・表・11	有餘	有餘有	
〃	4・裏・2	邦	邛 劾也	
〃	5・表・11	雨	。雨 丙	
〃	7・表・8	別式	列式	
〃	9・表・4	如	如如	
〃	10・表・7	敠	敠 殺也	塙本、「教」につくる
〃	10・裏・2	五位已上	五位已上五位已上	
〃	11・表・5	新神	新	
〃	11・裏・1	奴流尓	双流尓	三条西家本、「奴」の字蠹蝕
〃	11・裏・3	平久安平	安久	
〃	15・表・7	丁未	丁卯	

巻一三	16・裏・6	遣唐	遣唐
〃	17・裏・3	曲宴	典宴
〃	18・裏・1	随即	随
〃	19・表・3	沐	沐浴
〃	20・裏・4	網	綱
〃	20・裏・13	期	斯
〃	25・裏・8	丙戌	丙辰
〃	27・裏・10	藤原朝臣	藤原
〃	29・表・6	複	複榎也
〃	29・表・10	預	預神
〃	30・裏・11	足	事
巻一四	34・表・1	䡆	翰
〃	37・表・11	刀	勿不
〃	38・表・2	寺田	寺内
巻一七	6・表・5	曲宴	典宴
〃	6・表・6	従五位上	従五位上従五位上
〃	8・裏・10	安倍朝臣	安倍

〃	8・裏・13	鳥	爲[焉]	
〃	10・表・12	曲宴	典宴	
〃	14・表・3	衆	家	
〃	14・表・13	不践	不不践	
巻二〇	5・表・13	真人	直人	
〃	5・裏・6	百済王	百済	
〃	6・裏・5	藤原朝臣	藤原	
〃	7・裏・12	容	客	三条西家本、或いは「客」カ
〃	8・表・8	狄	秋	
巻二一	10・裏・5	真道	直道	
〃	10・裏・8	泊	泊[不]	
〃	10・裏・11	盡	盡[書]	
〃	11・裏・7	従五位下	○[授也]従五位下	
〃	11・裏・11	頒告	須告	
〃	12・表・2	賀祜麻呂	賀祐麻呂	
〃	12・裏・3	載	戴	
〃	16・表・4	陸奥出羽按察使	陸奥出察使	

〃	16・表・6	十二日	十二月日
〃	18・表・5	一女	安
〃	18・裏・9	真菅	真管
〃	21・表・11	白田	畠
〃	22・裏・3	久	〻久 ク
巻二三	23・表・10	蕟	廢
〃	25・表・12	夷	夷 矢也 。
〃	33・表・10	三位	二位
〃	〃	内麻呂	内麻呂○ 者也
〃	35・裏・3	少将	少○将 衛
巻二四	5・表・9	従五位上	従五位下
〃	5・裏・7	従四位下	従五位下
〃	8・表・6	色	ミ色 邑也
〃	9・表・9	匹	返
〃	9・裏・5	女謁	女 如也 謁
〃	9・表・7	在位	在位 任也 、
〃	10・表・6	冈	冈 肉也 、

〃	11・裏・2	奉幣	奉弊
〃	12・表・2	安房國	安房
〃	13・表・1	頻年不登	頻年

以上、煩雑となったが、三条西家本から柳原本への書写においても誤写がまま認められ、また傍書にて誤を訂正した例も多くみられる。傍書にて訂正した箇所が塙本と一致するのは、森田氏は三十箇所を越えるとされたが、右によれば総て四十九箇所ある。一方で、訂正した結果がかえって塙本と異なり、訂正する以前の字句が塙本と一致するものもみられる。

森田氏の説の中で注目されるのは、柳原本と塙本で同一の欠字が認められるとの指摘であろう。森田氏が掲げたのは前表222, 223, 397, 581, 736, 793, 954, 965の八箇所であるが、これに加えて16, 358, 397, 415, 466, 500, 690, 695, 815, 871, 879, 895, 927, 934, 945, 974も例として掲げられるであろう。この他に、塙本が校訂の結果、三条西家本と同一の用字となったことが考異より判明する箇所が、二十二箇所あり、そのうち十四例（394, 417, 433, 453, 713, 742, 745, 832, 843, 871, 888, 949, 965, 982）は柳原本と塙本（校訂前）で一致する。これらは稲山行教書写本・柳原本がともに同じ誤りを犯しており、三条西家本では正しかったものである。

これらの例を考えれば、森田氏の指摘のごとく、塙本の親本は柳原本であると考えることは妥当と思われる。その一方で、三条西家本と塙本を親子関係とすることに躊躇を覚えることは前節に一覧を示したとおりであり、それにも拘らず塙本が三条西家本の系統であることが確定した現在、塙本考異の記載はその採録基準が極めて不統一であるということになる。ここに、塙本における校訂の様相、あるいは稲山行教の書写について考える必要が生じ、塙本の利用に注意を払わねばならない可能性も出るものと考えられる。

五　訳注日本史料本『日本後紀』残存巻の校訂について

平成十五年十一月に刊行された訳注日本史料本には注目すべき諸点が多々存する。『日本後紀』初の本格的注釈書で、信頼できる訓読や最新の研究成果を盛り込んだ注釈に加え、今日知り得る限りの逸文を収載し、これを含めて巻次順に配列したことによって『日本後紀』を一冊の史書として通観できることになり、巻末には索引も付されるなど、本書を繙かれた方はすぐにその利便さを実感されることであろう。

先にもふれたとおり、本書には所功氏・遠藤慶太氏・藤森馨氏および筆者による書評・紹介がなされている。所氏は、訓読文に歴史的仮名遣いでなく現代仮名遣いを用いていることを述べておられ、遠藤氏は、底本の選定、頭注・補注の不十分なところ、補注に参考文献のないこと等を指摘されている。藤森氏は、頭注・補注の記述に精粗があり統一性の欠けることや、補注の依拠した参考文献が掲出されていないこと、索引の範囲が限られていることに言及されている。筆者は、底本の選定について触れた。

これらの指摘はいずれも、単に『日本後紀』に限らず、史料の注釈書を作成刊行するにあたってどういった方針が望ましいのか、という問題に関わるものである。それらは今後、利用者によって適否が判断されるべきものであろうが、ここでは、残存巻の本文校訂という点において、従来の諸活版本と比較して、訳注日本史料本がどのように位置づけられるか確認したい。

先にみたとおり、本書は谷森善臣旧蔵の塙版本を底本とし、三条西家本・谷森本の書入れ・大系本・朝日本を対校に用い、『類聚国史』や『日本紀略』、『日本逸史』その他の諸書を参考にしている。塙本を底本とし、三条西家本や諸書によって校訂するという姿勢は、（旧輯）国史大系本以来の『日本後紀』活版本で共通したものである。

このことについて、遠藤氏は「古代文献の校訂において、最古の写本に拠ることが唯一の方法ではない。諸本の系統や残存状況を勘案して、板本を校訂本文の素板とすることもありうる」とされた上で、「三たび塙板本を底本とするためには、より強い理由が必要ではなかったか」、「三条西家本を底本とする『日本後紀』の校訂は夢想であろうか」、と問いかけられている。(35) そこでまずは、本書における三条西家本の取り扱いをみてみることにする。

本書をみるに、校異注には、対校本として用いた三条西家本との異同をかなりの比率で示している。国史大系本や朝日本は、対校本たる三条西家本との異同を逐一示している訳ではない。その点では、三条西家本を尊重しているかのごとく見受けられる。しかし、三条西家本には、虫損や衍字など、明白な誤りも少なくない。従前より塙本が底本として用いられてきたのは、こうした三条西家本に対して塙本は安定した本文を伝えていることが所以なのであり、実際に塙本と三条西家本に異同が存する場合、多く塙本に従っている。

このような傾向を、遠藤氏は「三條西家本と塙板本を対照したわたしの印象では、塙板本は末尾に付された「考異」以上に、断りなく改められた箇所が少なくないと感じる。塙板本の用字を採るときに注意を要する点である。一例であるが、集英社版の本文校訂をめぐって、解釈へと派生する異見も提起されている。」と注意を喚起されて、「大正期に宮内省で行われた六国史の定本作成においては、『日本後紀』の底本に三条西家本が採られた」こと、「「読みやすい本文」とは、一旦校訂を経て整えられた本文である」こと、などから先のごとき問いかけをされているのである。とはいえ、三条西家本における虫損や衍字、字体についても考えると、やはり、筆者はただちに三条西家本に遡って校訂本を作成することには困難が伴い難しいと考える。一方で、塙本における校訂の問題点については、森明彦氏に具体的な指摘がなされているし(36)、塙本の親本が柳原本であることを考えるとき、塙本考異の性格が極めて不統一ということになり、塙本における校訂の様相、あるいは稲山行教の書写について考える必要が生じ、塙本の利用に注意を払わねばならない可能性も出るものと思われることは、前節に述べた。

そこで注目されるのが、柳原本である。増補六国史本刊行の当時、佐伯有義氏はすでに柳原本の存在を把握しており、月報に紹介している(37)。しかるに、佐伯氏が柳原本を校訂に用いることはなかった。これは、③朝日本の校訂標注の際には所在が確認されていなかったため、その後に見出されても⑤増補六国史本に反映されなかった故のことと考えられる。今回、訳注日本史料本編修の過程において、森田氏の研究が発表され、再び柳原本が陽の目を見ることとなった。この柳原本は、訳注日本史料本の校合には用いられていない。確かに、柳原本独自の用字により訂正される箇所は皆無のようである。校訂本としてみれば、柳原本を対校に用いない訳注日本史料本の判断は的確なものといえるかもしれない。しかしながら、上記の観点からすれば、訳注日本史料本に塙本考異の記載、あるいは柳原本との異同が注記されていないのは残念である。

次に、大系本と同じく塙本を底本に選定した訳注日本史料本の本文では、大系本とどの程度の相違が生じているのかみてみたい。本書では、大系本も対校に用いているので、この校異注を頼りに両書を比較してその結果を示すと、次の箇所に異同が認められることが判明する。

□（七四頁）　□（七六）　外（七八）　宿禰（七八）　于（八二）　己卯（八四）
華（八八）　照（一〇〇）　初（一〇〇）　忌（一〇六）　□（一〇八）　宿禰（一四八）
抃（一五六）　也相（一五八）　左（一六六）　仗（一七二）　士少志（一七四）　梶繼（一七六）
雜（一八六）　□（一九〇）　磐梨（一九四）　原（二五二）　爲（二五六）　弘（二五六）
賜（二五六）　□（二五八）　外（二五八）　呻（二六四）　傳燈大法師位……年八十一（二六六）
超□（二六六）　□乾（二六八）　□（二六八）　□（二六八）　上（二七二）　□（二七二）
上（二七八）　兵（二八四）　有（二九二）　過（二九六）　流（二九六）　列（二九八）
鎭將（三〇〇）　承（三〇二）　鄭（三〇四）　年（三一二）　仗（三一八）　徽（三一八）
租（注なし、三二〇頁七行）　以（三二四）　一一（三二六）　繼（三三二）　戊午（三三八）
上（三三八）　下（三四〇）　眞（三四〇）　初（三四二）　太（三四四）　太（三六二。五つとも）
偶（三六六）　占兼（三七四）　推（三八二）　頭（四二四）　從四位下（四二四）
頭（四二六）　棒（四三八）　下（四四六）　卷（四四六）　□（四五四）　勤（四六〇）
眞（四六〇）　太（四六六）　仗（四七〇）　上（四七二）　無（四七四）　太（四七四）
太（四七六）　眞（五一二）　仕（五一四）　仕（五一六）　奏（五一六）　上（五一八）
左（五二四）　仗（五二四）　子（五三〇）　眞（五三〇）　眞（五三〇）　奏（五三二）
恩（五三四）　祜（五三八）　太（五三八）　眞（五四二）　賚（五四六）　琛（五四六）
今（五五八）　眞（五七〇）　夷（五七四）　詳（五七四）　申（五七六）　國（五八〇）

營（五八二）　傾（五八六）　貞（五九〇）　大（五九二）　左（五九六）　眞（五九六）
行（六二四）　近（六二四）　行（六二六）　僧（六四〇）　衞（六八二）　氣（六八四）
眞（六八六）　貞（六八八）　踏（六九二）　正（六九六）　茶（六九八）　楪（七〇〇）
三（七〇二）　右（七〇四）　従三位（七〇六）明（七一二）　不（七一四）

以上の異同箇所は、校異注に示されるもののみを主に対象として抜き出したので、注のない部分に追加すべき箇所が存するであろう。とはいえ、おおよその傾向は把握することができるものと思われる。

目につくのは、まず前後文などにより人名や位階を改める箇所、それに大系本による意改を欠字（□）に改める例である。前者は松崎英一氏の指摘[38]等も踏まえたものであろう。また後者の姿勢は、先にふれた三条西家本との校異を多く注する例とともに、三条西家本を尊重する態度として評価できよう。全体的に、意により改めることは極力避けたような印象があるが、逆に、都合よく大系本を根拠にしているかのような箇所も存する。また、三条西家本によって新たに改めた箇所も見受けられるものの、その例は少ない。底本・校合本が同じである以上、当然であるとも思われるが、大系本との差異はそれほど大きくないものとなっている。

そうとすれば、あえて塙本を底本として校訂をしなおすことなく、大系本を底本としてもよかったのではないかとも思われる。現行の最善の校訂本を底本とすべきことは、田中卓氏の提唱されるところであり[39]、同氏は、「板本の価値と古写本を底本とする際の問題点」について指摘されている。写本系統の乏しい『日本後紀』にあっても、その方が先行研究における校訂を重視し、かつ効率的ということになるのではないか。とはいうものの、訳注日本史料本が広く一般にむけても発せられているかのごとき傾向からすれば、これに見慣れぬ符号を増やすことに躊躇もおぼえ、むしろ現段階では、本書に大系本や朝日本が対校本として用いられている点を積極的に評価すべきであろうか。今後考えるべき問題であろう。

おわりに

本章では、『日本後紀』について、主な写本、木版本、活版本の概略を述べ、特に三条西家本―柳原本―塙本―新訂増補国史大系本・訳注日本史料本についてはその本文の異同箇所を検出した。その結果、塙本における考異記載の基準には不統一なところがあり、塙本の用字を採用する際に注意を要することは、森氏や遠藤氏も指摘されているごとくで、そのような際には柳原本をも参照する必要が生じるものと思われる。一方で、三条西家本を底本とする校訂本の作成は、虫損や衍字、字体について考えると相当な困難が予想される。以上の点から、新訂増補国史大系本を底本としたほうが、先行研究を重視する立場からも、妥当のように思われるが、史料の校訂における底本選定の問題は、田中卓氏の指摘を踏まえ、今後なお検討されるべき問題であろう。

註

（1）遠藤慶太氏「『日本後紀』の諸本と逸文」（『平安勅撰史書研究』皇學館出版部、平成十八年六月。初出は平成十四年十月）。

（2）堀池春峰氏「解題」（『天理図書館善本叢書　日本後紀』八木書店、昭和五十三年三月）。

（3）佐伯有義氏「日本後紀　解説」（『（朝日新聞社）六国史　日本後紀』朝日新聞社、昭和四年十二月）、坂本太郎氏『六国史』（吉川弘文館、昭和四十五年十一月）。
（4）柄浩司氏「三条西家による『日本三代実録』の書写について」（『中央史学』一八、平成七年三月）。
（5）山本信吉氏「日本後紀」（皆川完一・山本信吉両氏編『国史大系書目解題』下、吉川弘文館、平成十三年十一月）。
（6）坂本太郎氏「六国史の伝来と三条西実隆父子」（著作集第三巻『六国史』吉川弘文館、平成三年八月。初出は昭和四十五年九月）。
（7）堀池春峰氏前掲註（2）論文。
（8）山本信吉氏前掲註（5）論文。
（9）このことについては第七章で言及する。
（10）宮内庁書陵部編『図書寮典籍解題』歴史篇（養徳社、昭和二十五年二月）による。
（11）佐伯有義氏「日本後紀の写本に就いて」（『増補六国史月報』九、昭和十六年一月）。
（12）西本昌弘氏「『日本後紀』の伝来と書写をめぐって」（『続日本紀研究』三一一・三一二合併号、平成十年二月）。
（13）森田悌氏「『日本後紀』塙本の原本」（『王朝政治と在地社会』吉川弘文館、平成十七年十二月。初出は平成十二年十二月）。
（14）「西尾市岩瀬文庫古典籍書誌データベース（試運転）」（http://iwasedb.jp/legend/legend.html）。
（15）是澤恭三氏「柳原紀光の諸家記録探求に就て」（『国史学』四五、昭和十七年十月）。
（16）柳原紀光については、武部敏夫氏「続史愚抄」（坂本太郎・黒板昌夫両氏編『国史大系書目解題』上、吉川弘文館、昭和四十六年三月）等を参照。
（17）西本昌弘氏以前に塙本『日本後紀』の伝来について言及している論考として、管見の及ぶ限りでは次の諸論が掲げられる。いずれもその親本は伏見宮家本であろうとみなされる、あるいは後考を俟つとされていた。佐伯有義氏前掲註（3）解説、太田善麿氏『塙保己一』（吉川弘文館、昭和四十一年十二月）、坂本太郎氏前掲註（6）論文、同氏前掲註（3）『六国史』、同氏「塙検校の識見」（著作集第五巻『修史と史学』吉川弘文館、平成元年二月。初出は昭和四十六年三月）、吉

岡眞之氏「日本後紀」(『歴史読本臨時増刊　歴史の名著一〇〇』昭和五十年七月)、堀池春峰氏前掲註(2)論文。

(18) 西本昌弘氏前掲註(12)論文。

(19) 森田悌氏前掲註(13)論文。

(20) 斎藤政雄氏『『和学講談所御用留』の研究』(国書刊行会、平成十年一月)、遠藤慶太氏「失われた古典籍を求めて――『日本後紀』と塙保己一」(『温故叢誌』六五、平成二十三年十一月)参照。

(21) 斎藤政雄氏前掲註(20)書所収。

(22) 森銑三氏「稲山行教」(『森銑三著作集』続編二、中央公論社、平成四年十二月。初出は昭和十六年十月)、坂本太郎氏前掲註(17)「塙検校の識見」は寛政十年十月以後とされ、西本昌弘氏前掲註(12)論文も、中山信名「温故堂塙先生伝」に「このとし(寛政十一年)より。門人を京師にのぼらしめ。諸家にひめもてる名記を写さしめ」たとあることから寛政十一年とされる。一方、寛政十年時点ですでに発見されていたとするのは、太田善麿氏前掲註(17)書、斎藤政雄氏前掲註(20)書であり、寛政六年十月に上京した際を想定され、それをやすやすと写し取ることができず開板予定書目に加えることができなかったという可能性が示唆されている。柳原本の位置づけが確定された現在、寛政六年十月とすることは無理であるが、なお寛政十年十月以前という可能性がないわけではない。遠藤慶太氏(前掲註(20)論文)は、「いまはふたつの考え方ができるとして止めてお」く、とされつつ、考えが前者に傾いているかのような書きぶりをされている。

(23) 斎藤政雄氏「『日本後紀』とその版木」(『温故叢誌』五四、平成十二年十一月)。

(24) この版木三枚については、遠藤慶太氏前掲註(20)論文に言及があり、また皇學館大学附属図書館所蔵となったことについては荊木美行氏よりご教示賜わった。

(25) 大沼宜規氏「旧版「国史大系」の編纂とその底本――小中村清矩旧蔵『日本書紀』を中心に」(『近代史料研究』一一、平成二十三年三月)。

（26）黒板博士記念会編『古文化の保存と研究』（黒板博士記念会、昭和二十八年二月）所収。
（27）吉岡眞之氏「宮内省における六国史校訂事業」（『古代文献の基礎的研究』吉川弘文館、平成六年十一月。初出は昭和五十八年二月）。
（28）皆川完一・山本信吉両氏編『国史大系書目解題』下（吉川弘文館、平成十三年十一月）。
（29）笠井純一氏「日本後紀逸文索引稿（一）」（地名の部）（『金沢大学教養部論集』人文科学篇二〇、昭和四十八年三月）、「同（二）」（官職名の部）（『同』二一、昭和五十九年三月）、「同（三）」（人名の部　上）（『同』二二―一、昭和五十九年十月）、「同（四）――人名の部　下」（『同』二二―二、昭和五十年三月）、「同（五）――件名の部　Ⅰ（あ～こ）」（『同』三〇―二、平成五年三月）、「同（六）――件名の部　Ⅱ（さ～せ）」（『同』三一―二、平成六年三月）。
（30）リーフレットには、黒板伸夫氏「全四十巻を対象とする初めての注釈書」、森田悌氏「歴史が動いた平安初期を描いた国史」、林陸朗氏「『日本後紀』訳注の刊行に寄せて」、笹山晴生氏「訳注『日本後紀』の刊行に期待する」を掲載。
（31）所功氏が『皇學館大学史料編纂所報　史料』一八九（平成十六年二月）、筆者が『古代文化』五七―二（平成十七年二月）、遠藤慶太氏が『古文書研究』六〇（平成十七年七月）、藤森馨氏が『國學院雑誌』一〇七―八（平成十八年八月）、にそれぞれ掲載。
（32）佐伯有義氏前掲註（3）解説、坂本太郎氏前掲註（3）『六国史』。
（33）拙稿「塙本『日本後紀』の親本について――三条西家本説の検討」（『皇學館論叢』三三―六、平成十二年十二月）。
（34）拙稿「書評　黒板伸夫・森田悌編『日本後紀』（訳注日本史料）」（前掲註（31））。
（35）遠藤慶太氏前掲註（31）書評。
（36）森明彦氏「鐵と銭――『日本後紀』・『日本三代実録』の貢調銭記事について」（『続日本紀研究』三四七、平成十五年十二月）。
（37）佐伯有義氏前掲註（11）論文。
（38）松崎英一氏「日本後紀記事の誤謬・矛盾」（『古代文化』二八―一、昭和五十一年一月）。

(39) 田中卓氏「古典校訂に関する再検討と新提案」(続・田中卓著作集三『考古学・上代史料の再検討』国書刊行会、平成二十四年六月。初出は平成九年三月)。

第二章　『日本後紀』の編纂と藤原緒嗣

はじめに

『日本後紀』の編纂において、撰者の一人である藤原緒嗣（宝亀五年〈七七四〉—承和十年〈八四三〉）が、実質的にも主導的役割を果たし、かつ実際にその思想を存分に『日本後紀』に盛り込んだ、ということは、通説とされている。『日本後紀』の特色を見事に抽出することで、六国史が無味乾燥の物ではなくそれぞれに特徴があることを明確に指摘し、その上で、それが撰者の個性の反映であることを明快に論じる坂本太郎氏の説は、非常に説得力がある。そして、同様の手法で、他の六国史についても撰者の影響を論じておられる。その後の諸研究においても、このことを前提として論を立てているものが見受けられるが、そもそも、藤原緒嗣の経歴を考えるに、果たしてその関与がどこまでのものであったのか、検討の余地が残されているのではないかと思われる。そこで本章では、『日本後紀』の編纂過程における藤原緒嗣の役割について、改めて検討を加えることとしたい。

一　『日本後紀』の編纂過程

『日本後紀』の編纂過程については、『類聚国史』巻一四七に載せられた序に記されており、これは編纂過程を知る唯一の史料となる。その全文を掲げると次のとおりである。

・『日本後紀』序

臣緒嗣等、討二論綿書一、披二閲曩策一、文史之興、其来尚矣、無レ隠二毫釐之疵一、咸載二錙銖之善一、炳戒於レ是森羅、徽猷所以昭晳、史之為レ用、蓋如レ斯歟、伏惟前後太上天皇、一天両日、異レ体同レ光、並欽明文思、済レ世利レ物、問二養レ馬於牧童一、得二烹レ鮮於李老一、民俗未レ飽二昭華一、薛蘿早収二渙汗一、弘仁十年太上天皇、勅二大納言正三位兼行左近衛大将陸奥出羽按察使藤原朝臣冬嗣・正三位行中納言兼民部卿藤原朝臣緒嗣・参議従四位上行皇后宮大夫兼伊勢守藤原朝臣貞嗣・参議左衛門督従四位下兼守右大弁行近江守良岑朝臣安世等一、監二修撰集一、未レ了之間、三臣相尋薨逝、緒嗣独存、後太上天皇詔、副二左近衛大将従三位兼守権大納言行民部卿清原真人夏野・中納言従三位兼行中務卿直世王・参議正四位下守右近衛大将兼行春宮大夫藤原朝臣吉野・参議従四位上守刑部卿小野朝臣岑守・従五位下勲七等行大外記兼紀伝博士坂上忌寸今継・従五位下行大外記島田朝臣清田等一、続令二修緝一、属二之譲祚一、日不二暇給一、今上陛下、稟二乾坤之秀気一、含二宇宙之滴精一、受二玉璽一而光宅、臨二瑤図一而治平、仁孝自然、聿二修鴻業一、聖綸重畳、筆削遅延、今更詔二左大臣正二位臣藤原朝臣緒嗣・正三位守右大臣兼行東宮傅左近衛大将臣源朝臣常・正三位行中納言臣藤原朝臣吉野・中納言従三位兼行左兵衛督陸奥出羽按察使臣藤原朝臣良房・参議民部卿正四位下勲六等臣朝野宿禰鹿取一、令レ遂二功夫一、仍令下前和泉守従五位下臣布瑠宿禰高庭・従五位下行大外記臣山田宿禰古嗣等、銓二次其事一以備中釈文上、錯綜群書、撮二其機要一、瑣詞細語、不レ入二此録一、接二先史後一、綴叙已畢、但事縁レ例行、具載二曹案一、今之所レ撰、棄而不レ取、自二延暦十一年正月丙辰一、迄二于天長十年二月乙酉一、上下卌二年、勒以成二卌巻一、名曰二日本後紀一、其次第、列レ之如レ左、庶令三後世視レ今、猶二今之視レ古、臣等才非二司馬一、識異二董狐一、代レ匠傷レ手、流レ汗如レ漿、謹詣二朝堂一、奉進以聞、謹序、

承和七年十二月九日

左大臣正二位臣藤原朝臣緒嗣
正三位守右大臣兼行東宮傅左近衛大将臣源朝臣常
正三位行中納言臣藤原朝臣吉野
中納言従三位兼行左兵衛督陸奥出羽按察使臣藤原朝臣良房
参議民部卿正四位下勲六等朝野朝臣鹿取
前和泉守従五位下臣布瑠宿禰高庭
従五位下行大外記臣山田宿禰古嗣

（訳注日本史料本　二頁）

これによって知られる『日本後紀』編纂の次第は、嵯峨天皇の弘仁十年（八一九）に大納言藤原冬嗣・中納言藤原緒嗣・参議藤原貞嗣・同良岑安世の四名に編纂の勅が下されたが、同十五年正月四日に貞嗣、天長三年（八二六）七月二十四日に冬嗣、同七年七月六日に安世が相次いで薨去し、緒嗣ひとりのみが残った。そのため、淳和天皇は緒嗣に副

えて権大納言清原夏野・中納言直世王・参議藤原吉野・同小野岑守・大外記坂上今継・同島田清田に編纂の続行を命ぜられた。しかし淳和天皇朝の編纂事業も天皇の譲位により完成をみるには至らず、仁明天皇は左大臣緒嗣・右大臣源常・中納言藤原吉野・同藤原良房・参議朝野鹿取に続修を命じられ、前和泉守布留高庭・大外記山田古嗣を副えて編修にあたらせ、承和七年（八四〇）十二月九日に完成奏上された、というものである。

『続日本後紀』承和八年十二月甲申（十九日）条には、

甲申、修㆓日本後紀㆒訖、奏御、　（新訂増補国史大系本　一二六頁）

と奏上のことが記されるが、編纂過程について特に明記するところはない。

先学においては、この序文の検討と本文の表記法の変化とを中心にその編纂過程の解明が試みられているが、この序文には矛盾点も含まれており、淳和天皇朝の第二次編纂開始の時期、『続日本後紀』に記された奏上年月日との矛盾など、検討の余地も依然として多く残されている。[1]

この編纂過程の問題と関連して、編纂の中心人物についても研究が蓄積されている。右の序によれば、『日本後紀』編纂における撰者は次のような人物である。

【嵯峨天皇朝】

- 大納言　藤原冬嗣（天長三年〈八二六〉七月二十四日薨）
- 中納言　藤原緒嗣
- 参　議　藤原貞嗣（弘仁十五年〈八二四〉正月四日薨）

・参　議　良岑安世〈天長七年〈八三〇〉七月六日薨〉

【淳和天皇朝】

・藤原緒嗣〈前朝より継続〉

・権大納言　清原夏野〈承和四年〈八三七〉十月七日薨〉

・中納言　直世王〈承和元年〈八三四〉正月四日薨〉

・参　議　藤原吉野

・参　議　小野岑守〈天長七年〈八三〇〉四月十九日卒〉

・大外記　坂上今継

・大外記　島田清田

【仁明天皇朝】

・左大臣　藤原緒嗣〈前朝より継続〉

・右大臣　源常

・中納言　藤原吉野〈前朝より継続〉

・中納言　藤原良房

・参　議　朝野鹿取

・前和泉守　布留高庭
・大外記　山田古嗣

先述した淳和天皇朝の第二次編纂開始の時期をどのように考えるべきかといった序文の矛盾点はここから知られるが、それはひとまず措いておくとして、このように、『日本後紀』撰者のうち、編纂の開始から奏上まで終始一貫して撰者に名を列ねているのが緒嗣であり、殊に冬嗣薨去の後は公卿の最上位という地位にあって『日本後紀』編纂においても責任者という立場にあったことが考えられるが、その緒嗣が実質的にも編纂を主導したことを論じられたのが、坂本太郎氏である。

すなわち、坂本氏は『日本後紀』にみえる天皇に対する論賛や官人の薨卒伝、大同改元非礼論などにみられる批判的精神と、漢風諡号の時代に拘らず和歌の載録の多いことから窺える国風尊重の精神とを『日本後紀』の特色として掲げられ、その来由を緒嗣の人格に求められた(2)。

この坂本氏の見解に対しては、その後諸氏により修正もなされている。門脇禎二・佐藤宗諄・笠井純一各氏は、『日本後紀』の批判的精神について、緒嗣の個性のみならず時代背景も考慮すべきことを述べており(3)、亀田隆之氏は、薨卒伝について必ずしも批判的なものばかりとはいえず、撰者との血縁関係や同僚意識が働いており、逆に式家仲成の子息らには特に厳しく評するなど、緒嗣が予断を持って臨んでいるとされた(4)。このうち笠井氏は、天皇に対する批判はすでに『続日本紀』にみられるとして坂本説を明確に批判され、外記の重要性を論じておられるが、一方で撰者の人選や『日本後紀』本文に国風尊重の精神がみられるとされ、緒嗣の影響を認める見解も示しており(5)、野口武司氏も薨卒伝に国風尊重の精神がみられるとしてやはりこれを緒嗣の影響によるものとされるなど、(6) 以上の諸氏の見解は緒嗣の役割を否定するものではない。また、山本信吉・松崎英一両氏は、『日本後紀』の表記法の変化から編纂方針の違いを想定され、緒嗣の役割が一貫したものでないことを論じられた。(7) 両氏の見解は、坂本説を前提として成り立つものである。(8)

以上のように、坂本氏の説は今日通説として受け容れられているということができ、このような国史の特色を特定の撰者の個性に求める見解は、他の国史においても同様に示されている。それらの研究の成果も通説的な位置を占めているものが多く、その後の研究に大きな影響を与えている。『続日本後紀』においては藤原良房(9)や春澄善縄、(10)『文徳実録』においては都良香(11)や藤原基経、(12)『三代実録』においては菅原道真や大蔵善行、(13)藤原時平(14)の影響が強くみられるとされているが、坂本氏の影響を受けてやや強引に論を展開している感の否めないものも見受けられる。撰者の個性が国史に現れることは否定できないが、国史の特色すべてを撰者の個性に結びつけてよいか疑問を感じざるをえない。

このような中で、国史編纂を政治状況の中で理解しようとする研究がみられるようになったことは注目に値する。(15) 以上のごとき研究の現状を鑑み、本章においては、『日本後紀』編纂における緒嗣の影響力について、その経歴を中心に検討を加えることにしたい。(16)

二　藤原緒嗣の略伝(17)

藤原緒嗣は、宝亀五年（七七四）に式家百川の長子として生まれた。『公卿補任』や『尊卑分脈』によれば、母は従三位伊勢大津女。

父百川(18)は、宝亀四年二月に参議正四位下行右大弁兼右兵衛督越前守であり（太政官符案帳、『大日本古文書編年文書』所収）、同五年正月に正四位上、五月に従三位に叙せられている。緒嗣の出生は百川が四十五歳の時で、宝亀四年に百川の尽力により山部親王（後の桓武天皇）が立太子された翌年にあたる。しかし、その後の百川は官職の上で決して報われていたとはいえず、宝亀八年十月に式部卿、翌九年二月に中衛大将を兼任し、同十年七月、緒嗣六歳の時に薨去する。薨去に際して従二位、延暦二年（七八三）二月に右大臣、弘仁十四年五月には淳和天皇の外祖父ゆえに正一位太政大臣を追贈されている。

百川の子には、緒嗣の他に継業（『続日本後紀』承和九年七月丁酉条の継業薨伝によれば第三子）、旅子（淳和天皇の母后）、帯子（平城天皇妃、贈皇后）が確認できる。

延暦七年春、緒嗣は十五歳の時に殿上に召されて桓武天皇自ら加冠せしめられた上に、父百川が天皇に献じた劔と封百五十戸とを賜わり、正六位上・内舎人に任ぜられる（薨伝）。同十年二月に十八歳で従五位下、四月には侍従に任ぜられた。その後、中衛少将、常陸介、内厩頭、衛門佐、内蔵頭、衛門督、出雲守、造西大寺長官、右衛士督を歴任し、延暦二十一年六月には二十九歳にして参議に列せられる。この参議任官は父の功績により桓武天皇より特別の恩寵を受けていたゆえであることが薨伝によりわかる。二十九歳の若さで参議に任ぜられたことは、臣下の恡しむところとなったという。

父の恩恵のみならず、桓武・平城天皇朝には政治的にも目立った活躍が認められる。延暦二十四年十二月に天皇の御前で菅野真道と所謂徳政相論をたたかわせ、桓武天皇は緒嗣の言をとって宮都造営と蝦夷征伐の二大事業を中止された。桓武天皇朝には山城守、但馬守も歴任する。桓武天皇の崩御にあたり、藤原嗣業とともに別勅封二百戸の返上を願い出ているが、先帝が特に賞封したところであるとして許されていない。

平城天皇朝の大同元年（八〇六）五月に始められた観察使制度は緒嗣の建議によるものといわれ、自らも山陰道（『公卿補任』は山陽道とする）、畿内（『公卿補任』）、東山道（『日本後紀』）の観察使を歴任、また左大弁、刑部卿、陸奥出羽按察使を兼任する。同四年三月には、任地に赴くにあたって昇殿し、衣を賜わっている。緒嗣は同五年九月、桓武天皇の陵墓に薬子の変を告げる使者として遣わされており、この時までに任地から戻っていることがわかるが、この間の任地での経験に基づいて数々の提言をなし、地方政治推進の主導的役割をも果たすことになる。しかしそれと同時に、この陸奥国への赴任は緒嗣の意に添わない人事であったようで、陸奥出羽按察使の辞任、蝦夷征伐の困難などをしきりに奏上するようになった。

嵯峨天皇朝には、大同五年六月に観察使の廃止とともに参議に復し、弘仁年間には右兵衛督、美濃守、右衛士督、近江守、宮内卿、河内守を兼ね、位階では同六年正月に従三位に叙された。弘仁三年十二月には度二人を賜わっている。そして弘仁八年十月に中納言に昇り、同九年六月民部卿を兼ね、また正三位に叙された。

この嵯峨天皇の御代は、北家冬嗣の躍進が目立つ。緒嗣は桓武天皇朝において破格の待遇を受け、平城天皇朝においても冬嗣に官位の上で差をつけていたが、弘仁二年の冬嗣参議任官で官職が並ぶと、翌三年に位階も並び、弘仁七年には冬嗣は権中納言に昇って緒嗣を追い越す。異例な待遇、昇進が続いていた緒嗣ではあったが、嵯峨天皇朝に入るとその様相も変わることになる。これは、冬嗣が嵯峨天皇に寵愛されていたことによっているが、緒嗣の薨伝には「弘仁以降、辞レ職之表、已過二十上一、三朝優詔不レ許レ之」とみえており、緒嗣自身もこの頃までに辞官の意思を持つようになったようである。なお、緒嗣は弘仁五年に完成、翌年再上奏された『新撰姓氏録』の序文に名を列ねているが（「上新撰姓氏録表」）、実質的な編纂にまでは関わっていないと考えられている。(19)『日本後紀』編纂の開始された弘仁十年時点では、「日本後紀序」にみえるごとく、正三位・中納言で民部卿を兼ねており、公卿では冬嗣に次ぐ地位にあった。その後の弘仁十二年四月には正良親王（後の仁明天皇）の東宮傅に任ぜられ、その即位まで在任している。一方、弘仁十年時に兼官していた民部卿は、天長元年（『公卿補任』にこの年まで「民部卿」とみえる）から同三年十二月二十七日（『類聚国史』巻一六五のこの条以降、「民部卿」とみえない）の間に解かれている。

天長元年より先、緒嗣は病のために自第に籠るまでとなったが、この春に淳和天皇の勅があり、四月より曹司の近く、太政官厨家西町に居住するようになった。上日を与えるか否かについて物部中原敏久に勘問があり、官庁に出仕していないが曹司にあって政務を行っていることからこれを認められており（『台記』所引『外記日記』、後掲）、同二年二月には冬嗣の外曹司町の北方の公地に緒嗣のために休息局が造られている（『日本紀略』、後掲）。同年五月には緒嗣は封二千戸を返上する。

天長三年七月の冬嗣薨去の後は公卿の筆頭となるも、左大臣の地位はしばらく空位で、同九年十一月にようやく昇進した。同十年三月に封五百戸の返上を申し出るも許されていないが、この申し出は仁明天皇即位にともなうものであろうか。承和二年四月には摂津国嶋上郡の荒廃田三町を賜わり、同三年三月に国用の費を助けるために職田職分資人雑色考人衛士の返上を願い出るもののこれも許されていない。また、同五年十二月には山城国宇治郡の公田一町五段三百歩を賜わる。その後、七十歳となった承和十年正月に致仕を許され（『続日本後紀』、および『三代実録』貞観元年〈八五九〉七月十三日丙寅条の藤原春津卒伝）、同年七月二十三日に薨去、従一位を追贈された。

緒嗣の子女には、『尊卑分脈』によれば家緒（『類聚国史』巻六六・天長九年三月癸丑条の家緒卒伝によれば長子）、本緒、春津（春津卒伝によれば二子）、忠宗の男子四人と、桓武天皇女御（贈皇后）、参議藤原常嗣室の女子二人がある。

緒嗣の薨伝には、「暁㆓達政術㆒、臥㆓治王室㆒、国之利害、知無㆑不㆑奏、但有㆔両人説㆓一事㆒、其一人先所㆑談是漫語也、一人後所㆑導乃真実也、而確信㆓先談㆒、不㆑容㆓後説㆒、有㆓茲偏執㆒、為㆓人所㆑刺」と評されている。奏寿宣命の道に長けており、桓武天皇の皇子である仲野親王（延暦十一年―貞観九年）にこの義を授けた（『三代実録』貞観九年正月十七日戊午条、仲野親王薨伝）。また、『公卿補任』仁明天皇承和十年条に「第一富人」、春津の卒伝に「家世貴顕、生而富実、居処閑庭、甚為㆓鮮華㆒」とあり、また家緒の卒伝に「性清□有㆓家風㆒」とみえており、その家風を窺い知ることができる。

三　緒嗣の政治への関与

前節では、緒嗣の経歴についてこれを概観したが、本節では『日本後紀』編纂の開始された弘仁十年以降の時期における、緒嗣の政治的地位を中心に今少し検討を加えたい。

緒嗣については、天長三年の冬嗣薨去の後は公卿の筆頭という立場にありながら、官符・官宣旨に上卿としてその名がほとんどみえないことから、政治からは遠ざかっていたとの指摘がなされている。[20] これら先学の成果による上卿の数の調査には小異があるものの、その結果は他の公卿と比べて歴然としており、緒嗣は政治から遠ざかっていたとする見解は肯定すべきものであろう。なお、筆者の調査によると、緒嗣に限っていえば『類聚三代格』に天長二年三例、『類聚符宣抄』に天長七年一例みられるのみである。

緒嗣の政治への関与について、その奏上からも同様の指摘ができるように思われる。緒嗣による奏上は、次の例がみられる(21)（緒嗣一人の名によって奏上されているものには番号に○を付した）。

①延暦24・12・7	徳政相論	（『日本後紀』）
②大同元・5・24以前	観察使の設置	（『公卿補任』平城天皇大同三年条）
③〃3・2・5	畿内事力の停止	（『類聚三代格』巻六）
4〃3・7・16	陸奥鎮守官人の秩限を定める	（『日本後紀』）
⑤〃4・5・11	軍毅職田の支給	（『類聚三代格』巻十五）
6〃5・2・23	陸奥浮浪人の調庸を改める	（『類聚三代格』巻八）
⑦〃5・3・1	陸奥史生・弩師の秩限を延引	（『類聚三代格』巻五）
⑧〃5・5・11	按察使・国司・鎮官の年粮舂運功の支給	（『類聚三代格』巻六）
⑨〃5・5・11	担夫運粮賃の支給	（同右）
⑩〃5・5・11	鎮官に護身兵士の支給	（『類聚三代格』巻十八）
⑪〃5・5・11	健児馬子の支給	（同右）
⑫〃5・5・12	坂東の官稲を陸奥公廨に充てる	（『類聚国史』巻八四）
⑬弘仁8・5・21	追贈皇后藤原帯子の国忌を除く	（『日本紀略』）
⑭〃13・1・5	駅子に借貸稲を与え、口分田一所を授ける	（『類聚三代格』巻十四）
15〃14・11・13	淳和天皇の大嘗会での冗費を省く	（『類聚国史』巻八）

⑯天長初年	不要の官を省き、文華の費を断つ	（『続日本後紀』承和四年十二月丁酉条）
⑰〃元・1・24	渤海使入朝を一紀一貢とする	（『類聚国史』巻一九四、天長三年三月戊辰朔条）
⑱〃元・8・20以前	賢徳の挙用	（『類聚三代格』巻七）
⑲〃2・12・7	⑰の遵守	（⑰に同じ）
⑳〃3・3・1	同右	（同右）
21 〃3・12・27	祥瑞	（『類聚国史』巻一六五）
22 〃3・12・29	祥瑞	（同右）
23 〃5・8・11	地震	（『類聚国史』巻一七一）
24 承和元・1・16	祥瑞	（『続日本後紀』）
25 〃3・5・26	施薬院・勧学院への運米を国司に命ず	（同右）
26 〃6・12・8	祥瑞	（同右）
27 〃7・6・22	五位以上官人の封禄の削減	（同右）
28 〃9・8・1	道康親王立太子に関するもの	（同右）
29 〃9・8・4	同右	（同右）

史料上の制約もあろうが、観察使設置を提言し、また本意ではないものの自ら任地に赴いた平城天皇朝には、地方の実情を直接見ているその経験もあって積極的献策が立て続けになされており、それぞれの政治的意義も大きい。それに比べ、年月が経つにしたがって連名による上表がほとんどとなり、内容的にも単に名を列ねたに過ぎないような

ものも多くなる。弘仁期以降のものの内、積極的提言とみなせるのは⑭～⑳・27であろうが、印象としては天長三年頃を境に、それ以降は大同期のような政治に対する積極性の感じられる奏上は史料にほとんど姿を現さなくなるといった傾向が見出せる。

こうした傾向は、諸氏に指摘のあるごとく、やはり薨伝に「弘仁以降、辞レ職之表、已過二十上一」とみえていることと関係しよう。そこで次に、緒嗣が辞官の上表を行った旨が記されている史料、ならびにその旨を上表したであろう可能性の高い史料を列記する。

一、『公卿補任』平城天皇大同二年条

十一月十六日兼二左大弁一、観察使右衛門督如レ元、十九日辞レ弁不レ許、

（新訂増補国史大系本（一）八一頁）

二、『日本後紀』大同三年六月壬子朔条

東山道観察使従四位上守刑部卿兼右衛士督陸奥出羽按察使臣藤原朝臣緒嗣言、伏奉二去月廿八日勅一、以レ臣遷二任東山道観察使一、兼二帯陸奥出羽按察使一、臣以二弱庸一、蹋二□非拠一、負乗之咎、年月積淹、今復恩寵崇重、方任加授、無レ所レ逃レ責、栄悚相交、臣聞、簡レ才官レ人、聖上之通範、量レ力就レ列、臣下之恒分、臣性識羸劣、久纏二疾痾一、戎旅之図、未二嘗所一レ学、而委二愚臣一、専総二辺鎮一、軍機多レ変、兵術靡レ常、若万一有レ躓、事意相違、即非二啻微臣之死罪一、還亦国家之大労也、当今天下困レ疫、亡歿殆半、丁荘之余、猶未二休息一、是知、民窮兵疲、而守不レ可レ止、忽有二不虞一、何用支防、又臣前屢言、軍事難レ成、今当二其位一、益知レ不レ堪、伏願陛下、曲賜二鑑察一、特愍二臣之駑駘一、免レ有二臨時之失一、不レ任二悚懼屛営之至一、謹昧死奉レ表以聞、触二軽宸威一、罔レ識レ攸レ措、

（訳注日本史料本　四三四頁）

三、『日本後紀』大同三年六月壬申（二十一日）条

東山道観察使従四位上守刑部卿兼右衛士督陸奥出羽按察使臣藤原朝臣緒嗣言、臣染レ疾已還、年月久矣、幸沐二天地覆燾之恩一、遂荷二聖明昌泰之運一、臣至二今日一、実頼二鴻私一、臣聞、定二刑名一決二疑讞一者、刑官之職掌也、然則罪之軽重、人之死生、平反所レ由、最合レ留レ意、又禁二‐衛宮掖一、検二‐校隊仗一者、衛府之守局也、然則以レ時巡検、臨レ事陳設、若有二闕失一、罪更寄レ誰、是故快二課拙一、常慮二其難一、況今以二庸愚一、当レ出二遠鎮一、毎レ思二方任一、未レ遑二内官一、豈帯二宿衛一、遥臨二辺要一、伏望解二‐辞文武両職一、且避二賢路一、且専二劣懐一、斯臣之中識、匪二敢外飾一、無レ任二丹款懇切之至一、謹昧死奉レ表陳情以聞、

（訳注日本史料本　四四〇頁）

四、『日本後紀』大同三年十二月甲子（十七日）条

東山道観察使正四位下兼行右衛士督陸奥出羽按察使臣藤原朝臣緒嗣言、臣以二空虚一、謬叨二非拠一、司帯二両使一、封食二二百一、兼復預二武禁一、寄備二宿衛一、荷レ恩則丘山非レ重、議レ労則涓塵未レ効、心□神飛、罔レ知レ所レ厝、臣聞、択レ才官レ人、聖上之宏規、量レ力取レ進、臣下之恒分、故名器無レ濫、授受惟宜、臣前数言、陸奥之国、事難二成熟一、至二于今日一、用レ臣委レ彼、退慮二前言一、益知レ不レ堪、加以今聞、国中患レ疫、民庶死尽、鎮守之兵、無レ人二差発一、又狂賊無レ病、強勇如レ常、降者之徒、叛端既見、因レ茲奥郡庶民、出走数度、儻乗レ隙作レ梗、何以支擬、臣生年未レ幾、眼精稍暗、復患二脚気一、発動無レ期、此病歳積、兼乏二韜略一、若不レ許二賤臣一、猶任二其事一、縦令万一有レ失、非二只臣身之伏レ誅、還紊二天下之大事一、然則上損二朝庭之威一、下敗二先人之名一、伏願皇帝陛下、更簡二良材一、以代二愚臣一、方隅之鎮、速寄二其人一、臣生二‐長京華一、未レ閑レ宣レ風、望請咸返二‐進所レ帯封職一、被レ任二熟国長官一、且問二百姓之苦一、且療二一身之病一、雖三製錦之誠、慙二於前古一、特願天鑑紆レ光、曲賜二矜允一、無レ任二兢懼慊懇之至一、謹奉レ表以聞、経二

黷厳扆一、伏深戦越、有レ勅、不レ許、　（訳注日本史料本　四六二頁）

五、『日本後紀』弘仁二年二月壬午（十七日）条

参議正四位下行右衛士督兼美濃守藤原朝臣緒嗣言、臣材無レ足レ取、器実空虚、病患染レ躬、久積二日月一、是以前日抗表、悉辞二所レ居之官一、今陛下無レ遺二微臣一、復参二朝議一、聖恩不測、徒跼二高天一、臣比者沈二滞悪瘡一、療治無レ験、似レ損不レ損、終至二大漸一、劇職事重、懼切二曠日一、伏望解二罷所帯一、養二疾私門一、上除二朝庭空レ位之譏一、下遂二愚臣避レ賢之願一、不レ任二丹款懇迫之至一、謹臥病拝表以聞、不レ許、　（訳注日本史料本　五五二頁）

六、『公卿補任』嵯峨天皇弘仁五年条

八月廿一日依二辞表一停二右衛門督一、遷二宮内卿、美濃［近江後紀］守一、　（新訂増補国史大系本（一）八七頁）

七、『日本紀略』天長二年四月壬午（九日）条[22]

右大臣藤原朝臣緒嗣上表、勅不レ許、　（訳注日本史料『日本後紀』八九四頁）

八、『日本紀略』天長二年四月丙戌（十三日）条

右大臣上表、不レ許、　（訳注日本史料『日本後紀』八九四頁）

九、『日本紀略』天長二年四月己丑（十六日）条

右大臣上表、不レ許、　（訳注日本史料『日本後紀』八九四頁）

十、『日本紀略』天長九年十一月庚戌（二十二日）条

左大臣藤原朝臣緒嗣言、云々、上表以聞、不レ許、　（訳注日本史料『日本後紀』一〇四二頁）

十一、『続日本後紀』天長十年三月乙未（八日）条

左大臣正二位藤原朝臣緒嗣上表、請レ辞二官職一、不レ許、（新訂増補国史大系本　八頁）

十二、『続日本紀』天長十年三月戊戌（十一日）条

左大臣正二位藤原朝臣緒嗣乞レ帰、不レ許、（新訂増補国史大系本　九頁）

十三、『続日本後紀』天長十年八月戊戌（十五日）条

左大臣正二位藤原朝臣緒嗣上表辞レ職、不レ許レ之、（新訂増補国史大系本　一五頁）

十四、『続日本後紀』承和四年十二月丁酉（八日）条

是日、左大臣正二位藤原朝臣緒嗣上表言、臣年老病重、出入絶レ望、病床引レ日、既過二一紀一、臣窃見、天下官庫空罄、国用闕乏、況今年不レ稔、衣食共損、倉廩不レ実、何知二礼節一、臣前以二此義一、去天長之初、上二意見一之日奏言、省二不要之官一、断二文華之費一、而臣久沈二疥疾一、空積二星霜一、曠レ官之責、可レ謂二其首一、其文章者、歴代不朽也、豈口奏二其言一、久居二其職一哉、加以、陰陽不レ調、責在二臣子一、伏望、停二不当之号一、開二賢徳之進一、然則天道無レ災、自作二中興一、非三敢逃二天沢之栄、名飾之利一、内侍宣久、国老止志氏波独能美許曾坐世、朝夕政波不二申給一阿礼止毛、国家事波定申任尓止志氏、前前尓辞申事尓附氏、自レ今以後、如レ此久辞申事不レ得止宣岐、今毛又志賀奈毛思行須、然今進礼留辞書非二御意一止志氏、左近衛中将従四位下和気朝臣真綱乎差レ使返給止宣、（新訂増補国史大系本　七〇頁）

十五、『続日本後紀』承和七年八月戊午（十五日）条

左大臣正二位藤原朝臣緒嗣上表辞レ職、不レ許、其表文多不レ載、（新訂増補国史大系本　一〇九頁）

十六、『続日本後紀』承和七年八月甲子（二十一日）条

左大臣正二位藤原朝臣緒嗣重抗レ表辞退、不レ許、（新訂増補国史大系本　一〇九頁）

十七、『続日本後紀』承和十年正月甲午（五日）条

左大臣正二位藤原朝臣緒嗣上表乞二骸骨一、優詔不レ許レ之、（新訂増補国史大系本　一五一頁）

十八、『続日本後紀』承和十年正月戊戌（九日）条

左大臣藤原朝臣緒嗣重上表致仕、勅猶不レ許、（新訂増補国史大系本　一五一頁）

十九、『続日本後紀』承和十年正月辛丑（十二日）条

左大臣正二位藤原朝臣緒嗣上表言、踟二蹰暮景一、側二足重泉一、仰二堯闕一而待レ終、顧二衰朽一以知レ止、而孔光之杖、不レ聴レ遊二於戸庭一、広徳之車、不レ得レ懸二於私舘一、此則聖皇轂思無レ窮、議及二胡耇一、臣数年臥レ疾、不二自支持一、天命未レ除、免レ先二泡露一、然而気力咸尽、恐二公鼎之折一レ足、恩流既盈、悔二廟器之致一レ敧、乃再三表奏、生死在レ斯、陛下猶纏二印綬一而在レ位、因為二優老之賜一、請釈二朝衣一而就レ第、将レ為二終焉之賞一、不レ堪二蒙昧之至一、頻触二天聴一、（新訂増補国史大系本　一五二頁）

二十（イ）、『続日本後紀』承和十年正月庚戌（二十一日）条

勅、左丞相藤原公、先朝之元勲而朕之旧徳也、近功成名遂、老二帰於第一、朕以二几杖礼一優レ之、不三敢負二公之故一然政之資二賢相一、猶三病之待二良医一、永言二于此一、恋慕弥深、夫鬼神有レ智、体二清慎一者、寿命永保、福禄無レ主、履二忠孝一者、子孫□昌、正五位下右馬頭藤原朝臣春津、是公之孝子、特可下授二従四位下一、以慰中目前上、（新訂増補国史大系本　一五三頁）

二十（ロ）、『三代実録』貞観元年七月十三日丙寅条

（承和）十年春、父左大臣抗レ表致仕、其第三表、以二春津一為レ使、奉二進内裏一、勅曰、（以下イとほぼ同文）

（新訂増補国史大系本　三四頁）

以上、辞官の上表を行った旨が確認される例は、極めて多きに及んでいる。その事例の多さ、薨伝にこのことが特記されていること、按察使就任時の陸奥国に関する主張が徳政相論における蝦夷征討中止の主張と一貫していることなどを考えれば、これらを儀礼的なものと解する[23]のは妥当ではない。『日本後紀』欠巻部分と『続日本後紀』の脱漏部分の詳細が判明すれば、さらに事例が増えるであろう。

緒嗣が辞官を求める理由をみてみると、自らが未熟である、軍略に乏しいなどの謙遜の語を除けば、おおよそ次のように大別できる。

（イ）陸奥出羽按察使としての赴任を拒む
　1、病（二・三・四・五）
　2、蝦夷征伐への反対（二・四）
　3、文武両官兼任の困難（三）
（ロ）病のため職務を果たせない自分が官を辞することによる経費節減（十四）
（ハ）病のみを理由とする（十九）
（ニ）史料からは不明確（一・六・七・八・九・十・十一・十二・十三・十五・十六・十七・十八）。大臣に任命され、辞職を上表するの慣例によるものを含む。

いずれにも病であることが原因として掲げられているが、（イ）を考えると、病よりもむしろ他の原因の方が大きかったようにも感じる。ここでは、真に病のためであったのか、それとも他意が存したのかはともかくとして、緒嗣が政治に関与しなくなった時期がいつ頃からかを特定したい。

史料四には、緒嗣の病状について「生年未レ幾、眼精稍暗、復患二脚気一、発動無レ期、此病歳積」と述べられている。「発動無レ期」とあって、病は慢性的なものでなかったようである。実際に緒嗣はこの翌年に東国に赴いており、かつ先述のごとくこの頃さかんに政治的提言もなしていることから、この頃はいまだ政務に携われないということはなかった。

具体的にいつから政治に関与しなくなったかをまず上表文から辿っていく。史料五に「劇職事重」と表現されているのに対し、承和四年の史料十四では「曠《おこたる》レ官之責」との表現がなされていることに注目したい。その上で、以前に不要の官を省くことを奏言したのに対して今は自らが官に在ることを「其首」と断じ、「停二不当之号一」ことを願い出ているのである。これを考えれば、弘仁初年は病をおして政務を執っていたが、承和初年には全く政務に携われない状況にあったと察しがつく。史料十九では「気力咸尽」きたともある。

大同三年の史料二に「今復恩寵崇重、方任加授、無レ所レ逃レ責」や「臣前屢言、軍事難レ成、今当二其位一、益知レ不レ堪」とみえ、同年の史料四や弘仁二年の史料五には「望請咸返二進所レ帯封職一、被レ任二熟国長官一、且問二百姓之苦一、且療二一身之病一」、「伏望……養二疾私門一、上除二朝庭空レ位之譏一、下遂二愚臣避レ賢之願一」とみえることから、この頃まではいまだ「療二一身之病一」し「養二疾私門一」うことが叶っていなかったので、それを望んで上表したのであった。承和十年の史料十九にも「孔光之杖、不レ聴レ遊二於戸庭一、広徳之軍、不レ得レ懸二於私舘一」、「請釈二朝衣一而就レ第」など似た表現はみられるが、厳密に全く同じとはいえない[24]。以下の本節の考察と矛盾しないと考える。

最も注目すべきは、承和四年の史料十四、緒嗣の辞官の上表を受けた内侍宣に、「内侍宣久、国老止志氏波独能美許曾坐世、朝夕政波不二申給一阿礼止毛、国家事波定申任尓止志氏、前前尓辞申事尓附氏、自レ今以後、如レ此久辞申事不レ得止宣岐、今毛又志賀奈毛思行須、然今進礼留辞書非二御意一止志氏、左近衛中将従四位下和気朝臣真綱乎差レ使返給止宣」とみえることである。これによれば、緒嗣は朝夕政、日常政務には携わっておらず、国家の事は定め申していた、つまり国家の大事にあたってのみその意見を申しており、「国老」、いわば大事における相談役のような立場にあったのである。

さらにその年代を限定してみると、すでに大和典子氏が指摘されているように(25)、史料十四には「臣年老病重、出入絶レ望、病床引レ日、既過二一紀（十二年）一」とみえていることから、天長二年以前からこのような状態であったことが判明する。これは緒嗣自らが述べたものに過ぎないので客観性に乏しいが、前節にもふれた、天長元年の春以前より自第に籠っていたとする『外記日記』の記述などとまさに符合するのである。

•『台記』仁平元年（一一五一）二月十日条所引、『外記日記』天長元年十二月九日条

大納言緒嗣、有二身病一久蟄二愛宿第一、今年春有二勅語一、令下近二侍宮城辺一行中政務上、自二四月五日一、遷二曹司一居住、在二太政官厨家西町一全住、上日云々難レ決、仍六月、問二法博士敏久一、答云、雖レ不レ出二官庁一、在二曹司一、釐二政事一、与二上日一、於レ事無レ妨者、

（増補史料大成本（一）六八頁）

•『日本紀略』天長二年二月己丑（十五日）条

右大臣（冬嗣）外曹司町北方公地、造二作大納言（緒嗣）休息局一、

（訳注日本史料『日本後紀』八九〇頁）

『外記日記』逸文によれば、緒嗣は病があって久しく自第にあり、そのため天長元年春に勅により曹司に居住しそこで政務を行うことになった。村井康彦氏によれば、厨家とは下級官人の居住区であり、この太政官厨家内の西町に太政官の下級官人とともに住んだのか、太政官厩家の西に住んだのか、『外記日記』からは判明しない(26)。とはいうもの

の、個人の曹司として確認できるものはいずれも休息・止宿のためのものと考えられる(27)。上日を与えるか否かについて物部中原敏久に勘問があったことによっても、この曹司で政務にあたったことが極めて異例のことであったことが窺える。

また、前節に述べた緒嗣の官歴については、天長元年から三年までの間に民部卿を解かれた後は、議政官の他の兼官は東宮傅のみである。東宮傅の職掌の実態については、天皇との信頼関係により任ぜられたもので重職であったとする笠井剛氏と、高位高官の就く名誉官で皇太子との関係は希薄であり、議政官上層部が次期天皇との接点を求めた官職であったとする保母崇氏とで見解がわかれるものの(28)、緒嗣に限ってみた場合、緒嗣が日常の政務を執ることは不可能であっても、相談役あるいは後見人としての立場が重視され、天皇はその地位を他の者に替えることはしなかったのであろう。

以上の考察よりすれば、史料によって数年の誤差は存するものの、恐らく弘仁の末年には病は自第に籠るまで進行し、天長元年に淳和天皇の勅によって曹司に住んでそこで政務を執ることとなった。真に病のためだけに自第に籠ることとなったのか、他にも原因があったのかという問題については次節に譲ることとするが、そうした事情により、緒嗣の政治への意欲も次第になくなり、天長三年前後には政務に関与しなくなり、結果、民部卿の職も解かれ、国家の大事にのみ意見を求められるようになったのではないかと推察する。

四　緒嗣の『日本後紀』編纂への関与

　緒嗣が政務に携わらなくなったのが天長三年前後であるとして、一方の国史編纂への関与はいかがであろうか。緒嗣が政治から遠ざかっていたとの指摘について、殊に『日本後紀』の編纂と関連して述べられたのが、松崎英一氏である。(29)

　松崎氏は、『日本後紀』の表記法の変化から編纂方針が三段階にわかれているとされ、緒嗣の役割が一貫したものではないとされた上で、淳和天皇朝について、緒嗣はその性格から周囲に遠ざけられていたとされる林陸朗氏の見解を支持し、政治では疎外されつつも、一方の国史編纂では淳和天皇との姻戚関係もあってその情熱を注ぎえたものと推測された。そして、嵯峨天皇朝第一次編纂は冬嗣が編纂を主導し、仁明天皇朝第三次編纂には緒嗣が病気がちなこともあって政治のみならず編纂からも遠ざかり、良房がこれを主導したと考えておられる。

　しかし、このような見解は国史編纂という事業を軽視している感がある。『続日本紀』においては政治上の理由からその後手を加えられているように、その記述は後世に大きな影響力を及ぼすものであり、そこには撰者のみならず、天皇の御意思も少なからず介在するはずである。嵯峨天皇の編纂事業についても、後代の先例となったこと、天皇の主導性が強いこと、の二つがその特色として指摘されている。(30)そうした中で、淳和天皇朝の編纂事業に限っては、天皇の信任あつい他の撰者を差し置いて、天皇も含めた周囲から遠ざけられた存在である人物が、国史編纂という国家事業ではその中心的役割を担うことが周囲から認められるであろうか。天皇の御前といえども歯に衣着せない緒嗣が相手であれば、政治では遠ざけ、国史編纂ではこれを任せた、ということは到底考えられない。

筆者は、むしろ緒嗣は淳和天皇から信任を得ていたと考える。先に掲げたごとく、幾度に亘る辞官の上表は、ことごとく許されていない。武光誠氏は、大臣に太政官の政務を執行させるという令制の原則が守られていれば、緒嗣の代わりに大臣を任命したり、良房のような実力者が上位の者を越えて大臣になってから官符を下す形で令制にそった太政官政治が行えた、と指摘されている(31)。それでは、令制の原則を崩す先例をつくってまで、緒嗣の辞官の上表を許されなかったのは何故か。選叙令官人致仕条に規定のある七十歳を迎えても、緒嗣はすぐには致仕を許されなかった。前掲の『外記日記』逸文に、淳和天皇が緒嗣を曹司に住まわせてそこで政務を執らせようと異例のご処置をなされたことがみえているのを考慮すれば、緒嗣に対する淳和天皇のご信任に他ならないと考えるのである。そうでなければ、緒嗣の辞意、度重なる上表を再三にわたって慰留する必要もない。

仁明天皇についても、史料十四に掲げた、緒嗣の辞官の上表を受けた内侍宣により、皇太子時代の東宮傅でもあった緒嗣に対するご信任が窺える。

そうであるならば、それにも拘らず緒嗣が辞意を抱いていたというのは、周囲、天皇との関係からではあるまい。大同年間の辞官の上表は、この頃政務に携わっていたことが確かであるから、東北に赴くことを拒む意図があったことを否定しきれない。しかし天長年間以降については、実際に病が重くなったために、そこから政治への意欲が薄れていったのであろうと思われる。

天長三年頃というと、『日本後紀』編纂が開始されてよりわずか七年の後である。そのような状況で、国史にその理想を十分に盛り込むことが果たしてできたであろうか。筆者は、『日本後紀』の特色はひとり緒嗣の個性によるものではないとする見解を一歩進め、緒嗣は淳和天皇朝に至って間もないうちに編纂に携わることが困難になったと考えたい。

この点を、『日本後紀』における批判的精神が顕著にあらわれているとされる記述との関連で考えてみたい。

•『日本後紀』大同元年四月庚子（七日）条

葬二於山城国紀伊郡柏原山陵一、天皇、諱山部、天宗高紹天皇之長子也、（中略）天皇性至孝、及二天宗天皇崩一、殆不レ勝レ喪、雖レ踰二歳時一、不二肯釈一レ服、天皇徳度高峙、天姿嶷然、不レ好二文華一、遠照二威徳一、自レ登二宸極一、励二心政治一、内事二興作一、外攘二夷狄一、雖二当年費一、後世頼焉、

（訳注日本史料本　三四四頁）

これは桓武天皇に対する論賛であるが、坂本太郎氏は「雖二当年費一、後世頼焉」の一句を鋭く延暦の政治の急所を衝いたものとして、徳政相論における精神と同じものが現れているとされ、緒嗣の思想や意見が『日本後紀』に現れている、その最も強く窺える場合であるとされている。[32]しかし、文章の構成からは「当年は多くを費やしたが、後世は拠り所とした」というもので、「当年費」であったことを認めつつも「雖」の一字からは「後世頼焉」に重きがおかれていると受け取れる。批判的精神というよりむしろ、蝦夷征伐と都城造営という二大事業を讃えたものといえるのではないか。なお「後世頼焉」の一句を桓武天皇の治世全般を評価したものであるという解釈も存するが[33]、それにしても「内事二興作一、外攘二夷狄一」という語に続いていることから、桓武天皇朝の二大事業を中心に述べた撰者の見解といえよう。

緒嗣は、その薨伝に「確信二先談一、不レ容二後説一、有二茲偏執一、為二人所一レ刺」と評されるごとく、偏屈で意見を曲げない人物であったようである。徳政相論で二大事業の中止を建言し、また、辞官の上表文でも蝦夷征伐への反対を繰り

返し言上しており、その意見は変わらず一貫している。その緒嗣が、二大事業の功績を認めるかのごとき記述をなすとは考えがたい。

以上の解釈が的を射ているとすれば、この他に『日本後紀』中で天皇に対し批判的叙述がなされているのはすべて平城天皇に対するものということになる。[34]しかし、この点に関しては不審とする理由はなく、緒嗣以外の者であっても十分にそのような叙述をする可能性は存する。天皇に対する批判という点でいえば、『日本書紀』に天皇の非業が躊躇なく記されているし、また笠井純一氏がすでに指摘されているように『続日本紀』にすでにみられるものでもある。

•『続日本紀』宝亀元年八月丙午（十七日）条

葬二高野天皇於大和国添下郡佐貴郷高野山陵一、（中略）天皇尤崇二仏道一、務恤二刑獄一、勝宝之際、政称二倹約一、自二太師被一レ誅、道鏡擅レ権、軽興二力役一、務繕二伽藍一、公私彫喪、国用不レ足、政刑日峻、殺戮妄加、故後之言レ事者、頗称二其冤一焉、

（新日本古典文学大系本（四）二九六頁）

すなわち、『日本後紀』における批判的叙述、その最たるものであろう天皇に対する批判の言葉というものは、緒嗣でなければこのように記せなかったという性質のものではないということができる。

また、今ひとつ、唐風全盛の時代に編まれた『日本後紀』において国風尊重の精神が現れている、すなわち和歌の採録が多いということについても、緒嗣の性格と結びつけて考えられている。[35]しかし、唐風文化の推進者であっても日本の古典や和歌を顧みることがなかったとは決して言い切ることができず、これを緒嗣の個性に求めることは性急に過ぎるということができるであろう。近年、対外関係史・国文学・美術史など、様々な分野の研究から、「国風文

化」という概念に対する認識の見直しが迫られている。[36] それらの研究によれば、いわゆる国風の時代にあっても唐物がむしろ多く我が国にもたらされ、そして重宝されていたことや、和漢の対置、晴の場と褻の場とで使い分けがみられるなど、唐風と国風の両者を対立的に捉えることに問題のあることは多くの指摘がなされ定説と化している。いわゆる唐風全盛の時代において和歌が採録されていることについても、別の視点でもって検討することが望まれよう。和歌の採録については具体的に、「漢詩の興隆期に、晴の場では漢詩が主となったが、褻の場ともいうべき曲宴（小宴）ではなお和歌が用いられていた」という村井康彦氏の指摘、[37] あるいは和歌の載録について、「兄弟間の皇位継承・君臣の秩序を重視した『日本後紀』は「曲宴」の語を用いて宴の催行と和歌を掲載」し、これは「より効果的な方法が模索された結果」であって、「決して撰者個人の性向に左右されたものではないし不必要な修飾でもない」とされる遠藤慶太氏の説[38]などがある。これらを踏まえて、唐風全盛の時代に和歌の採録が少なくない史書の編まれたことの意味を改めて検討することが求められる。

なお問題となるのは、緒嗣が編纂からも遠ざかっていたのであればなぜその後も撰者に名を列ねているのか、ということである。このことについて考えてみるに、柳宏吉氏が指摘されているごとき、国史の撰者には一例を除いて『公卿補任』第一位に準ずる者が任命されているということが注目される。[39]

そのようなことも踏まえて考えるならば、政務において相談役的立場にあった緒嗣は、『日本後紀』編纂においても同様な立場であったのではないだろうか。しきりに辞意を上表している緒嗣が国史編纂については強い関心をもってこれに望んだということは筆者には考えがたい。とすると、緒嗣が撰者の地位にあり続けたことについても天皇のご信頼、あるいは「国老」という立場から、撰者に名を列ねること自体に意味があり、天皇は政治においてはその辞意を退け、国史編纂においても終始その名を列ねさせたのではないかと考える。

おわりに

本章では、『日本後紀』の撰者に一貫して名を列ね、通説では実質的にも編纂を主導したと考えられてきた藤原緒嗣について、その経歴をふまえた上で、特に弘仁期以降における政治への関与のあり方を中心に考察を加え、『日本後紀』編纂との関連を述べた。

結論としては、緒嗣は天長三年頃を境に政治から遠ざかったが、それは決して先学により指摘されるような、周囲との関係によるものではない。淳和・仁明両天皇から共に厚い信任を得ており、承和四年時点では日常政務には携わらず国家の事にのみその意見を求められるという立場にあった。病が原因で政治への意欲が失われたものと思われ、一方の国史編纂にのみ情熱を注ぎ得たとするのは不当であろうと考える。

『日本後紀』にみえる批判的精神や和歌の載録についても、緒嗣の個性が反映されたものであると断ずることはできない。むしろ、緒嗣の政治への関与の在り方を考えれば、『日本後紀』編纂についても、その立場上から終始撰者に名を列ねていたもの、と考える方が適切ではなかろうか。

確かに、撰者の個性が書物にまったく反映されることはないと言い切ることはできない。しかしながら、その傾向が行き過ぎている感が否めず、強引に論を展開しているものが見受けられるように思われる。国史編纂という国家事業の意義を考えるならば、その特色をひとりの撰者の個性が反映されたものとばかり理由づけてよいものか甚だ疑問である。六国史それぞれに特色がみられることを明快に示した坂本太郎氏の研究は画期的ではあったが、坂本氏以後の研究を含め、六国史それぞれに特色が生じた理由を撰者の個性にのみ求め過ぎる傾向にあるように感じる。ここでは『日本後紀』を例に、その特色が藤原緒嗣の個性の現れとされることに疑問を提示したが、他の『続日本後紀』以下の国史についても、改めて検討する必要があるのではないかと考える。

註

（1）『日本後紀』の編纂過程について論じたものに、佐伯有義氏「日本後紀　解説」（『（朝日新聞社）六国史　日本後紀』朝日新聞社、昭和四年十二月）、坂本太郎氏「六国史について」（史学会編『本邦史学史論叢』上、冨山房、昭和十四年五月）、柳宏吉氏「石川名足、上毛野大川の国史撰修」（『日本歴史』七七、昭和二十九年十月）、岩橋小彌太氏「国史と其の後」（『上代史籍の研究』吉川弘文館、昭和三十一年一月）、山本信吉氏「日本後紀の編纂過程」（『新訂増補国史大系月報』五一、昭和四十一年十二月）、坂本太郎氏『六国史』（吉川弘文館、昭和四十五年十一月）、松崎英一氏「日本後紀編纂過程の研究」（竹内理三博士古稀記念会編『続律令国家と貴族社会』吉川弘文館、昭和五十三年一月）、竹内理三氏「日本後紀の撰者「藤原緒嗣」伝」（『天理図書館善本叢書月報』三九、昭和五十三年三月）、笠井純一氏「『日本後紀』の撰者と編纂の背景」（直木孝次郎先生古稀記念会編『古代史論集』下、塙書房、平成元年一月）、同氏「『日本後紀』の第一次撰者と坂上今継」（『続日本紀研究』二七九、平成四年八月）、中西康裕氏「『日本後紀』の編纂について」（『続日本紀研究』三一一・三一二合併号、平成十年二月）、山本信吉氏「日本後紀」（皆川完一・山本信吉両氏編『国史大系書目解題』下、吉川弘文館、平成十三年十一月）、黒板伸夫氏「特色と時代」（訳注日本史料『日本後紀』集英社、平成十五年十一月）などがある。また、細井浩志氏「九世紀の記録管理と国史——天文記事と日唐の月食

比較」（『古代の天文異変と史書』吉川弘文館、平成十九年九月。初出は平成十三年五月）に、奏上年月日について岩橋・中西両氏の説に対する批判がなされている。

（2）坂本太郎氏「六国史とその撰者」（著作集第三巻『六国史』吉川弘文館、平成三年八月。初出は昭和三十年一月）、前掲註（1）『六国史』。

（3）門脇禎二氏「律令体制の変貌」（『日本古代政治史論』東京大学出版会、昭和五十六年三月。初出は昭和三十七年八月）、佐藤宗諄氏「平安初期の官人と律令政治の変質」（『平安前期政治史序説』東京大学出版会、昭和五十二年三月。初出は昭和三十九年九月）、笠井純一氏前掲註（1）論文。

（4）亀田隆之氏「『日本後紀』における「伝」」（『日本古代制度史論』吉川弘文館、昭和五十五年四月。初出は昭和四十九年三月）。

（5）笠井純一氏「続日本紀と日本後紀——撰者と「蕃」人をめぐる一問題」（『続日本紀研究』三〇〇、平成八年三月）。

（6）野口武司氏「六国史の薨卒伝の記述内容について——続日本紀～文徳実録を中心に」（『立正史学』四七、昭和五十五年三月）。

（7）山本信吉氏前掲註（1）論文、松崎英一氏前掲註（1）論文。

（8）この他、嵯峨天皇朝における藤原冬嗣・藤原緒嗣・藤原貞嗣・良岑安世の四人のうち、実質的な担当者は先学の説によれば良岑安世ではないかといわれ、冬嗣の「国史の編集の役割りも名目上のもの」で、「冬嗣にすれば、国史のうえにも、藤原氏の名誉を登載するためには、藤原氏側の学者の養成を痛感」し勧学院の創設に至ったのではないかと推測する真壁俊信氏の説もある（「冬嗣と勧学院」『天神信仰史の研究』続群書類従完成会、平成六年三月）。

（9）坂本太郎氏「藤原良房と基経」（著作集第十一巻『歴史と人物』吉川弘文館、平成元年七月。初出は昭和三十九年十一月）、同氏前掲註（1）『六国史』、亀田隆之氏「『続日本後紀』における「伝」」（前掲註（4）『日本古代制度史論』。初出は昭和五十一年十一月）等。

（10）坂本太郎氏前掲註（2）論文・前掲註（1）『六国史』、亀田隆之氏前掲註（9）論文、笹山晴生氏「続日本後紀」（『平安初期の王権と文化』吉川弘文館、平成二十八年十一月。初出は平成十三年十一月）、多田圭介氏「『続日本後紀』の予防記事と物忤記事」（『皇學館論叢』四五―四、平成二十四年八月）等。

（11）坂本太郎氏「六国史と文徳実録」（『日本古代史の基礎的研究』上、東京大学出版会、昭和三十九年五月。初出は昭和三十八年十月）等。

（12）松崎英一氏「日本文徳天皇実録編纂過程の研究」（竹内理三博士喜寿記念論文集刊行会編『律令制と古代社会』吉川弘文館、昭和五十九年九月）、野口武司氏「『文徳実録』と藤原基経――国司の任官記事の検討を通して」（『信州豊南女子短期大学紀要』八、平成三年三月）、松崎英一氏「日本文徳天皇実録」（前掲註（1）『国史大系書目解題』下）等。

（13）佐伯有義氏「日本三代実録　解説」（『（朝日新聞社）六国史　三代実録』上、朝日新聞社、昭和五年六月）、山本信吉氏「三代実録、延喜格式の編纂と大蔵善行」（『歴史教育』一四―六、昭和四十一年六月）、坂本太郎氏「三代実録とその撰者」（前掲註（2）著作集第三巻『六国史』。初出は昭和四十三年八月）、同氏前掲註（1）『六国史』等。

（14）真壁俊信氏「時平と『三代実録』」（前掲註（8）『天神信仰史の研究』所収）、柄浩司氏「『日本三代実録』の編纂過程と『類聚国史』の完成」（『中央大学文学部紀要』史学科五、平成十二年二月）等。

（15）上述した『日本後紀』に関する論考を除けば、管見では、佐藤宗諄氏「文徳実録の編纂――その史料的性格をめぐって」（『奈良女子大学文学部研究年報』二一、昭和五十三年三月）、中西康裕氏『続日本紀と奈良朝の政変』（吉川弘文館、平成十四年七月）、遠藤慶太氏『平安勅撰史書研究』（皇學館出版部、平成十八年六月）等。

（16）藤原緒嗣を専論で扱った論考として、高橋崇氏「藤原緒嗣と菅野真道――延暦二十四年の相論を中心として」（『続日本紀研究』三―六、昭和三十一年六月）、林陸朗氏「藤原緒嗣と藤原冬嗣――平城・嵯峨朝の政界鳥瞰」（『上代政治社会の研究』吉川弘文館、昭和四十四年九月。初出は昭和三十七年五月）、阿部猛氏「平安初期の一貴族の生涯――藤原緒嗣小伝」（『平安前期政治史の研究』大原新生社、昭和四十九年五月）、竹内理三氏前掲註（1）論文、木本好信氏「藤原緒嗣――その東北政策」（『平安朝官人と記録の研究――日記逸文にあらわれたる平安公卿の世界』おうふう、平成十二年十一月。初出は平成元年五月）、高橋崇氏「藤原緒嗣と東北」（『古代東北と柵戸』吉川弘文館、平成八年七月）などがある。

これらは徳政相論や蝦夷政策に注目したものがほとんどで、また徳政相論については鈴木拓也氏「徳政相論と桓武天皇」（『国史談話会雑誌』五〇、平成二十一年三月）なども発表されているが、本章が主眼を置く『日本後紀』編纂期、弘仁期以降を論じたものは決して多くない。

なお、本章の初出となる論文を発表した後、本章の問題関心と深く関わる論文として、町田一也氏「律令官人藤原氏の政治的成長——緒嗣・冬嗣を中心に」（『年報新人文学』五、平成二十年十二月）、鷺森浩幸氏「藤原緒嗣の辞職上表」（『古代文化』六三—二、平成二十三年九月）、安田政彦氏「緒嗣と冬嗣」（続日本紀研究会編『続日本紀と古代社会』塙書房、平成二十六年十二月）等が発表されているが、論旨を改める必要は感じていない。

(17)　本節で述べる官歴等は、『続日本後紀』承和十年七月庚戌条の薨伝の他、『続日本紀』、『日本後紀』およびその逸文、『公卿補任』等による。その他の史料によるものについては出典を明記した。

(18)　百川に関する論考は、奈良朝末の政変と関係して百川の役割が論じられており枚挙に暇がないが、近年の研究では木本好信氏「藤原百川」（『藤原式家官人の考察』高科書店、平成十年九月。初出は平成七年六月）がその生涯を全般的に取り扱っておられ、詳細である。

(19)　佐伯有清氏「新撰姓氏録序説」（『新撰姓氏録の研究』研究篇、吉川弘文館、昭和三十八年四月）。

(20)　林陸朗氏前掲註（16）論文、土田直鎮氏「類聚三代格所収官符の上卿」（『奈良平安時代史研究』吉川弘文館、平成四年十一月。初出は昭和四十四年十二月）、押部佳周氏「令義解」（『日本律令成立の研究』塙書房、昭和五十六年十一月。初出は昭和四十六年七月）、武光誠氏「摂関期の太政官政治の特質——陣申文を中心に」（『律令太政官制の研究』吉川弘文館、平成十一年五月。初出は昭和六十年四月）、林陸朗氏「桓武朝の太政官符をめぐって」（『桓武朝論』雄山閣出版、平成六年四月。初出は昭和六十年十一月）。

(21)　陸奥出羽按察使時代の奏上については、前掲註（16）の各氏論文に詳しい。4は緒嗣の奏上によるとは記されて居らず、木本氏論文の推測による。6は国守佐伯清岑の上申を緒嗣が奏上したもの。

(22)　以下、史料七〜九が右大臣辞職、史料十が左大臣辞職の上表であることについては、訳注日本史料『日本後紀』の頭注も参照。

（23）例えば肥後和男氏は、天長二年藤原緒嗣が右大臣として三度抗表していることについて、就職の初めにあたって辞表を提出する礼の一例ととらえている（「平安時代の大臣の辞表」『古代史上の天皇と氏族』弘文堂、昭和五十三年二月。初出は昭和二十三年十二月）。

（24）朝日本『続日本後紀』の頭注など参照。

（25）大和典子氏「「承和の変」の歴史的帰結——前春宮大夫文室秋津・致仕左大臣藤原緒嗣・前大納言藤原愛發の連続薨卒去と文室宮田麿の変」（『政治経済史学』二七八、平成元年六月）。

（26）村井康彦氏「官衙町の形成と変質」（『古代国家解体過程の研究』岩波書店、昭和四十年四月）。

（27）橋本義則氏「朝政・朝儀の展開」（『平安宮成立史の研究』塙書房、平成七年三月。初出は昭和六十一年十二月）参照。

（28）笠井剛氏「東宮傅・東宮学士の研究」（『皇學館論叢』三一—四、平成十年八月）、保母崇氏「奈良末期から平安初期の東宮官人と皇太子」（『日本歴史』六二五、平成十二年六月）。

（29）松崎英一氏前掲註（1）論文。

（30）宮本有香氏「平安初期編纂事業の一考察」（『國學院大學大学院紀要』文学研究科二七、平成八年三月）。

（31）武光誠氏前掲註（20）論文。なお、吉川真司氏は筆頭の公卿が宣者を委任したとみるなら筆頭公卿の宣を基本とする原則は崩されていないとされるが（「上宣制の成立」『律令官僚制の研究』塙書房、平成十年二月）、いずれにせよ例外的な事例の初見として注目すべきであろう。

（32）前掲註（2）。

（33）例えば、瀧浪貞子氏「平安京の造営」（笹山晴生氏編『古代を考える　平安の都』吉川弘文館、平成三年二月）、佐藤宗諄氏「桓武天皇の政治基調」（中山修一先生喜寿記念事業会編『長岡京古文化論叢』Ⅱ、三星出版、平成四年七月）。

（34）本書第三章参照。

（35）　前掲註（2）。

（36）　「国風文化」の概念、あるいは関連する問題（和漢の対置、遣唐使の停止とその後の対外関係、国風文学の中の唐風・唐物等）についての主な先行研究として、以下のようなものがある。秋山光和氏「「唐絵」と「やまと絵」」（『平安時代世俗画の研究』吉川弘文館、昭和三十九年三月。初出は昭和十六年十二月～昭和十七年一月）、家永三郎氏『上代倭絵全史』（高桐書院、昭和二十一年十月）、村井康彦氏「国風文化の創造と普及」（『文芸の創成と展開』思文閣出版、平成三年六月。初出は昭和五十一年八月）、米田雄介氏「貴族文化の展開」（『摂関制の成立と展開』吉川弘文館、平成十八年二月。初出は昭和五十九年十一月）、石井正敏氏「いわゆる遣唐使の停止について――『日本紀略』停止記事の検討」（『中央大学文学部紀要』史学科三五、平成二年二月）、同氏『東アジア世界と古代の日本』（山川出版社、平成十五年五月）、笹山晴生氏「唐風文化と国風文化」（『岩波講座日本通史』五、岩波書店、平成七年三月）、木村茂光氏『「国風文化」の時代』（青木書店、平成九年二月）、大津透氏『古代の天皇制』（岩波書店、平成十一年十二月）、同氏「古代日本文化と東アジア世界――ジュネーヴ大学講義」（『日本古代史を学ぶ』岩波書店、平成二十一年二月）、西村さとみ氏『平安京の空間と文学』（吉川弘文館、平成十七年九月）、河添房江氏『源氏物語時空論』（東京大学出版会、平成十七年十二月）、同氏『源氏物語と東アジア世界』（日本放送出版協会、平成十九年十一月）、同氏『光源氏が愛した王朝ブランド品』（角川学芸出版、平成二十年三月）、同氏『唐物の文化史――舶来品からみた日本』（岩波新書、平成二十六年三月）、榎本淳一氏『唐王朝と古代日本』（吉川弘文館、平成二十年七月）、『歴史評論』七〇二号（特集「「国風文化」を捉え直す」平成二十年十月）、千野香織氏『千野香織著作集』（ブリュッケ、平成二十二年六月）、河添房江・皆川雅樹両氏編『唐物と東アジア　舶載品をめぐる文化交流史（アジア遊学一四七）』（勉誠出版、平成二十三年三月）、皆川雅樹氏『日本古代王権と唐物交易』（吉川弘文館、平成二十六年三月）、西本昌弘氏「「唐風文化」から「国風文化」へ」（『岩波講座日本歴史』五、岩波書店、平成二十七年六月）。

なお、近年の国風文化論に対しては、吉川真司氏が「中国的なもの＝〈漢〉は「公・ハレ・理念」の世界に閉塞され、日本的なもの＝〈和〉が「私・ケ・現実」として全面展開する。こうした立場こそ国風文化の基盤である」として、近年の国風文化理解が〈漢〉偏重に過ぎると批判している（「摂関政治と国風文化」京都大学大学院・文学研究科編『世界の中の『源氏物語』』臨川書店、平成二十二年二月）。

（37）村井康彦氏前掲註（36）論文。

（38）遠藤慶太氏「『日本後紀』における歌謡の位置」（『平安勅撰史書研究』皇學館出版部、平成十八年六月）。

（39）柳宏吉氏前掲註（1）論文。

第三章　「桓武天皇の遺勅」について

はじめに

桓武天皇のご治世は、延暦十年（七九一）までは『続日本紀』に記され、延暦十一年以降、延暦二十五年三月の崩御までが『日本後紀』に記される。

その桓武天皇のご生涯について、特に議論されているのは、一つはいわゆる「新王朝」論や「革命思想」といった問題で、これは瀧川政次郎氏が論じられて以来、通説となっている。そしてもう一つは、桓武天皇の二大事業といわれる「軍事と造作」、「征夷」と「造都」という二大事業についてであり、これについても多くの研究が蓄積されている。

このうち「新王朝」論、「革命思想」に関しては、近年、そのことを強調しすぎることへの指摘もみられるようになっていることは注意を要すると考える。すなわち、長岡京遷都について論じた瀧川政次郎氏の見解とその亜流の説に対して、長谷部将司氏は、「瀧川政次郎氏が提唱した「桓武の新王朝」という概念は、それ自体魅力的な概念であったためか、その後瀧川氏の思惑を超えて一人歩きしてしまっている感は否めない[3]」ということや、「前代との断絶面と継承面を共に有した「桓武朝の新王朝[4]」」ということを述べており、非常に重要な指摘といえる。また仁藤敦史氏も、「『続日本紀』は基本的に前王系との断絶よりもむしろ連続性を強調するのが目的であったと考えられる[5]」として、『続日本紀』編纂が天武天皇系から天智天皇系への王系交替を必然化する行為、「前王朝の失態をことさら演出したもの」という考えを否定されたり、あるいは「「桓武の新王朝」論は、正直なところその内実についての十分な証明がないまま肥大化している感がある[6]」などと述べておられる。「新王朝」という言葉から、どうしても断絶をイメージしてしまうが、前代からの継承、連続性というものを、革新性とともに有していた、と指摘する論者もあるということは、重要であろう。

　桓武天皇が「新王朝」を意識していたかどうか、あるいは「革命思想」を有していたかどうかという問題は、桓武天皇の皇統意識と関わる問題である。長岡京遷都や昊天祭祀、国忌の改廃、『続日本紀』の編纂、あるいは桓武天皇の出自やそれに伴う氏族秩序の再編成など、多岐に亘って論じられているが、「革命思想」といった先入観から一度離れて考える必要もあるのではなかろうか。またそれとは別に、桓武天皇の皇統意識に関して、直系継承意識と桓武天皇以後の兄弟相承、という問題については、近年、桓武天皇の三兄弟が順に皇統を嗣ぐよう遺勅を下されたとする有力な見解も示されており、考えるべきところが多い。そこで本章では、この桓武天皇の遺勅をめぐる説と、それに対する批判を紹介した上で、私見を述べることとする。

一　西本昌弘氏の説

まず、桓武天皇以後の皇位継承について列挙すると、次のようになる。

桓武天皇
　天応元年四月　皇太子　早良親王（父・光仁天皇　母・高野新笠）→延暦四年九月廃太子
　延暦四年十一月　皇太子　安殿親王（父・桓武天皇　母・皇后藤原乙牟漏）→崩御により即位
平城天皇
　大同元年五月　皇太弟　神野親王（父・桓武天皇　母・皇后藤原乙牟漏）→譲位により即位
（大同二年十月　伊予親王事件（父・桓武天皇　母・夫人藤原吉子））
嵯峨天皇
　大同四年四月　皇太子　高岳親王（父・平城天皇　母・伊勢継子）→薬子の変により廃太子
　弘仁元年九月　皇太弟　大伴親王（父・桓武天皇　母・夫人藤原旅子）→譲位により即位
淳和天皇
　弘仁十四年四月　皇太子　恒世王（父・淳和天皇　母・贈皇后高志内親王）→固辞
　同年同月　皇太子　正良親王（父・嵯峨天皇　母・皇后橘嘉智子）→譲位により即位

このように、桓武天皇以後、平城・嵯峨・淳和天皇という桓武天皇の三皇子が皇位を繫ぐこととなった。直系継承の意識とは異なるものであるが、それが、桓武天皇の意思であるということを論じたのが、河内祥輔氏である(7)。河内氏が根拠としてあげているのは、桓武天皇と酒人内親王、平城天皇と朝原内親王・大宅内親王、嵯峨天皇と高津内親王、淳和天皇と高志内親王、というように、異母兄妹婚が四人の天皇に五組みられる、そしてその婚姻はすべて桓武天皇の在位中に行われ、桓武天皇の意思による、とされる。

このうち高志内親王・高津内親王・大宅内親王の三人は、延暦二十年十一月に、そろって加笄の儀、笄《こうがい》で髪を結うという成人儀礼を行っているということに注目され、三組の婚姻はこの加笄の儀が行われるより先に決まっていた、桓武天皇は数多い男子の中からこの三人の男子を選び、これに皇女を配するという特別待遇を与えた、そしてその特別待遇は、皇位継承権の付与を公にしたものである、と結論されている。

この河内氏の説に対して、安田政彦氏の説は、三内親王の同時加笄というものが桓武天皇の血をより濃く後世に伝えるためのもので、「三親王に皇位継承権付与が公認されたとは考えない」というものである。あくまで三兄弟の継承は結果的なもので、「桓武天皇は本来的に直系による皇統の確立を志向。しかし数多い親王の存在を考慮して、直系継承を補完するために、「桓武天皇と桓武皇后の間の血統」という枠を設定したのではなかろうか」とされる(8)。ただし、あくまで状況的な判断であるということができ、安田氏の説を確固たるものとしてとらえることは難しいが、安田氏が「桓武天皇も藤原種継暗殺事件による同母弟早良親王を滅ぼしたことが、心に大きなしこりとなったであろうことは、その怨霊に悩まされ続けたことからも明らかである。従って、桓武天皇は兄弟相承の危険性を充分承知していたはずである(9)」と述べておられることは正鵠を射た指摘といえよう。

加えて、「新王朝」論などと論じられるように、仮に桓武天皇が、天智天皇系・天武天皇系、ということを強く意識したのであれば、兄弟相承ということが壬申の乱のような皇統分裂を生みかねないことを、桓武天皇は意識されなかったのか、という疑問を強く抱く。

さて、桓武天皇が三親王の兄弟相承を考えていたとする河内氏の説は、三内親王の同時加笄などを根拠とした、あくまで推測の域を出ないものであったが、その後、西本昌弘氏によって、「桓武が皇位継承者として想定したのは平城・嵯峨・淳和の三親王であったとする河内説には説得力がある」とされた上で、『東宝記』中の記述が紹介される。[10]

『東宝記』には、次のような話が出てくる。

・『東宝記』（国宝本）第三仏法下　鎮守八幡宮

私云、平城天皇御事者、　桓武天皇崩御之刻、平城嵯峨淳和三代御門各十ケ年可レ有二御治天一之由被レ定之、仍先
平城天皇御治天之処、以二高岳親王一、（平城第三御子、御出家之後、号二真如親王一、是也）奉レ立二春宮一、欲レ有二御譲位一、爰　嵯峨天皇有レ御二参一詣
桓武御廟一、被二訴申一之、陰霧頻起、隔二丈余一不レ見二人皃一、　平城天皇殊有二御恐怖一、十ケ年之内、以二後五ケ年一被
レ避二進　嵯峨天皇一畢、仍首尾十五ケ年欲レ有二御治世一之処、主末五ケ年任二　桓武叡旨一可レ有二御治世一之由、平
城天皇雖レ被レ仰之、嵯峨天皇依レ无二御承引一、平城於二南京一被レ召二官軍一欲レ被レ責二北京一、仍嵯峨官軍数千騎発向二
南都一、平城之官軍不レ及二合戦一散二失方々一畢、是併大師加持之力八幡擁護之故也、

（『国宝東宝記原本影印』〈巻一～巻四〉二七九頁）

『東宝記』の記事の内容は、桓武天皇が崩御される時、平城・嵯峨・淳和の三兄弟がそれぞれ十年ずつ在位するよう定められた。よってまず平城天皇が即位されたが、平城天皇は実子高岳親王を皇太子に立てて譲位しようと思われ

た。それで嵯峨天皇は桓武天皇の廟に詣で、訴えたところ、霧が立ちこめた。平城天皇は恐怖されて、十年のうち後半五年を嵯峨天皇に譲られた。それで嵯峨天皇はその五年をあわせて十五年間在位されようと思われたが、平城上皇が末の五年間は桓武天皇のお考えどおり自身が御治世あるべきと仰せられた。けれども嵯峨天皇は承知されなかったので、平城上皇が平城宮において兵を挙げ平安宮を責めようとされる。よって嵯峨天皇の官軍数千騎が平城宮に向かうと、平城上皇側は戦わず散り失せた。これは空海の加持の力、八幡神の擁護の故である、というものである。

また、『扶桑略記』などにみられる、平城天皇の神野親王廃太子計画なども検討されている。

・『扶桑略記』抄二　平城天皇大同元年十一月条

或説云、同比、天皇有下廃二皇太子一謀計上。于レ時名嗣《（ママ）》卿為二東宮傅一、密告二太子一。太弟恐惶、不レ知レ所レ出。名嗣《（ママ）》啓曰、事在二旦暮一、非二力可一レ及。祈二禱山陵一、或得二其助一。太弟東帯下二坐庭中一、遙拝レ陵、涕涙如レ雨。于レ時京洛烟気忽塞、昼日昏。時天子驚懼、令レ卜二其怪一。柏原山陵殊為二其祟一。天子大恐、伏レ地祈レ陵、謝レ罪責レ躬。於レ是、経二三箇日一、烟気漸散矣。（新訂増補国史大系本　一二〇頁）

平城天皇の廃太子計画について『扶桑略記』には、或説に、平城天皇に廃太子の謀計あるを名嗣《（ママ）》が神野親王に告げたので、神野親王が柏原山陵に祈った、とある。

『東宝記』の記述について西本昌弘氏は、次のように述べておられる[11]。

桓武の遺勅云々は一見荒唐無稽にみえるが、桓武が安殿・神野・大伴の三親王に皇位継承権を付与したとする河内祥輔氏らの研究成果とも符合し、桓武以後の皇位継承過程を考えるさいには無視できない記述であると思われる。（中略）こうした特異な皇位継承が行われたのは、本稿の想定によると、桓武の遺勅にもとづくものであったが、それでは、なぜ桓武は三親王による順々の登極を望んだのか。それは天武系の皇統が天武―草壁―文武―聖武―孝謙・称徳と直系を追求してきた結果、最終的には行き詰まってしまったことへの反省からではないだろうか。兄弟の三親王が順次皇位をふめば、そのいずれの系統に皇位が継承されたとしても、桓武系の王統は安定的に継続することが予想されるからである。

さらにその後もこの問題を扱われその思いを強くされたようで、最近刊行された岩波の日本史リブレット[12]の中では、皇太子安殿親王―神野親王―大伴親王の順に皇位を伝えることを、桓武が遺言した可能性は高いものと思われる。とさらにその可能性が高いという表現になっている。

二 『東宝記』の史料性

そこで問題となるのは、西本氏が依拠される『東宝記』という史料である。『東宝記』は、東寺（教王護国寺）の寺史で、東寺観智院開基・杲宝（一三〇七～六二）の撰。観応三年（一三五二）六巻本の初稿を脱稿、応安元年（一三六八）から応永三年（一三九六）まで三度にわたって杲宝の弟子賢宝らによって改訂。

この『東宝記』の「私云」の注記のところに出てくる話ということになるが、この注記は、その殆どは杲宝の記と認められるが、中には後人の所為になるものも存在する[13]ということで、西本氏は、

刊本の記載と比べると、草稿本の記載は簡略である。草稿本の「私云」が杲宝の筆になるものとすると、刊本の記載は賢宝が増補したものである可能性が高い。

あるいは、

（『弘法大師行状要集』第三と『東寺私用集』第二の）両書は『東宝記』「私云」後半部の記述を「源運僧都記云」として引用している。源運僧都は平安末期の人物であるから、こうした所伝は少なくとも平安末期まで遡ると考えられる。

と述べておられる[14]。刊本や草稿本というのは、『東宝記』には草稿本と、清書本または中清書本、それと刊本とがあり、草稿本や清書本、中清書本というのが国宝に指定されている本で、影印本が刊行されている。刊本は『続々群書類従』所収本である。刊本は国宝本よりもさらに内容が増えている。

さて、『扶桑略記』や『東宝記』を用いる西本説に対しては、春名宏昭氏による批判がある[15]。春名氏は、『扶桑略記』や『東宝記』にある逸話について、次のような、『日本後紀』との齟齬を指摘されている。

『日本後紀』は総じて平城天皇に批判的だったから、もし『扶桑略記』の記事が本当ならば、差し障りのある表現は多少控えるにしても、平城天皇に遠慮することなく、原則的に事実の通りに記載したものと思われる。『日本後紀』では、結果として平城天皇が一連の不吉な現象を治め、人々の不安を鎮めたことになっており、おそらくそれが真実だと思う。それを後世おもしろおかしい逸話に仕立てる材料として、薬子の変をもとに平城天皇と嵯峨天皇との仲の悪さを設定し、平城天皇による廃太弟の企て、桓武天皇の祟りに怯える平城天皇像を演出したのだろうと思う。

これは、『扶桑略記』の記事に、平城上皇が廃太子の謀計あり、とあるのを史実とみなすことに対する批判であるが、春名氏が述べておられるとおり、『日本後紀』は平城天皇に責任が及ぶのを憚る、というようなことをしていない[16]。例えば延暦十二年、佐伯成人が謀殺されたのは、或いは曰く、皇太子（安殿親王＝平城天皇）の密旨を受けて山辺春日らが殺害した、ということを、はっきり書いている（『日本後紀』逸文、延暦十二年八月丁卯条）。この点に関しては、まさに春名氏の指摘のとおりであろう。あるいは、

信憑性に配慮しつつも、これらの史料（『扶桑略記』や『東宝記』）に依拠して、平城・嵯峨・淳和の三天皇の即位が桓武天皇によって構想され実現を予定されたものだったと考え、それに基づいて平安初期の政治過程を理解しようとする傾向にあるのだが、それは言い換えれば、これらの史料が真実の一端を語っていると考えているのである。しかしながら、話の核となる部分は『日本後紀』に依拠する限り事実とは齟齬があり、付け加えられた部分は話を面白くしようとか、嵯峨天皇の行為を正当化しようという意図が窺えるフィクションであった。

したがって、私は平城・嵯峨・淳和の三天皇の即位があらかじめ予定されたものであったとは考えない。紆余曲折する政治動向の中で結果的に兄弟による皇位継承が行われ、嵯峨系の道康親王（文徳天皇）が立太子し即位することにより、紆余曲折状態が終息したものと考える。

とあり、史料の用い方として従うべき見解と思われる。ちなみに春名氏は、

平城天皇は桓武天皇の没後に即位しているから、桓武天皇の意向による立太弟ということでもない。もちろん、生前の意向に従ったという可能性もあるが、平城天皇がその意向に縛られたとも考えがたく、結局、立太弟は最終的には平城天皇の判断だったということになる。

とも述べておられる(17)。

桓武天皇の遺勅については、西本氏自身、「一見荒唐無稽」ということは認めておられるが、西本氏は、『東宝記』

の記述と、河内氏の研究成果などが合致する、ということを根拠にされている。しかしながら、この『東宝記』という史料については、古代史の史料として用いるにはかなり注意が必要であろうと考える。『東宝記』は、東寺に残されていたさまざまな史料を引用し、それに「私云」という形で撰者の地の文を加える形式だが、引用されている史料については、山本信吉氏が「史料採訪にさいしての博捜ぶりが窺われる。東寺六芸文書や東寺百合文書からも多くの重要文書が引掲されていることは特に注目される」[18]と述べられるように、杲宝の労と史料としての重要性が認められる[19]。

しかしながら、問題となるのは、「私云」として記された注記、そこに記された桓武天皇遺勅云々の所伝も、平安末期まで遡るのかどうかということである。西本氏は「『東宝記』「私云」後半部の記述を「源運僧都記云」として引用している。源運僧都は平安末期の人物であるから、こうした所伝は少なくとも平安末期まで遡ると考えられる」（前掲）と言及しておられるが、これはあくまで後半部の記述のことである。『東寺私用集』は刊本が出ていないため未見であるが、『弘法大師行状要集』の記述は次のようなものである。

・『弘法大師行状要集』第三　東寺鎮守八幡宮事

私云。桓武天皇崩御之時有㆓御遺勅㆒。平城嵯峨淳和連枝三皇次第可㆑有㆓治天㆒三代御門各十ケ年云云大同元仍先平城天皇御治世。然有㆓子細㆒。大同四年四月十三日新帝即位嵯峨天皇同日平城第三ノ宮高岡親王為㆓皇太子㆒。遷㆓御大和国平城宮㆒。爰依㆓御寵愛尚侍薬子藤原仲成妹勤発㆒。有㆓重祚之企㆒。擬㆓遷都於平城㆒。依之天下騒動。弘仁元年大同五年九月廿七日改九月十一日上皇与㆓尚侍㆒同輿。令㆑向㆓関東㆒。仍遣㆓坂上田村麿文屋綿麿等㆒。互奪壊上皇。令㆑誅㆓罰仲成等㆒了。同十二日太上天皇御落飾。同十三日高岡親王廃㆓皇太子㆒。令㆑補㆓中務卿親王㆒桓武第三宮淳和天皇是也十五ケ年御治世之後御譲位。新帝淳和御治天十ケ年

之後。深草天皇嵯峨第二宮号仁明御即位。自レ爾以来継体皇統。皆是嵯峨皇帝御苗裔也。天皇依二大師之勧発一有ニ二御誓約一故ニ。於二帝都一令ニレ崇二八幡大菩薩宗廟一。今ノ鎮守是也。鎮坐之日。三所ノ神儀影二現ス空中一。仍令レ摸二造彼ノ真体一。被レ安二置社壇一。可レ貴可レ仰矣

付平城騒乱子細事

源運僧都記云　（サラバキャラア＝源運）

平城天皇当今嵯峨春宮真如親王平城第三御子平城天皇捨二春宮一。於二親王一内内密事可レ譲二王位一云云於レ是清丸《田村丸歟》参上。春宮一一奏二此旨一。驚テ春宮参二詣桓武天皇御廟一。七日七夜訴フ二此事一。七日之内天下無二昼夜一如二暗夜一。公家驚レ之召二諸道勘文一。諸道同申云。付二王位一日本国大小諸神驚事有レ之。奏シ二申ス此旨ヲ一。依レ之平城天皇王位ヲ譲リ二嵯峨ニ一。於二親王一令レ補ム二春宮一。

（以下略）

（『弘法大師伝全集』第三、ピタカ発行、所収　一四二頁）

『弘法大師行状要集』は弘法大師の伝記で、東寺観智院の賢宝の撰、応安七年（一三七四）完成。賢宝は、『東宝記』の改訂を行ったのと同一人物である。この『弘法大師行状要集』も『東宝記』と同様の形式で、史料を引用した後に、賢宝が「私云」として書き加えたもののようである。この『弘法大師行状要集』をみると、「源運僧都記」として引用されているのは神野親王廃太子の話であって、確かにこの所伝は平安末期に遡る可能性がある。これは『扶桑略記』の記事などを考えても、『扶桑略記』は平安末であるので確かに神野親王廃太子の逸話が平安末期に遡るというのは何ら不思議ではない。一方の桓武天皇の遺勅の話はあくまで賢宝の「私云」のほうにみえるものであって、こちらは別に考える必要があろう。

また、寺院において逸話がいろいろ加えられていった、そうしていろいろ付け加えられた史料が、『東宝記』に引用

された、ということも考えるべきであろう。例えば、久保田収氏の指摘によると、『東宝記』には「貞観寺御記云」という形で真雅（八〇一～七九）撰と伝えられる『稲荷大明神流記』の一部が引用されている箇所が存するが（第一仏法上密教相応事）、『流記』は吉野時代以前の成立、恐らく真雅に仮託してつくられたものであるという。賢宝の頃にはすでに真雅の作として伝えられていたので、「貞観寺御記」として引用されている、ということに言及しておられる。[20] そのような史料も引用書にみえるということである。

あるいは、「弘仁官符」といわれるものがある。「弘仁三年十一月廿七日施二入田地一符文云」として『東宝記』にも引かれている史料で、東寺の縁起には頻繁にみられる官符である。

・『東宝記』（国宝本）第一仏法上　一朝崇敬事

弘仁三年十一月廿七日施二入田地一符文云、

以二代々国王一為二我寺檀越一、若伽藍奥複（興復）、天下奥複（興復）、伽藍衰弊、天下衰弊、（中略）若不二犯違一、敬勤行者、世々累レ福、子孫繁昌、共出二塵域一、必登二覚岸一云々、（中略）

私云、東寺及二破壊一之時、壊二日本国中大小伽藍一、可レ加二修理一之由、代々官符中雖レ引二載之一、根本勅載未レ得二全文一、但嵯峨天皇宸筆　勅書、于レ今在二清水寺一云々、尤是支証矣、長保二年、東寺北宝蔵回禄之時、往古官符等多以焼失云々、

（『国宝東宝記原本影印』〈巻一～巻四〉三頁）

この文書の初出は、

・承平二年（九三二）八月五日太政官符案（平安遺文四五六〇号）

・承平二年（九三二）十月二十五日伊勢太神宮司解案（平安遺文二四二号）

というようなもので、どちらも弘仁三年十一月二十七日官符を引用している。しかし、八月五日の太政官符案に引かれた「弘仁官符」と、十月二十五日伊勢太神宮司解案に引かれた「弘仁官符」では、文章が全く異なっている。前者は、どうやら東寺による作為は加わっていないらしいけれども、十月二十五日解案に引かれた「弘仁官符」は、「以二代々国王一」以下、『東宝記』で引用されている箇所を含め多く文章を偽作し加えている。つまり、もともと「弘仁官符」には「代々国王を以て」云々という文言はなかったものが、後から加えられた。文言を加えた背景としては、八月五日官符案が東寺の大国荘のことを問題としているのに対し、十月二十五日解案は大国荘に加えて川合荘のことを加えて記されている。すなわち、東寺の荘園争いの中で、文言が偽作し加えられている、ということが考えられる。そして承平二年とあるけれども、成立は十一世紀後半ごろであった可能性も高い。ということが勝山清次氏によって明らかにされている[21]。

さらに、真木隆行氏[22]によると、加えられた文章というのは、東大寺の「聖武天皇勅書銅板」の裏銘[23]（十世紀段階の偽作）に酷似している。ほぼ疑いなく、「聖武天皇勅書銅板」裏銘の文言を利用していて、弘仁三年十一月二十七日という日付も後世に下ると考えられる。そして、東寺では弘安五年（一二八二）頃、蒙古襲来の頃より、東寺を「異国降伏之秘法」を修する「護国之基」とし、その興廃と国土・朝家の興廃とを一体視するような論理が散見するようになり（例えば、鎌倉遺文一四六九七号）、そうした中で「弘仁官符」などが利用されるようになった、という。

このように、東寺側の論理でいろいろと逸話が加えられている結果のものを、『東宝記』が引用している、ということになろう。

念のために申し添えると、『東宝記』についてすべてが事実でない、ということではないことは言うまでもなく、例えば、今回問題としている箇所でも「弘法大師の加持の力、八幡擁護の故である」とみえているが、その空海と八幡神との関係については、久保田収氏が述べておられるごとく、空海が八幡神を崇敬し、東寺の鎮守として八幡社が鎮祭せられたことは疑いない(24)。

要するに、基となった歴史的事実があり、その事実にいろいろな逸話が加えられ補強されている、という側面もある。したがって、『東宝記』のすべてがすべて偽りということでなく、やはり他史料との比較によって慎重に判断することが求められる、ということになろう。

三　現存『日本後紀』の記述

以上のように、中世東寺研究の成果に学ぶと、『東宝記』を古代の史料として用いる場合、注意を要することが確認される。このことを踏まえた上で、現存『日本後紀』について確認したい。

『日本後紀』は嵯峨天皇弘仁十年（八一九）から仁明天皇承和八年（八四一）にかけて編纂され、桓武天皇延暦十一年（七九二）から淳和天皇天長十年（八三三）二月までの期間を対象とする。その構成は、全四十巻から成り、巻一から巻十三までの十三巻が桓武天皇紀、巻十四から巻十七の四巻が平城天皇、巻十八から巻三十までの十三巻が嵯峨天皇紀、巻三十一から巻四十までの十巻が淳和天皇紀、にあてられている。しかしながら、周知のとおり、『日本後紀』は全四十巻のうち十巻しか現存していない。現存十巻の内訳は、巻五・八・十二・十三・十四・十七・二十・二十一・二十二・二十四の十巻であるので、桓武天皇紀で現存するのは、延暦十五年七月から十六年三月の巻五、延暦十八年正月から同年十二月の巻八、延暦二十三年正月から桓武天皇が崩御され平城天皇が即位された後の大同元年九月までが巻十二から十四、以上については『日本後紀』が現存する。

ただし、現存十巻についても、中西康裕氏によって、巻十四・巻二十は収載期間が短く、巻十四は平城天皇即位や賀美能親王立太弟の宣命、叙位・任官記事の欠如など粗漏がみられることが指摘されている。(25)その粗漏は、伝本書写の過程に生じたものでなく『日本後紀』編纂当時のものと考えられるという。

『日本後紀』には以上のような制約がある。そして、写本系統も極めて乏しい。そうした中で、江戸時代以来、実に多くの研究者が『日本後紀』を探し、その一方で、諸史料から『日本後紀』を復原する、逸文の蒐集ということも試みられてきた。そうした逸文蒐集の成果を集大成したのが平成十五年に刊行された訳注日本史料本(26)である。あくまで管見の限りではあるが、訳注日本史料本の刊行以後、文字を改めたり欠字になっているところを推定するような論文は発表されているもの(27)の、それらは推定であるため検討の必要があり、条文そのものが新たに発見されるということはそれ以後ないものと思われ、逸文集としても決定版といってよいだろう。

それで次には、逸文巻は『日本後紀』をどの程度復原できているのか、という問題がある。『日本後紀』の逸文の大半は、『類聚国史』と『日本紀略』の条文だが、この『類聚国史』と『日本紀略』による『日本後紀』の復原、ということについても、少なからず制約がある。

まず『類聚国史』は、寛平五年(八九三)頃、菅原道真が宇多天皇の命をうけて編修が開始された。六国史の記事を部門ごとに分類・配列したもので、六国史記事を省略などせずそのまま載録しているところに特徴がある。そのため、『類聚国史』が全巻残っていれば『日本後紀』の全文も判明するのであるが、『類聚国史』は全二百巻のうち六十一巻

しか現存していない。(28)

『類聚国史』現存巻

巻一～巻五（神祇部一～五）、巻八～巻一一（神祇部八～一一）、巻一四～巻一六（神祇部一四～一六）、巻一九（神祇部一九）、巻二五（帝王部五）、巻二八（帝王部八）、巻三一～巻三六（帝王部一一～一六）、巻四〇（後宮部）、巻五四（人部□）、巻六一（人部□）、巻六六（人部□）、巻七一～巻七五（歳時部二～六）、巻七七（音楽部・賞宴部上）、巻七八（賞宴部下・奉献部）、巻七九（政理部一）、巻八〇（政理部二）、巻八三（政理部五）、巻八四（政理部六）、巻八六（政理部八）、巻八七～巻八九（刑法部一～三）、巻九九（職官部四）、巻一〇一（職官部六）、巻一〇七（職官部一二）、巻一四七（文部下）、巻一五九（田地部上）、巻一六五（祥瑞部上）、巻一七一（災異部五）、巻一七三（災異部七）、巻一七七～巻一八〇（仏道部四～七）、巻一八二（仏道部九）、巻一八五～巻一八七（仏道部一二～一四）、巻一八九（仏道部一六）、巻一九〇（風俗部）、巻一九三（殊俗□）、巻一九四（殊俗部□）、巻一九九（殊俗部□）

また、巻一七〇（災異部四）が醍醐寺三宝院所蔵『祈雨日記』により復原され、あわせて六十二巻となる。

次に『日本紀略』は、光孝天皇紀までは六国史を抄出したもので、光仁・桓武天皇紀については、現行の『続日本紀』にみえない藤原百川伝の引用や藤原種継暗殺事件関連記事もみられる。『日本紀略』はとりあえず全巻揃っているので、これによってもかなり『日本後紀』を復原することができるものの、桓武天皇紀を収める第十三篇は、その次の十四篇と比べると抄録の仕方が簡略だという指摘がある。平野博之氏によると、『日本紀略』が六国史をどう抄録しているか具体的に検討され、前篇十三（桓武天皇紀・平城天皇紀）と十四（嵯峨天皇紀・淳和天皇紀）では国史抄録の態度が異なっていて、十三は十二（光仁天皇紀）に近く、十四は十五・十六（仁明天皇紀・文徳天皇紀）に近い。そして前者は、記事を簡略化する傾向がみられる、と論じている(29)。具体的には、位階が四位の人物の薨卒伝を記事にとっているかどうか、人名表記で氏の名や姓を省略しているかいないか、飢饉疫病の記事を採っているか等を調べられ、さらには『続日本紀』『日本後紀』と『日本紀略』の文字数を比較しても、十三篇は十四篇よりも短く抄録している、あるいは桓武天皇紀を含む十三篇は記事がより簡略化されているという指摘で、その点でも史料上の制約が認められる、ということになる。

このように、『日本後紀』は全巻残っておらず、その逸文の大半を占める『類聚国史』についても然り、また『日本紀略』も桓武天皇紀は抄録の仕方が簡略である、そして巻十四・二十は中西氏の指摘のごとく不備が存する、ということになる。

このようなことも踏まえて、『日本後紀』を再度確認したい。春名氏は、平城天皇と嵯峨天皇の対立、という点について『日本後紀』と『扶桑略記』『東宝記』の異同を述べておられるが、桓武天皇から平城天皇、嵯峨天皇、淳和天皇へと続く譲位の経過をみると、まず、桓武天皇崩御から平城天皇即位の経緯については、そこに政治的意図があるかどうかはともかくとして、平城天皇即位や賀美能親王立太弟の宣命、叙位・任官記事の欠如など粗漏があるので、他のところに関連する記述がないかを確認せざるを得ない。延暦二十四年正月十四日には、皇太子を召されて勅語された、同年四月六日には、皇太子以下参議以上を召し後事を託された、ということがみえるが、『日本後紀』現存巻であるものの、具体的な内容は示されていない。

平城天皇から嵯峨天皇への譲位については、大同四年四月朔日、

天皇自二従去春一寝膳不レ安、遂禅二位於皇太弟一。詔曰、現神等大八洲所知倭根子天皇我詔旨良末止勅御命乎、親王等・

王等・臣等・百官乃人等・天下公民衆聞食止宣。朕躬劣弱弖、洪業爾不レ耐己止乎、本自思畏利賜許止暫毛不レ息。加以朕躬元来風病爾苦都々、身体不レ安志弖、経レ日、累レ月弖、万機欠懈奴。今所念久、此位波避天、一日片時毛御体欲レ養止奈毛、所念須。故是以皇太弟止定賜流某親王爾、天下政波授賜布。諸衆此状乎悟、清真心乎毛知、此皇子乎輔導伎、天下百姓乎、可レ令二撫育一止勅天皇御命乎、衆聞食止宣、後太上天皇涕泣固辞、乃上表陳譲曰、（中略）。天皇不レ許。

（訳注日本史料本　四七四頁）

とあり、翌二日、平城天皇は東宮に避御、神野親王はさらに従わず、三日に抗表するも、許されず、「天皇遂伝レ位。避二病於数処一、五遷之後、宮二于平城一。」（同四七八頁）という（『日本後紀』巻十七）。平城天皇譲位の理由は諸説あるが、[30]ここでは深く立ち入らない。高岳親王の立太子については『日本後紀』が残存しておらず、『日本紀略』は例により詔の内容を省略している。廃太子についても、薬子の変とも関わるため、ここではしばらく措いておく。

嵯峨天皇から淳和天皇への譲位に際しては、『日本後紀』逸文、弘仁十四年四月庚子条に詳しい。

庚子、帝御二前殿一、引二今上一曰、朕本諸公子也。始望不レ及、於二太上天皇一、曲垂二褒飾一、超登二儲弐一、遂遜二位于朕一。朕躬辞不レ獲レ免、日慎二一日一。未レ幾而身嬰二疹疾一、弥留不レ瘳、為二万機壅滞一。令三右大臣藤原朝臣園人奉二還神璽一。朕始有二帰閑之志一、太上天皇不レ允レ所レ請。当二此之時一、有二小人之言一、令二太上皇与レ朕有レ隙。公卿相共議、逐二君側群少一。太上不レ察二愚款一、有二入東之計一。群臣不レ安二社稷一、遣邀レ之。朕赤心有レ如二皦日一。朕以二寡昧一、在レ位十有四年。太弟与レ朕、春秋亦同。朕雖レ乏二知レ人之鑑一、与二太弟一周旋年久。太弟之賢明仁孝、朕之所レ察、仍欲レ伝二位於太弟一、已経二数年一。今果二宿心一。宜レ知レ之。今上避レ座跪言、（中略）。帝不レ許。仍答曰、今日以前、朕遇二太弟一如レ子。今日以後、遇レ朕亦如レ子耳。今上奉レ表曰、臣聞、云々。帝不レ聴。詔曰、現神止大八洲所知、云々。

（訳注日本史料本　八二六頁）

ここには、嵯峨天皇は自身は皇太子でなく諸公子であったが思いもよらず皇位に即かれたことや、病によって退位を考えられたものの、平城太上天皇はこれを許さなかった、小人、不徳の者が現れて薬子の変が起こった、在位十四年がたって、宿願である退位、皇太弟に位を譲りたい、淳和天皇は辞退されたけれども、嵯峨天皇は弟を遇すること子のごとくする、と述べられたことなどが記されている。

薬子の変について『日本後紀』が事実を伝えているかについては異論もあろうが[31]、平城天皇即位はともかく、嵯峨天皇・淳和天皇の即位は『日本後紀』現存巻もしくは『類聚国史』所引逸文であり、『日本後紀』の全貌が知れる箇所である。そして少なくとも『日本後紀』には、桓武天皇の遺勅が存した片鱗さえ窺うことはできない。ましてや、『日本後紀』は嵯峨・淳和・仁明天皇の御代に編纂された国史である。淳和上皇は完成前に崩御されるが、嵯峨上皇はご在世である。嵯峨天皇の即位にともない平城天皇皇子の高岳親王が皇太子となったが、薬子の変によって廃されている事実もあわせ考えるに、平城上皇側ではなく嵯峨上皇側の立場で編纂された国史において、直系継承ではなく平城・嵯峨・淳和天皇と兄弟で皇位を相承することの根拠ともなり得る桓武天皇の遺勅を、あえて記さない理由はないのではないか。

桓武天皇の皇統意識についてはさらに深く検討すべきところもあるが、少なくとも、『日本後紀』と『東宝記』それぞれの史料性を考慮した場合、桓武天皇が兄弟相承の意思を示されたという事実はない、と筆者は理解する。

おわりに

以上、結論として、西本氏の依拠される『東宝記』に従うには非常に問題がある。加えて、桓武天皇が三皇子の兄弟相承を示されたのであれば、壬申の乱のような皇統分裂を意識されなかったのか。早良親王とのご関係をどう思われたのか。そのような疑問を感じざるを得ない。

あるいは、嵯峨天皇から淳和天皇への兄弟相承については、天長初期にこれを賛美する趣の表現が多発するとの木下綾子氏の指摘もある。(32) 同氏がとりあげる史料に空海の願文（『遍照発揮性霊集』巻六、所収）もあり、遺勅について考える際にも注目してよいかもしれない。

註

（1） 桓武天皇のご生涯全般については、村尾次郎氏『桓武天皇』（人物叢書、吉川弘文館、昭和三十八年十月）、井上満郎氏『桓武天皇 当年の費えといえども後世の頼り』（ミネルヴァ日本評伝選、ミネルヴァ書房、平成十八年八月）、井上幸治氏『桓武天皇と平安京 桓武天皇御事蹟記』（平安神宮、平成二十四年七月）、西本昌弘氏『桓武天皇 造都と征夷を宿命づけられた帝王』（日本史リブレット人、山川出版社、平成二十五年一月）、大隅清陽氏「桓武天皇――中国的君主像の追求と「律令制」の転換」（吉川真司氏編『古代の人物4 平安の新京』清文堂、平成二十七年十月）、佐野真人氏「桓武天皇の御生涯と祭祀」（『皇學館大学研究開発推進センター紀要』三、平成二十九年三月）等参照。

（2）瀧川政次郎氏「革命思想と長岡遷都」（『京制並に都城制の研究』角川書店、昭和四十二年六月）。
（3）長谷部将司氏「書評　中西康裕著『続日本紀と奈良朝の政変』」（『史境』四六、平成十五年三月）。
（4）長谷部将司氏『日本古代の地方出身氏族』（岩田書院、平成十六年十一月）。
（5）仁藤敦史氏「桓武の皇統意識と氏の再編」（『国立歴史民俗博物館研究報告』一三四、平成十九年三月）。
（6）同右。
（7）河内祥輔氏『古代政治史における天皇制の論理』（吉川弘文館、昭和六十一年四月）。
（8）安田政彦氏「大伴親王の賜姓上表」（『平安時代皇親の研究』吉川弘文館、平成十年七月）。
（9）同右。
（10）西本昌弘氏「桓武改葬と神野親王廃太子計画」（『続日本紀研究』三五九、平成十七年十二月）。
（11）同右。
（12）西本昌弘氏前掲註（1）書。
（13）山本信吉氏「東寶記概説」（『国宝東宝記原本影印』東京美術、昭和五十七年二月）。
（14）西本昌弘氏前掲註（10）論文。
（15）春名宏昭氏『平城天皇』（人物叢書、吉川弘文館、平成二十一年一月）。
（16）拙稿「『日本後紀』における平城上皇に対する叙述――薬子の変を中心として」（『皇學館大学史料編纂所報　史料』第二一八号、平成二十年十二月。本書第四章）。
（17）春名宏昭氏「平安新王朝の創設」（大津透氏編『王権を考える　前近代日本の天皇と権力』山川出版社、平成十八年十一月）。
（18）山本信吉氏前掲註（13）論文。
（19）なお、『東宝記』の材料となった史料の一つに、『道我僧正記』あるいは『東寺草創以来事』、『東寺縁起』等と呼ばれる史料があり、『東宝記』より早く成立し、『東宝記』に極めて近い内容であることが指摘されている。この史料は皇學館大学附属図書館に所蔵されており、本書の検討によって『東宝記』の利用史料に関しさらに明らかにされるところがあるものと期待される。本史料を早く紹介したものとして、小山田和夫氏「東宝記の編纂材料と新出逸文の検討」（国書逸文研究会月例会における発表、昭和五十六年九月二十四日、於学士会館）や、山本信吉氏前掲註（13）論文があり、その他、『創立一二〇周年記念特別陳列　皇學館大学所蔵の名品――古文書・典籍』（皇學館大学神道博物館、平成十四年十月）、貫井裕恵氏「宮内庁書陵部所蔵『東寺草創以来事』について――『東寺草創以来事』と『東宝記』」（『鎌倉遺文研究』二四、平成二十一年十月）等も参照。なお、小山田和夫氏の発表内容は論文化されていないものと思われるが、氏より発表レジュメをご提供いただいた。記して感謝申し上げます。

（20）久保田収氏「高野山における神仏習合の問題」（『神道史の研究』皇學館大学出版部、昭和四十八年七月。初出は昭和四十二年五月・七月）。

（21）勝山清次氏「東寺領伊勢国川合・大国荘とその文書――平安前・中期の文書の真偽をめぐって」（『中世伊勢神宮成立史の研究』塙書房、平成二十一年六月。初出は平成元年十一月）。

（22）真木隆行氏「鎌倉末期における東寺最頂の論理――『東宝記』成立の原風景」（東寺文書研究会編『東寺文書にみる中世社会』東京堂出版、平成十一年五月）。貫井裕恵氏「中世寺院における寺誌の一側面――東寺と「弘仁官符」」（『中世寺社の空間・テクスト・技芸　「寺社圏」のパースペクティヴ（アジア遊学一七四）』勉誠出版、平成二十六年七月）等も参照。

（23）「聖武天皇勅書銅板」裏銘については、真木氏論文の他、鈴木景二氏「聖武天皇勅書銅板と東大寺」（『奈良史学』五、昭和六十二年十二月）、東野治之氏「聖武天皇勅書銅版」（『日本古代金石文の研究』岩波書店、平成十六年六月。初出は平成七年四月）等も参照。

（24）久保田収氏前掲註（20）論文。

（25）中西康裕氏「『日本後紀』の編纂について」（『続日本紀研究』三一一・三一二合併号、平成十年二月）。

（26）黒板伸夫・森田悌両氏編『訳注日本史料　日本後紀』（集英社、平成十五年十一月）。

（27）白井伊佐牟氏「『日本後紀』延暦十八年十二月戊戌条の「諳講」は「諳謀」か」（『皇學館大学史料編纂所報　史料』二二七、平成二十二年九月）、森明彦氏「平安時代貨幣研究の二、三の問題」（『出土銭貨』三三、平成二十五年十二月）。

（28）吉岡眞之氏「類聚国史」（『国史大系書目解題』下、吉川弘文館、平成十三年十一月）による。

（29）平野博之氏「日本紀略の日本後紀薨卒記事の抄録について（上）」（『下関市立大学論集』二四―三、昭和五十六年三月）。

（30）中野渡俊治氏「平安時代初期の太上天皇」（『古代太上天皇の研究』思文閣出版、平成二十九年三月。初出は平成二十二年十一月）の整理に従えば、「風病」による一時的な精神不安定状態であったとする理解、平城天皇の政策に対する貴族層の反発があったとする説、自身の皇子立太子を含めた皇位継承の問題とする説、桓武天皇の「怨霊」が遠因であるとする説などがある。同氏は、いずれにせよ、病を理由として三十歳代の天皇が譲位したことは異例で、かつ、平城天皇の「病」は致命的ではなかった、とされている。

（31）私見は前掲註（16）拙稿に述べた。

（32）木下綾子氏「嵯峨上皇と淳和上皇――『日本後紀』序文の「一天両日」と堯・舜の喩」（『文学研究論集』二六、平成十九年二月）。

第四章　『日本後紀』における平城上皇に対する叙述

――薬子の変を中心として

はじめに

弘仁元年（八一〇）九月、所謂「薬子の変」が起こる。事件についてはこれまでに多くの研究が重ねられ、主として事件の主体が平城上皇であったか、藤原薬子・仲成であったか、という点が関心とされてきた。

事件については、佐々木恵介氏や西本昌弘氏などによってまとめられているように、[1]先学によって『日本後紀』における薬子の変に関する記事は充分に解釈が施され、多くの見解が示されているものの、「平城太上天皇の変」とも称されるようになった傾向に対して、[2]西本昌弘氏は、橋本義彦氏[3]以来通説となりつつある上記の動向に対して目崎徳衛氏[4]・瀧浪貞子氏[5]あるいは福井俊彦氏[6]などの論考を評価し、『日本後紀』記事にそれなりの真実を読み取るべきとする注目すべき主張をされている。[7]

西本氏があわせて主張される桓武天皇遺勅の問題や神野親王廃太子計画については別途検討を要するものであるが、[8]

西本氏の橋本説批判は多くうなずけるところがある。本章においては、この薬子の変を中心に、『日本後紀』における事件叙述の態度について少しばかり考えてみたい。

一　薬子の変の叙述

まず、事件の経過について確認するため、『国史大辞典』(9)の記述を引用する。

（前略）平城上皇は大同四年（八〇九）四月一日、「風病」のため皇太弟（嵯峨天皇）に譲位し、十二月四日平城旧京に遷居した。上皇はこの時寵愛の尚侍藤原薬子とその兄右兵衛督仲成をはじめ、公卿・外記局官人の一部を含む多数の人員を供奉せしめ、造宮料稲や雇役の工夫を畿内近国より徴発し、またかつてみずから設置した観察使を廃止する詔を発するなどしたので、「二所朝廷」の険悪な対立を引き起こした。（中略）弘仁元年（八一〇）九月六日、上皇が平城旧京への遷都を命ずると、人心の動揺は激発し、同月十日、朝廷はついに上皇側との対決に踏み切った。使を遣わして三関を固め、在京の仲成を拘禁し、薬子の官位を解き、広範な人事異動を行なった。情勢の激変を知った上皇は、側近の中納言藤原葛野麻呂・左馬頭同真雄らの諫言をも聴かず、諸司の官人と宿衛の兵を率いて平城宮を発し、川口道を取って伊勢に入ることを計画した。しかし官人は狼狽して去就に迷い、参議藤原真夏・従四位下文室綿麻呂・大外記上毛野穎人ら多くは、朝廷の召に応じて平安京へ走った。十一日、朝廷は大納言坂上田村麻呂に命じ、軽鋭の卒を率いて美濃道より迎え撃たしめることとし、田村麻呂は武芸にすぐれた歴戦の士綿麻呂の赦免を請うて同行した。また宇治・山崎両橋と与渡市津に兵を派遣し、仲成を禁所で射殺した。

十二日、上皇は大和国添上郡越田村に至ったが、朝廷の兵に前途を遮断されて為すところを知らず、平城宮に引き返した。上皇は出家し、薬子は自殺したので、変は三日間で終結した。（中略）上皇は天長元年（八二四）の崩御に至るまで平城宮において太上天皇の礼遇を受けていたが、貶謫された人々は、上皇崩御直後、嵯峨上皇の詔によってようやく帰京を許された。（後略）

さて、この事件について、嵯峨天皇がどのように認識されていたか、認識といって語弊があるならば公式の場でどのように述べておられるか、詔などによって示されている部分を掲げる。[10]

【史料二】『日本後紀』弘仁元年九月丁未（十日）条

丁未、縁二遷都事一、人心騒動、仍遣レ使、鎮二固伊勢・近江・美濃等三国府幷故関一、正四位下巨勢朝臣野足・従五位下佐伯宿禰永継為二伊勢使一、正五位下御長真人広岳・従五位下小野朝臣岑守・坂上大宿禰広野為二近江使一、正五位上大野朝臣真雄為二美濃使一、繋二右兵衛督従四位上藤原朝臣仲成於右兵衛府一、詔曰、天皇詔旨良麻止勅御命乎、親王・諸王・諸臣・百官人等・天下公民衆聞食止宣、尚侍正三位藤原朝臣薬子者、挂畏柏原朝廷乃御時爾、春宮坊宣旨止為弖仕賜比支、而其為性能不レ能所乎知食弖、退賜比去賜弖支、然物乎百方趁逐弖、太上天皇爾近支奉流、今太上天皇乃譲レ国給閉流大慈、深志乎不レ知之弖、己我威権乎擅為止之弖、非二御言一事乎御言止云都々、褒貶許止任レ心弖、曾无レ所二恐憚一、如レ此悪事種種在止毛、太上天皇爾親仕奉爾依弖、思忍都々御坐、然猶不二飽足一止之弖、二所朝庭乎母言隔弖、遂爾波大乱可レ起、又先帝乃万代宮止定賜閉流平安京乎、棄賜比停賜弖之平城古京爾遷左牟止奏勧弖天下乎擾乱、百姓乎亡弊、又其兄仲成、己我妹乃不レ能所乎波不二教正一之弖、還恃二其勢一弖、以二虚詐事一、先帝乃親王・夫人乎凌侮弖、棄レ家乗レ路弖東西辛苦世之牟、如レ此罪悪不レ可二数尽一、理乃任爾勘賜比罪奈閉賜布閉久有止毛、所思行有依弖、軽賜比宥賜比弖、薬子者位

官解弖自二宮中一退賜比、仲成者佐渡国権守退止宣天皇詔旨乎、衆聞食止宣、（後略）　（五一二頁）

【史料二】『日本後紀』同日条

（前略）又遣レ使告二于柏原陵一曰、天皇御命坐、挂畏支柏原大朝庭爾申賜閉止申久、内侍尚侍正三位藤原朝臣薬子者、初太上天皇乃東宮止坐之時爾、東宮宣旨止為弖仕賜比支、而其為性乃不レ能所乎知食弖、退賜比去賜弖支、然物乎百方趁逐弖、太上天皇爾近支奉弖、非二御言一事乎御言止云都々、褒貶任レ意弖、曾无レ所二恐憚一、又万代宮止定賜之平安京乎毛、棄賜比停賜弖之平城古京爾遷左牟止奏勧弖天下乎擾乱、百姓乎亡弊、又其兄仲成、恃二己妹勢一弖、以二虚詐事一、親王・夫人乎凌侮弖、棄レ家乗レ路弖東西辛苦世之牟、如レ此罪悪不レ可二数尽一、因レ茲、薬子者官位解弖、自二宮中一退賜、仲成者佐渡国権守退賜比都、又続日本紀所レ載乃崇道天皇与二贈太政大臣藤原朝臣一不レ好之事、皆悉破却賜弖支、而更依二人言一弖、破却之事如レ本記成、此毛亦无レ礼之事奈利、今如レ前改正之状、差二参議正四位下藤原朝臣緒嗣一、畏彌畏牟毛申賜久止奏、　（五一四頁）

【史料三】『日本後紀』弘仁元年九月庚戌（十三日）条

庚戌、詔曰、天皇詔旨良麻止勅大命乎、衆聞食止宣、太上天皇乎伊勢爾行幸世志米多流諸人等、法之随爾罪賜布倍久有止毛、所念有爾依弖奈毛、免賜比宥賜布、又中納言藤原朝臣葛野麻呂波、悪行之首藤原薬子加姻媾之中奈礼波、重レ罪有倍志、然多入鹿等申久、雖二言不レ納止毛、諫争己止懇至止申爾依弖奈毛、罪奈倍賜比勘賜波須、又藤原朝臣真雄波、身命乎棄忘弖諫争多留事、衆人与利異爾有爾依弖奈毛、誉賜比勤賜比、冠位上賜比治賜波久止宣天皇大命乎、衆聞食止宣、　（五一二頁）

【史料四】『日本紀略』弘仁十四年四月庚子（十六日）条

庚子、帝御二前殿一、引二今上一曰、（中略）朕始有二帰閑之志一、太上天皇不レ允レ所レ請、当二此之時一、有二小人之言一、令二太上皇与レ朕有レ隙、公卿相共議、逐二君側群少一、太上不レ察二愚款一、有二入東之計一、群臣不レ安二社稷一、遣邀レ之、朕赤心有レ如二皦日一、（後略）　（八二六頁）

史料一・二は、事件直後に出された詔であり、当然ではあるがほぼ同一内容である。そこでは、薬子は平城上皇に平城遷都を勧めて擾乱を招き、仲成は妹の権勢を頼み桓武天皇の親王・夫人を凌侮したことが罪とされている。また、史料二には、『続日本紀』に一度は載せられたが後に削除された早良親王と藤原種継の記事を復活させたことも併せて掲げられている。史料三においては、薬子は「悪行之首」とまで断じられている。

本章はじめにふれた通り、先行研究において最も関心を集めるのは、平城上皇が事件の首謀者であったか否かであるが、事件直後の嵯峨天皇の詔からは、上皇の積極的関与は認められない。史料四、嵯峨天皇が淳和天皇に譲位される詔をみてみると、嵯峨天皇が位に就かれてから幾許もなくして疹疾にかかり、退位の志を持たれたが、平城上皇はこれを許されず、この時に小人の言あり、上皇は嵯峨天皇の意を察せずに東国に向かわれた、と具体的に述べられている。ここには、「太上不レ察二愚款一」とあるなど、平城上皇は薬子らの言に惑わされた、というようなニュアンスを含みつつ、「朕赤心有レ如二皦日一」として、その責任を負わせることはない。このことのみからすれば、橋本義彦氏などのごとく、平城上皇に責が及ぶのを極力避け、動揺の拡大を防ごうとする政治的意図を読み取ることもできようが[11]、ともあれここでは嵯峨天皇ご自身の公の発言からその認識されているところを確認するにとどめる。

次に、『日本後紀』中にみえる事件の評価を記す他の記事に目を向けてみると、平城天皇が譲位される以前では、次の史料が存する。

【史料五】『日本後紀』大同三年四月丁卯（十六日）条

丁卯、有二一烏一、集二於若犬養門樹枝上一、接レ翼交レ頭倶死、終日不レ墜、遂為レ人被二打墜一、時人以為、北陸道観察使従四位上藤原朝臣仲成・典侍従四位下藤原朝臣薬子兄妹、招レ尤之兆也、（四二四頁）

「招レ尤之兆也」は、西本氏が述べられるごとく、賀陽豊年卒伝（『日本後紀』弘仁六年六月丙寅条）の記述とともに、仲成・薬子の活動が大同年間より目立っていたことを示すものである[12]。

次に、伝記中の論賛記事に示されているところ、すなわち『日本後紀』編纂段階のものと考えられる記述を掲げる。史料六は、平城天皇が嵯峨天皇に譲位された記事に続いて記された、平城上皇の論賛である。

【史料六】『日本後紀』大同四年四月戊寅（三日）条

（前略）避二病於数処一、五遷之後、宮二于平城一、而事乖二釈重一、政猶煩出、尚侍従三位藤原朝臣薬子常侍二帷房一、矯託百端、太上天皇甚愛、不レ知二其奸一、遷二都平城一、非二是太上天皇之旨一、天皇慮二其乱階一、擯二於宮外一、官位悉免焉、太上天皇大怒、遣レ使発二畿内并紀伊国兵一、与二薬子一同レ輿、自二川口道一向二於東国一、士卒逃去者衆、知二事不一レ可、遂、廻レ輿旋レ宮、落髪為二沙門一、（四七八頁）

ここには、平城遷都は「非二是太上天皇之旨一」とはっきり示されている。仲成・薬子死去の記事に付された伝記の記述は、次のようなものである。

【史料七】『日本後紀』弘仁元年九月戊申（十一日）条

（前略）是夜、令三左近衛将監紀朝臣清成・右近衛将曹住吉朝臣豊継等、射二殺仲成於禁所一、仲成者、参議正三位宇合之曾孫、贈太政大臣正一位種継之長子也、性狼抗使酒、或昭穆无レ次、忤二於心一不レ憚二掣蹶一、及二乎女弟薬子専一レ朝、仮レ威益驕、王公・宿徳、多見二凌辱一、民部大輔笠朝臣江人之女適二仲成一也、其姨頗有レ色、仲成見而悦レ之、嫌二其不一レ和、欲二以レ力強一、女脱奔二佐味親王一、仲成、入二王及母夫人家一認レ之、麁言逆行、甚失二人道一、及レ遭レ害、僉以為、自取レ之矣、

（五二〇頁）

【史料八】『日本後紀』弘仁元年九月己酉（十二日）条

（前略）藤原朝臣薬子自殺、薬子、贈太政大臣種継之女、中納言藤原朝臣縄主之妻也、有二三男二女一、長女太上天皇為二太子一時、以レ選入レ宮、其後薬子以二東宮宣旨一、出二入臥内一、天皇私焉、皇統弥照天皇慮二淫之傷一レ義、即令二駆逐一、天皇之嗣レ位、徴為二尚侍一、巧求二愛媚一、恩寵隆渥、所レ言之事、无レ不二聴容一、百司衆務、吐納自由、威福之盛、熏二灼四方一、属二倉卒之際一、与二天皇一同レ輦、知二衆悪之帰一レ已、遂仰レ薬而死、

（五二二頁）

史料七・八においては、事件の記事の中で述べられているところであるので、平城遷都のことは触れられていない。そこで述べられているのは、仲成は薬子の威を借りて王公・宿徳を凌辱し、また色を好んで果てに佐味親王子母の邸に押し入るに及んだことが記され、薬子については巧みに媚びて平城天皇の恩寵を蒙り、申すところは容れられざることなく、天皇への上奏を取り次ぐにあたってはこれを自由にしたことが非難されている。『日本後紀』編纂時の認識も、先の嵯峨天皇の詔と違うところはないといってよい。

以上、先学の成果と異なる史料解釈がある訳でもないが、『日本後紀』における薬子の変の叙述態度を改めて確認してきた。これらによれば、事件は平城上皇に取り入った薬子、およびその権勢に威を借りた仲成の罪を述べて、平城上皇の事件での主導性は認められない。

ここで考えるべきは、『日本後紀』の叙述態度、さらに遡って当時の情勢が、政治的意図から事実を隠蔽しようとし

たのかどうかという問題である。しかし、『日本後紀』中には、明らかに平城上皇を批判する叙述がなされている箇所がある。次節においては、この点について考えたい。

二　平城天皇に対する叙述

『日本後紀』における天皇に対する批判が平城天皇に限られることはすでに第二章でも述べたところであるが、改めて以下に掲出する。

【史料九】『日本後紀』大同元年五月辛巳（十八日）条

改㆓元大同㆒、非㆑礼也、国君即㆑位、踰㆑年而後改元者、縁㆓臣子之心不㆑忍㆔一年而有㆓二君㆒也、今未㆑踰㆑年而改元、分㆓先帝之残年㆒、成㆓当身之嘉号㆒、失㆓慎㆑終无㆑改之義㆒、違㆓孝子之心㆒也、稽㆓之旧典㆒、可㆑謂㆑失也、（三六二頁）

【史料十】『類聚国史』巻二十五、天長元年七月己未（十二日）条

己未、葬㆓於楊梅陵㆒、天皇識度沈敏、智謀潜通、躬親㆓万機㆒、剋㆑己励㆑精、省㆓撤煩費㆒、棄㆓絶珍奇㆒、法令厳整、群下粛然、雖㆓古先哲王㆒不㆑過也、然性多㆓猜忌㆒、居㆑上不㆑寛、嗣㆑位之初、殺㆓弟親王子母㆒、幷令㆓逮治㆒者衆、時議以為㆓淫刑㆒、其後傾㆓心内寵㆒、委㆓政婦人㆒、牝鶏戒㆑晨、惟家之喪、嗚呼惜哉、春秋五十一、諡曰㆓天推国高彦天皇㆒、（八七六頁）

【史料十一】『類聚国史』巻八十七、延暦十二年（七九三）八月丁卯（二十一日）条

是夜、内舎人山辺真人春日・春宮坊帯刀舎人紀朝臣国、共謀㆓殺帯刀舎人佐伯宿禰成人㆒、明日事覚、春日等即逃隠、

帝大怒募㆓求天下㆒、後伊予国捕㆑之、以聞、遣㆓左衛士佐従五位上巨勢朝臣島人㆒格殺、或曰、春日等承㆓皇太子密旨㆒、（三〇頁）

史料十一は、佐伯有清氏が桓武天皇と皇太子安殿親王（平城天皇）の対立を示すものとして掲げられ[13]、福井俊彦氏が平城天皇に不利な記事として指摘されたもので[14]、訳注日本史料本『日本後紀』においてはさらに「桓武天皇と皇太子安殿親王（平城天皇）との間の微妙な関係を反映しているとすれば、東宮宣旨として皇太子の許に出仕していた藤原薬子が関わっていると推測することが可能かもしれない」（一〇七五頁）とまで論じている。

史料九の所謂大同改元非礼論は、山本信吉氏の指摘によれば、弘仁改元の詔に「朕、以㆓眇虚㆒、嗣㆓守丕業㆒、照㆓臨四海㆒、于㆑茲㆓周、雖㆓日月淹除㆒、而未㆑施㆓新号㆒」（『日本後紀』弘仁元年九月丙辰条）とあるのを前提としており互いを補完する関係にあり、藤原緒嗣の意見に基づいたものとは限らないという[15]。史料九自体は『日本後紀』撰者の手になるもので、同時にそれは弘仁改元当時における嵯峨天皇のご意見にも沿ったものであったといえよう。

史料十においては、平城上皇葬送の記事に、上皇を評して「性多㆓猜忌㆒、居㆑上不㆑寛」というように、その批判は天皇のご性格にまで及んでいる。そして、そうしたご性格の故ということであろう、伊予親王事件についてふれ、連坐する者多く、時議はこれを「淫刑」であるとしたという。その後薬子を寵愛したことは「惟家之喪」であると非難する。薬子の変について叙述がなされていないのは、先の譲位の記事に付した論賛（史料六）に経緯のあらましを記しているからであろう。

薬子を寵愛したことが非難の対象となっていることについては、前節に掲げた史料にも言えることで、ここでは問題とならない。訳注日本史料本によって薬子の関与が推測されている史料十一を留保すれば、大同改元、そして伊予親王事件に関しては、明らかに平城天皇ご当人への批判がなされていることに注目しておきたい。

伊予親王事件については、櫻木潤氏によって研究史がまとめられているように、仲成・薬子の策略とする説、伊予親王と平城天皇の気質のちがいに藤原氏の内部抗争が加わったとする説、皇位継承争いとみる説、の三つに分かれ、櫻木氏自身は平城天皇と仲成・薬子らの利害が一致したところより起こった皇位継承争いであるとみている(16)。また、親王の地位と外戚家の勢力を併せた政治的力量は、神野親王（嵯峨天皇）のそれに比して遜色なく、むしろ勝っていた可能性さえあるという指摘もなされている(17)。

事件の発端を為したとされているのは、北家藤原宗成である。『日本後紀』逸文が示すところの事件の記述は、次のとおりである。

【史料十二】『日本紀略』大同二年十月辛巳（二十八日）条～十一月丙申（十三日）条

辛巳（二十八日）、蔭子藤原宗成勧二中務卿三品伊予親王一、潜謀二不軌一、大納言藤原雄友聞レ之、告二右大臣藤原内麻呂一、於レ是、親王遽奏二宗成勧レ己反之状一、即繋二宗成於左近府一、

癸未（三十日）、繋二宗成於左衛士府一、按二験反事一、宗成云、首二謀叛逆一是親王也、遣二左近中将安倍兄雄・左兵衛督巨勢野足等一、率二兵百卌人一、囲二親王第一、

十一月乙酉（二日）、……徙二親王幷母夫人藤原吉子於川原寺一、幽二之一室一、不レ通二飲食一、

甲午（十一日）、詔曰、云々、解二却謀反之輩一、又以下廃二親王一之状上、告二于柏原山陵一、

乙未（十二日）、親王母子仰レ薬而死、時人哀レ之、

丙申（十三日）、……配二流宗成等一、

（四一〇頁）

また宗成の卒伝には、「宗成素無二才学一、頗近二邪佞一。大同二年連二及伊予親王事一、久棄二于世一。時人以為三事孽二此人一。」（『日本文徳天皇実録』天安二年五月二十七日条）ともみえている。

仲成・薬子を首謀者とみる積極的な根拠は、『日本後紀』の史料一・二に掲げた嵯峨天皇の詔にみえる、仲成が「先帝乃親王・夫人乎凌侮弖、棄レ家乗レ路弖東西辛苦」せしめたという記事と、事件に坐した中臣王について、「侍従中臣王、連二伊予親王之事一、経レ拷不レ服、時嬖臣激レ帝、令レ加二大杖一」（『日本後紀』大同四年閏二月甲辰条、安倍鷹野卒伝）という記事である。前者はこれが伊予親王事件を指すのか佐味親王の事件を指すのかは見解が分かれるところであるもの[18]の、佐味親王の事件、もしくはこれを含めると考える方が文章の接続からして適当であり、伊予親王事件単独を示すとすることは難しい。後者の「嬖臣」が仲成・薬子を指すこと[19]には異論がないが、「激レ帝」して「令レ加二大杖一」たのは中臣王が「連二伊予親王之事一」した後のことである。したがって、平城天皇の怒りに触れたことから生じた事件であって、仲成・薬子が伊予親王の幽閉に主体的に関わったことを示すものではない。

関連する史料の中にも、平城天皇を咎める記述は見出すことができる。

【史料十三】『日本後紀』大同三年六月甲寅（三日）条

散位従三位藤原朝臣乙叡薨、（中略）推国天皇為二太子一時、乙叡侍レ宴、瀉酒不敬、天皇含レ之、後遘二伊予親王事一、辞連二乙叡一、免帰二于第一、自知レ無レ罪、以レ憂而終、時年卌八、

（四三六頁）

【史料十四】『日本後紀』大同三年十月丁卯（十九日）条

東山道観察使左近衛中将正四位下行春宮大夫安倍朝臣兄雄卒、（中略）伊予親王無レ罪而廃、当二上盛怒一、群臣莫二敢諫者一、兄雄抗レ辞固争、雖レ不レ能レ得、論者義レ之、

（四五六頁）

これらは薨卒伝中の人物評の部分であるので、『日本後紀』編纂段階にまで下る評価といってよいかもしれないが、伊予親王事件については、親王および坐した者の冤罪を明記し、中には皇太子時代の不敬を疎まれていたことが理由であるとする記述までみえるほどである。

おわりに

これまでに確認してきた通り、『日本後紀』叙述の立場としては、平城上皇を非難すること自体に躊躇はなかったことが窺える。これは、嵯峨天皇側の立場で記された史書としては当然であるが[20]、それにも拘らず、薬子の変の叙述にあたって平城上皇の責を問わない『日本後紀』の立場は注意しなければならない。

このことは、薬子の変あるいは伊予親王事件を考えるに際して、また『日本後紀』の叙述態度を考えるに際して、示唆を与えてくれるのではないだろうか。「薬子の変」を「平城太上天皇の変」と解釈するためには、事件の重大性および影響を慮って、平城上皇に非が及ぶことを憚ったという理由のみでは不十分といえ、かなり限定的な要因を考慮する必要がある。当時の政治情勢など本章で言及し得なかった点でなお勘案すべき問題は多いが、『日本後紀』の叙述態度のみを考えてみた場合、素直に『日本後紀』の記事を解釈した方が、より妥当であるように筆者には思われる。

註

（1）佐々木恵介氏「薬子の変」（『歴史と地理』五一四、平成十年六月）、西本昌弘氏「薬子の変とその背景」（『国立歴史民俗博物館研究報告』一三四、平成十九年三月）。

（2）西本昌弘氏前掲註（1）論文の他、佐藤信氏「平城太上天皇の変」（『歴史と地理』五七〇、平成十五年十二月）なども参照。

（3）橋本義彦氏「〝薬子の変〟私考」（『平安貴族』平凡社、昭和六十一年八月。初出は昭和五十九年九月）。

（4）目崎徳衛氏「平城朝の政治史的考察」（『平安文化史論』桜楓社、昭和五十八年十月。初出は昭和三十七年十二月）。

（5）瀧浪貞子氏「薬子の変と上皇別宮の出現――後院の系譜（その一）」（『日本古代宮廷社会の研究』思文閣出版、平成三年十一月。初出は昭和五十五年十二月）、「薬子の変」（同上書。初出は昭和六十三年六月）。

（6）福井俊彦氏「薬子の乱と官人」（『早稲田大学大学院文学研究科紀要』二四、昭和五十四年三月）。

（7）西本昌弘氏前掲註（1）論文。

（8）西本昌弘氏「桓武改葬と神野親王廃太子計画」（『続日本紀研究』三五九、平成十七年十二月）。なお、桓武天皇遺勅の問題についての私見は本書第三章参照。

（9）『国史大辞典』第四巻（吉川弘文館、昭和五十九年二月）の「薬子の変」の項（目崎徳衛氏執筆）。

（10）以下、『日本後紀』の引用および頁数は、訳注日本史料本（黒板伸夫・森田悌両氏編、集英社刊、平成十五年十一月）による。『日本後紀』逸文についても同じく訳注日本史料『日本後紀』を用いた。

（11）橋本義彦氏前掲註（3）論文。

（12）西本昌弘氏前掲註（1）論文。

（13）佐伯有清氏「政変と律令天皇制の変貌」（『日本古代の政治と社会』吉川弘文館、昭和四十五年五月）。

（14）福井俊彦氏「平城上皇の譲位について」（久保哲三先生追悼論文集刊行会編『翔古論聚』同刊行会、平成五年五月）。

(15) 山本信吉氏「日本後紀」(皆川完一・山本信吉両氏編『国史大系書目解題』下、吉川弘文館、平成十三年十一月)。
(16) 櫻木潤氏「伊予親王事件の背景——親王の子女と文学を手がかりに」(『古代文化』五六—三、平成十六年三月)。
(17) 高田淳氏「桓武天皇の親王について——その加冠・叙品・任官を中心に」(『史学研究集録』九、昭和五十九年四月)。
(18) この記事は早くより伊予親王事件を指すとみられてきたが、阿部猛氏(「大同二年の伊予親王事件」『平安前期政治史の研究 新訂版』高科書店、平成二年九月。初出は昭和四十三年九月)・藤田奈緒氏(「伊予親王事件の研究——嵯峨朝成立への展望」『海南史学』三七、平成十一年八月)が佐味親王の事件を指すものであると指摘され、その後櫻木氏(前掲註(16)論文)は両者を含めて解釈すべきであるとしている。
(19) 北山茂夫氏「平城上皇の変についての一試論」(『続万葉の世紀』東京大学出版会、昭和五十年十一月。初出は昭和三十八年二月)。
(20) この点に関しては、本書第二章、および遠藤慶太氏「勅撰史書の政治性——ふたつの桓武天皇紀をめぐり」(『歴史学研究』八二六、平成十九年四月)等参照されたい。なお、本章の初出となる論文を発表の後、『日本後紀』の薬子の変関連記事は淳和天皇朝に入ってからの編纂にかかり、その淳和天皇は嵯峨天皇の側でなく中立の立場で編纂にあたっているとし、その上で、「二所朝廷」を招いた嵯峨天皇が平城上皇排斥を企て平城上皇はその策にはまったに過ぎず、「弘仁元年の変」と称すべきことを提案する竹谷優氏の論文も発表されているが(「薬子の変(平城上皇の変)再考」『上越社会研究』二七、平成二十四年十月)、論拠が十分といえない。

第二部

第五章　二十巻本『日本後紀』の基礎的検討

はじめに

現存する『日本後紀』は全四十巻のうちの十巻、全体のわずか四分の一にすぎない。このことが、『日本後紀』、さらには平安初期の研究において大きな妨げとなっているといえよう。その伝来過程については、古くは藤田安蔵・佐伯有義・和田英松・三浦藤作などの諸氏、その後坂本太郎氏により古代より近世に至るまで全般に亙って言及されており(1)、近年に至ると西本昌弘氏による伝来の研究や遠藤慶太氏による諸本の研究に代表されるごとく、その検討も精緻を極めている(2)。

今日知られる最古の写本は大永四年（一五二四）から天文二年（一五三三）にかけて書写された三条西家本であり(3)、またその転写本たる柳原紀光本を経て、朝日本や国史大系本・訳注日本史料本の底本に用いられた塙本残欠十巻に至るという経路も明らかにされた(4)。しかし、真本『日本後紀』の諸本は極めて乏しいといってよい。『日本後紀』の散佚した時期はおそらく応仁の乱前後であろうと思われるが、そうした事情ゆえに、早くより『日本後紀』の探求が行われたその一方で、他の文献から記事を蒐集し本文を復原する試みもなされてきた。今日においては訳注日本史料本がその集大成であり、その先駆けとして和田英松氏の『國書逸文』(5)や佐伯有義氏による増補六国史本『日本後紀』下(6)が掲げられる。

同様の意味において、近世期における『日本逸史』も、逸文の蒐集という観点からは満足できるものではないものの、編年史料集としての評価が与えられ(7)、『本朝編年録』についても『日本逸史』に先立つものと評する例があり、その出典など報告がなされている(8)。

この他、近世期に所謂「偽書」が世上に流布したことがよく知られている。これら「偽書」(正確にはこのうちの二十巻本)については、一定の史料価値を認める叙述がみられなくもないが、本格的な検討はなされていない。そこで本章においては、「偽書」と称されるもののうちその大半を占める「二十巻本」について、基礎的な検討を試みたい。

一　『日本後紀』の「偽書」

世に行われた『日本後紀』の「偽書」といっても、一種ではない。そのため、本節では二十巻本について検討を加える前に、これら「偽書」について先学の成果によりつつその概要を述べることとする。まず、「日本後紀」との書名を有するものは、次のものが確認できる。

① 禁裏本

西本昌弘氏は、文禄二年（一五九三）四月十三日に関白豊臣秀次が禁裏に献上したという「日本後紀」が存し（『言経卿記』）、宮内庁書陵部、無窮会神習文庫にそれぞれ二巻一冊本の「日本後紀」と外題した『日本紀略』が現存することから、この秀次が献上した「日本後紀」の内容は『日本紀略』であることを紹介されている。[9] 他に、天理図書館吉田文庫などにも所蔵を確認できる。[10]

国史大系本『日本逸史』附載の中川忠英識語に「所称日本後紀者即日本紀略而真之後紀今即亡矣」とみえるが、忠英のいう「日本後紀」もこの系統のものを指すと思われる。[11]

② 二十巻本

所謂「偽書」のうち、最も広く世上に流布したのがこの二十巻本である。その成立・内容については次節以降に譲ることとするが、今日まで本格的に検討が加えられてこなかったのはその史料的価値が軽んじられた故であろう。二十巻本については近世初頭よりすでに四十巻の真本と同名異書であることが認識されており、「偽作」「偽書」などと称されている。安藤為章が『年山紀聞』の中で「西山公久しく日本後紀を探りたまふといへども、真の本を得たまはず。いにしころ京師より一本来りしを、彰考館にて吟味せられたるに、はやう偽書にてぞ侍し。契沖翁の見たる本も、此筋としられたり」と述べた文章は有名であるが、為章はさらに「さても此偽書を作りたる人は何ものぞや。害を後世に残す事すくなからず。にくむに堪たる罪人なり」とその作者を厳しく非難している。[12]

しかしこうした一方で、平田篤胤や三浦藤作・栗田元次各氏は一定の史料価値を認めており、[13] 近年では三橋広延氏が「偽書」でなく「二十巻本」と称しておられる(14)。

なお『年山紀聞』には、契沖が天長二年浦嶋子帰郷の一節を国史の記事として不審であるとして二十巻本が偽書であることを論じた旨を引用しているが、この契沖書写本は自筆本や今井似閑書入本が現存している。二十巻本の性格は後述するが、契沖による書入れは二十巻本の記事を増補するという性格のものが多く、契沖書入れのうち真本『日本後紀』・『日本紀略』・『日本逸史』・朝日本日本後紀逸文に見出されないものについて活字化され、さらに底本・校合本として用いられた彰考館所蔵契沖自筆本・三手文庫所蔵今井似閑書入本・大阪府立中之島図書館寄託円珠庵所蔵契沖自筆『日本後紀略要』については林勉氏による書誌的解説が付されている(15)。この中で林氏は、契沖書入れにより指摘された増補記事は「鴨祐之の『日本逸史』と比較しても遜色のないものであり、契沖によって更に増補されるものが多い」と、その努力・価値を高く評価しておられる。

③　多和文庫本系統

多和文庫には、巻子本にて四十巻の「日本後紀」、巻一から巻三が所蔵されており、長保二年（一〇〇〇）惟宗允亮の奥書を有する。また無窮会神習文庫にも同じく巻子本にて長保二年、惟宗允亮の奥書を有する写本が存し、こちらは巻三・巻四の二巻が現存する。

小中村清矩氏によれば、多和文庫本は多和神社祠官で多和文庫蔵書の旧蔵者である松岡調氏が京都にて得た写本であって、松岡氏が小中村氏に直接調査を依頼されたものであるという。多和文庫本について、目録の年月が「本朝国史目録」や塙本と合わないことや、記述様式が他の六国史に合わない点を指摘され、後人の偽作と断定された。その作者については、五位以上の官人の小伝や叙位任官記事の排列、遷都の詔文などはすこぶる撰史の体を得ていることから、あるいは古学起こりてより以来の人の所為であろうとし、奥書に惟宗允亮の名を挙げていることからも、学者の所為であろうと推測しておられる(16)。

多和文庫本については、林屋辰三郎氏にも研究がみられる(17)。各巻の収載期間によって偽書と断じた点、内容的に『日本逸史』を包含し、かつより詳細であることから『日本逸史』公刊以後の成立とされる点、原典史料をそのまま引用せずに国史としての体裁を整えたり、記事を詳細化している例が多くみられる点などを指摘され、小中村・佐伯両氏と同じ結論を導き出しているが、より詳細な検討が加えられている。殊に、多和文庫本独自の記事を列記されてた上で、まったく傍証の余地のないものや記事の表飾に過ぎないものが多いとされる。総じて多和文庫本は、独自の条文であっても『続日本紀』の類似の記事を出典としているものが林屋氏に指摘されているごとく、その史料的価値は決して高くないといえる。

なお、内閣文庫にはこれらと同系統で巻一から巻四を収める写本が所蔵されており(18)、殊に巻一から巻三を収める第一冊は塙本、『類聚国史』、『日本紀略』、『日本逸史』と校合が為されていて、これら諸本との異同が一見して容易に判明する。

④ 三十巻本

岩橋小彌太氏によれば、足利義満が写したという奥書のある三十巻本の写本が存するというが(19)、筆者は確認できていない。

「日本後紀」との書名を有し、真本と異なるものは以上の四種が確認されている。①・③（・④）は「偽書」と称するにふさわしい性格を帯びた書であるが、②のみに関しては一部識者により一定の史料的価値が認められている。他に「日本後紀」に類似する書名を有する書も存するが、これらについては第七章で言及することにする。

二　二十巻本の成立と『類聚日本紀』

本節では、二十巻本の成立について検討する。二十巻本については、すでに先学により『類聚日本紀』との関係が指摘されている。管見に及ぶ限りでは、近代史学において最も早く二十巻本と『類聚日本紀』との関連に言及されたのが和田英松氏であり[20]、和田氏は両者の関係を否定された。しかし逆にその後の研究成果では、この『類聚日本紀』との関係が肯定されている。

『類聚日本紀』は、尾張藩主徳川義直の命により編纂され、六国史の記事を編年順に並べたものである。正保三年（一六四六）十一月の序を有し、全百七十四巻、うち日本後紀係年部分は巻七十一から巻九十の全二十巻である。

起草年代は明らかでないが、所三男氏は堀杏庵の歿年（寛永十九年〈一六四二〉十一月）以前とされており[21]、これは疑いないであろう。さらに田辺裕氏は、寛永七年に義直が堀杏庵を引率しての伊勢参宮が『神祇宝典』編纂における史料蒐集を主目的としているとされ、「儒学教授兼両河転運使吉田子元行状」寛永二年条や『梵舜日記』元和九年（一六二三）閏八月四日条の記事からこの頃すでに『神祇宝典』編纂の意図が存したものと推測され、これらをさらに進めて『神祇宝典』や『類聚日本紀』の編纂計画は元和八年の堀杏庵招聘にまで遡るであろうと結論づけておられる[22]。

この『類聚日本紀』の日本後紀係年部分と二十巻本『日本後紀』とを対校してみると、誤写によると思われる異同、また写本によっては序文や割注の有無などみられるものの、同一内容であることは疑いない[23]。『類聚日本紀』の日本後紀部分と二十巻本『日本後紀』が異名同書であるならば、『類聚日本紀』のうちの日本後紀係年部分のみが二十巻本として流布したか、あるいは『類聚日本紀』が日本後紀部分に二十巻本を採用したかのいずれかとなる。『類聚日本紀』と二十巻本『日本後紀』の関係を指摘する先学においても、このいずれかの説をとっているが、両説は並行しており、互いの検討をみるに至っていない。

前者、『類聚日本紀』の日本後紀部分が「日本後紀」として流布したとするのが、三橋広延・西本昌弘の両氏である。三橋氏は、国史大系本『日本逸史』にも附載されている、内藤広前校本の識語を根拠として掲げられている。

広前云（中略）其日本後紀といふものはもと類聚日本後紀と題して尾張殿人堀杏庵といへるか古書ともを編集したるもの也、それかいつしか類聚の二字を取て伝へたるなりけり、ゆめ〱紛らはしくなおもひかめそ（後略）

この記載について、「広前が、『大内裏図考証』の校訂を行うに際し、尾張藩の蔵書を利用し、また藩の学者と交渉を持ったことは疑いないので、『類聚日本紀』編纂について当事者の記録や伝承を見聞できる立場にあった者の発言として、傾聴に値する」と述べつつ両者の関係については「後考を俟ちたい」とされ[24]、後には同じ内藤広前識語を根拠に、「類聚本『後紀』と二十巻本『後紀』との関係については、確たる証拠はないが、二十巻本は『類聚日本紀』中の『後紀』部分とするために復原編集されたものではないだろうか。それを『類聚日本紀』に入れるに際し、序を省き、他の五国史に合わせて所々に分注を加えるなどして、全体の体裁の統一を行ったと思われる」と述べておられる[25]。

また、西本氏は、内藤広前の識語に加えて、新井白石の言も根拠とされている[26]。今、「白石先生手簡」より小瀬復庵宛の書簡を引用すれば、次のごとき記述が確認できる。

一日本後紀とて当時世間流布候物之事、是は先師某へ委細に申聞せ候事一条御座候、其子細の略は、当時世間に日本後紀とて候ものは、我等わかき時に見候ものは類聚日本後紀と題し候き、尾張の源敬公《（徳川義直）》に類聚国史六十巻など御求得られ、堀正意《（杏庵）》などに御申付、これに見え候所〳〵を何とぞ紀年の体に仕レ見候へと有レ之に付、かの類聚国史の文を序候て此ものは出来候、猶又闕文候所々をば、元亨釈書を以て補入し候所も候、よく〳〵心をつけ見候へとの事に御座候き、其後、又亡友榊原玄輔申候には、今の日本後紀の中に元亨釈書を用ひ候、所〳〵原文のごとくに官名など唐官の名のまゝに用ひ候、本朝の国史に唐名など用ひられ候例無レ之にあまりに拙き事に候、何とて改めしるし候はぬにやと申候、此事も又さも可レ之事と存候に付、先師へ事の次手に其由を申候へば、さきにも申すごとくに類聚日本後紀と源敬公の御申付候事に候へば、文の闕を補し候に至て引用の書のまゝに用ひ候尤の事に候、今のごとくに類聚の字を刪去きまことの日本後記《（ママ）》のごとくに仕りなし候はんには字を改め候事も可レ有レ之候へどもそれにては偽作のものに成候て、大人の御本意たるべからず候けく、釈書のまゝに候が殊勝に候と申聞せ候事、今に心に銘じ存候事に候、しかれば世間に流布し候ものは、右のごとくに尾張にて御類聚被レ成候ものに候、高覧に入り候四十巻の事、其式終に承りも及ばず候もの、希世の珍たるべく歟、

（市島謙吉氏校訂『新井白石全集』第五巻、国書刊行会、二六五頁）

この他、酉（延宝九年ヵ）六月七日付の徳川光圀書簡（前田綱紀宛、前田育徳会尊経閣文庫所蔵『松雲公水戸義公往復書牘集』所収）[27]にも同様の理解が認められる。

一類聚日本後紀御許借可レ有由、辱存候、此類聚日本後紀は尾張故大納言殿《（徳川義直）》正意《（堀杏庵）》ニ被二申付一、類聚国史日本紀略等

之書を以、集被レ申候由承及候、若其書ニ而御坐候ヘハ入不レ申候得共、同名異物ニ而候半かと存、一覧申度と申事ニ御坐候、

（『水戸義公書簡集』四五三号書簡。『水戸義公全集』下、一八一頁）

以上が前者、『類聚日本紀』の日本後紀部分が「日本後紀」として流布したとされる根拠である。これらの見解に対して、後者、『類聚日本紀』がそれ以前にすでに成立していた二十巻本『日本後紀』を採用したとするのが、所三男・田辺裕・吉岡眞之の諸氏である。まず所氏は、東洋文庫所蔵の稲葉通邦自筆本『類聚日本紀』巻七十一の附箋を紹介され、「類聚日本紀の撰述に方りては、六国史を以て其主要典拠となせるも、（日本後紀は二〇巻本にて四〇巻の正史本に非ず）」と述べ、かつ『類聚日本紀』の参考にされた書目として「日本後紀　二十巻」を掲げており、二十巻本が先に成立したと認識されているようである。(28) そしてその稲葉通邦自筆の附箋には、

日本後記《ママ》、類聚日本紀中ニ御撰入ニ相成候御本全二十巻之本ニ而、正史四十巻之本ニ而ハ無レ之候、後人抄出致シ、正史逸脱仕候ヲ補候本ニ付、正史ト相違之事彼是有レ之、正史之文洩居申候事ハ甚多様子ニハ候得共、既御撰入ニ相成居候御事ニ御座候ヘバ、先レ是迄之姿ニ而誤字脱字斗相訂、朱書之通ニ御校合仕可レ申候歟、（後略）

（『類聚日本紀解説』より引用）

とみえており、寛政二年（一七九〇）に尾張藩九代藩主宗睦の命によって『類聚日本紀』に校合を加え謄写本を作成した稲葉通邦の認識からしても真本を後人が抄出したというものであるから、内藤広前識語に依拠するのみでは十分といえないことになる。

なお所氏が『類聚日本紀』編纂の参考にされた書目として「日本後紀　二十巻本」をそのうちに掲げておられるが、この箇所の記述は『御文庫御書籍目録（寛政目録）』（以下、「寛政目録」と略す）に基づくものである。これに対して田辺

氏は、『類聚日本紀』が正保三年十一月の序を有するのに対し、それ以前の『御書籍目録（寛永目録）』（以下、「寛永目録」と略す）に、寛永十一年角倉平次が義直に献じた書物がみられ、これらが『類聚日本紀』の編纂に貢献したであろうことは疑いないと述べ、この中には「後紀七冊」が含まれている[29]。吉岡氏も田辺説をうけたもので、『類聚日本紀』が二十巻本を用いていると考えられている[30]。

寛永十一年に「日本後紀」が義直に献上され、この「日本後紀」が二十巻本と同一内容のものであったとすれば、二十巻本先撰説は確定的なものとなる。加えて、『類聚日本紀』は正保三年に完成の後は公刊を意図していた義直の意に反して永く他見を許されずに秘本のごとき扱いをされ、これを閲覧する機会は極めて限られていたという事実も、二十巻本先撰説に有利であろう。

しかしながら筆者は、この寛永目録の記載には問題があると考える。すなわち、寛永十七年頃までに入手した蔵書を載せる寛永目録と、慶安四年（一六五一）の『御書籍目録（慶安四年尾張目録）』（以下、「慶安四年尾張目録」と略す）にみえる、『続日本紀』以下『三代実録』に至る五つの国史を抜き出し対照させると、表一のごとくになり、すべて対応していることがわかるのである[31]。

この二つの目録は、ちょうど『類聚日本紀』成立の前後の時期の尾張藩の蔵書目録であり、その間は十年ほどしかない。寛永目録における「後紀　七冊」は「続後紀　七冊」の誤りと考えてほぼ疑いないであろう。時代の下る寛政目録の記載もこれを裏付ける。

二十巻本はかなりの数にのぼる写本が各地に現存しており、今それら諸本すべてを確認して『類聚日本紀』成立以前に遡るものがないか確認することは容易でない[32]。とはいえ、第七章に述べる当時の『日本後紀』博捜の実態を併せ考えれば、尾張藩御文庫に二十巻本『日本後紀』の所蔵が確認されないということは即ち、『類聚日本紀』の編纂に際して以前より存在していた二十巻本を用いたという明確な根拠が失われたことになり、次章において述べるごとく『類聚日本紀』編纂において用いられた出典史料が尾張藩蔵書の範囲にほぼ収まることからしても、すでに別に存在していた二十巻本『日本後紀』が『類聚日本紀』において参照されたと考えることに疑問を生じさせる。

表一

寛永目録	慶安四年尾張目録
続日本紀　四十巻一箱（一〇五頁、駿河御譲本）	
	続日本紀　四十巻（四一九頁）
続日本紀　十六冊（一五一頁）	続日本紀　十六冊（四二〇頁）
続日本紀　十三冊（二一八頁、寛永十一年）	続日本紀　十三冊（四二一頁）
後紀　七冊（二一八頁、寛永十一年）	
	続日本後紀　七冊（四二二頁）
続日本後紀　六冊（一五一頁）	続日本後紀　六冊（四二二頁）
文徳実録　三冊（一五一頁）	文徳実録　三冊（四二三頁）
文徳実録　四冊（二一八頁、寛永十一年）	文徳実録　四冊（四二三頁）
三代実録　十七冊（一五一頁）	三代実録　十七冊（四二〇頁）
三代実録　十三冊（二一八頁、寛永十一年）	三代実録　十三冊（四二一頁）

したがって、『類聚日本紀』の日本後紀部分が『日本後紀』として広く流布するに至ったという所伝は信頼するに足るものとすることができるであろう。尾張藩における所伝に混乱がみられることがなお心残りとなるが、その点については第八章を参照されたい。

以上の結論からすれば、『類聚日本紀』は永く秘本とされて他見を許されなかったが、この書はその後公刊されることがなかったにも拘らず、かなり早い時期に本書の『日本後紀』部分に該当する二十巻本が広く流布したということになる。二十巻本として瞬く間に流布したという事実は、『類聚日本紀』先撰説に疑義を呈するものでなく、逆に、近世初頭における歴史意識の高揚を示す、重要な一事例として捉えるべきであろうと考える。

三　二十巻本の巻構成と出典史料

二十巻本の巻構成は、当然ながら『類聚日本紀』に等しい。桓武天皇紀を六巻、平城天皇紀を二巻、嵯峨天皇紀を七巻、淳和天皇紀を五巻とし、各巻は二年間を収めることを原則としているが、各天皇紀の首尾の巻は例外であり、また、巻一は延暦十一年正月から延暦十三年十二月の三年間を収める。『日本後紀』や『日本逸史』では、桓武天皇紀と平城天皇紀の境をどこにおくか、取り扱いに苦慮しているとの指摘が存するが[33]、二十巻本では平城天皇紀を桓武天皇崩御後から記して称制の期間を平城天皇紀に含めており、すでに『日本逸史』と同じ扱いをしている。

各天皇紀の冒頭に、『日本紀略』によって即位前紀を設け、平城天皇については『日本紀略』立太弟の年月を補っている点も『日本逸史』に先んずるものであるが、二十巻本ではさらに、巻一のはじめに桓武天皇即位前紀も『日本紀略』によって記し、こちらも平城天皇即位前紀と同様、『日本紀略』にみえない立太子・即位記事を補っている。さらに、「日本後紀序」も巻首に配している[34]。

二十巻本の内容については、栗田元次氏が『日本逸史』と比較して「出典を示さず、文章を統一して書改めただけ[35]」であると述べられたのが簡にして要を得ている。書名が「日本後紀」として流布したこととともに、出典を示さないことは、その価値を大きく失している要因でもあろう。その出典については新井白石が「類聚国史六十巻など御求得られ、堀正意《杏庵》などに御申付、これに見え候所〳〵を何とぞ紀年の体に仕レ見候へと有レ之に付、かの類聚国史の文を序候て此ものは出来候、猶又闕文候所々をば、元亨釈書を以て補入し候所も候」（前掲）と述べているが、改めて、出典として用いられた書を調査し結果を掲げれば、次のごとくとなる。

① 類聚国史

『類聚国史』現存六十一巻中、『日本後紀』の年紀を有する記事を含む五十一巻のうち、引用されているのは、巻四・五・十一・三十一・三十二・三十六・四十・五十四・七十一～七十五・七十八・八十七・一〇七・一四七・一五九・一七三・一七七・一八〇の全二十一巻である。

② 日本紀略

『類聚国史』や『類聚三代格』の記事と重複する場合はそちらを引用しているが、そうした例や、ごく一部にみられるおそらく誤脱と思われるものを除いて、全条文が引用されている。

③ 類聚三代格

『日本逸史』と同じく、『類聚三代格』所収の太政官符類の引用に際して、長文のものでも全文を引用。引用されているのは、新訂増補国史大系本の巻数でいうと、巻一・三・五・七・八・十二・十四・十九・二十の九巻である。

④ **公卿補任**

『日本逸史』と同じく、尻付記事を本文の叙位・任官記事として採用する。また、薨卒記事についても『日本紀略』を補うのに『公卿補任』を用いていること、『日本逸史』に同じである。

⑤ **元亨釈書**

僧侶の卒伝はおおむねこの『元亨釈書』によっているが、例えば「沙門賢憬寂、寿八十九、賢憬者世姓荒田氏、尾州人也（以下略）」（延暦十二年十一月此月条。『元亨釈書』では「釈賢憬、世姓荒田氏、尾州人也。（中略）是歳（延暦十二年）十一月寂。寿八十九」）などのように配列をかえて正史としての体裁を整えている。また、巻二十三資治表四からの引用もみられるが、①から④にみられない条文を網羅的に引用はしていない。

⑥ **続日本後紀**

弘仁九年（八一八）五月癸巳条、同年八月甲戌条に、『続日本後紀』承和元年（八三四）二月甲午条から明日香親王薨伝記事の一部を引用、明日香親王の説明とする。弘仁十四年二月癸丑条についても、嵯峨天皇が有智子内親王の庄に行幸され花宴を開いた記事であるが、『類聚国史』の引用に続けて、『続日本後紀』承和四年十月戊午条の薨伝から引用し有智子内親王の説明に用いる。

⑦ **経国集**

延暦二十年（八〇二）二月丁巳条、同月戊午条にそれぞれ巻二十より監策二首が全文引用され、天長四年（八二七）五月庚戌条に序文が部分的に引用される。

⑧ **新撰姓氏録**

弘仁五年六月丙子朔条に、『日本紀略』に「上表曰云々」とある「云々」の箇所を補って、「上新撰姓氏録表」を引用。

⑨ **釈日本紀**

天長二年今歳条（後掲）に、『釈日本紀』巻十二術義八所引、『本朝神仙伝』から、浦嶋子の伝記を引用。

以上の①から⑨に当てはまらないものに、次の条文が掲げられる。

A、延暦十三年十二月庚申条　→　本書第九章参照

B、延暦十七年三月此月条

遣㆓勅使参議（春原）五百枝于淡路国㆒、奉㆑迎㆓早良親王骨㆒収㆓葬于大和国八嶋陵㆒、近年依㆓親王祟㆒世人多病脳（悩）、或夭亡、先㆑是二度遣㆓勅使㆒、然而神祟不㆑止、風波衝盪、官船漂没、群臣命曰、宜㆘遣㆓五百枝㆒以慰㆗神意㆖、制可、五百枝者、親王之姪也、

C、延暦十七年七月是月条

坂上大宿禰田村麻呂創㆓建清水寺㆒、

D、延暦二十一年十月是月条

勅、於㆓山階寺㆒如㆑元可㆑行㆓唯摩会㆒、

E、延暦二十四年是歳条

勅、賜㆓坂上田村麻呂清水寺㆒、依㆔先㆑是禁㆓私寺㆒也、

F、弘仁二年正月戊午条

幸㆓豊楽院㆒、観㆑射、親王以下皆射、于㆑時葛井親王、幼而在㆑座、天皇戯曰、雖㆑幼可㆑学㆓射芸㆒之器也、試射焉、親王挟㆓二矢㆒、立発中㆑鵠、外祖父田村麻呂在㆑座、見㆑之驚起不㆑堪㆓感悦㆒、奉㆑抱㆓親王㆒、作㆑舞奏曰、田村麻呂往年蒙㆓将軍宣旨㆒多平㆓夷賊㆒者、朝庭之威也、雖㆑学㆓武芸㆒、未㆑究㆓渕奥㆒今也、親王童幼、而無㆓射不㆒㆑中、非㆓我所㆒㆑及、天皇感㆓親王之射芸㆒、褒㆓田村之仁愛㆒、親王者天皇之弟、于㆑時年十二也、

G、天長二年今歳条

浦嶋子帰㆑郷、雄略天皇御宇入㆑海、至㆑今三百四十七年也、（浦嶋子者、丹後国水江浦人也、昔釣得㆓大亀㆒、変成㆓婦人㆒、〈中略〉於㆑是浦嶋子忽変㆓衰老皓白之人㆒、不㆑去而死、）　〈（　）内は『釈日本紀』所引『本朝神仙伝』〉

このうちAについては第九章で言及するので、ここでは省略する。Bについて、坪之内徹氏は、『璉城寺紀』所引『崇道天皇神社縁起』に「日本後紀曰」として引かれた右条文を引用し、これを『和漢三才図会』に依っていると指摘

された上で、「『和漢三才図会』の編者寺島良安が『水鏡』延暦十七年の記事の原典となった漢文体の文章を残している（抄本でない）『略記』を素材とした「偽書『日本後紀』」を見て、この「八嶋ノ陵」の項を書いたために生じたことだとも考えられる」と述べ、「偽書『日本後紀』」の検討を今後の課題とされている。(36)

右のBからGの条文のうち、C・D・Eについては、『扶桑略記』抄本(37)に同一内容の条文がみられるものの、字句はまったく異なるものである。二十巻本における史料の引用に際しては、薨卒伝や人物の説明にあたって「(某)者」として簡単な伝記を他史料から補い、あるいは史料の配列をかえ再構成する例がみられ、叙位任官記事についても、「以」などの字句を補うなどして全体の体裁を整える配慮がみられる。とはいえ、文章の意を採って大幅に改変・作文する例はみられない。これら三条文が『扶桑略記』によった可能性は乏しいといえよう。また、C・Eについては、『元亨釈書』にも同一内容記事が確認されるがやはり同文ではない。C・Eの二条文は清水寺をめぐる所伝であるが、逵日出典氏(38)の成果を参照するにこれを叙述できるのは『清水寺縁起』・『扶桑略記』・『元亨釈書』であり、内容的には『扶桑略記』がふさわしい。しかし、ここのみ原史料を大幅に改変作文したとするにはその意図がわからない。うちCは『水鏡』にもみえる。Fの逸話も、『文徳実録』嘉承三年（八五〇）四月己酉条の葛井親王薨伝に同様の話が伝えられているが、こちらも同文ではない。

したがって、いまこれらの出典を明らかにすることはできない。とはいえ、これらは『水鏡』にみえる逸話であることより考え、また第九章で述べるA条文の問題も勘案して、現段階ではこれらの史料は『水鏡』をも含めた『扶桑略記』より派生した諸書のうちに出典を求めるべきことを指摘するにとどめておきたい。(39)

おわりに

本章では、近世に流布した二十巻本『日本後紀』について、その成立および出典を明らかにした。二十巻本は一般に「偽書」と称されることが多くその検討が等閑に付されることがもっぱらであったが、一部の先学において指摘され、またその広範な流布から判明するごとく、その史学史的意義は決して少なしとしないであろう。またこれが単に「日本後紀」として流布したことは、偽書の誹りを受ける結果ともなったが、また一方では『日本逸史』の編纂などの契機ともなっている。加えて、六国史記事を編年順に配列したのみで固有の性格を見出しがたい『類聚日本紀』の編纂・性格について考えるに際しても、有効となる。本書について基礎的な検討を加えることは、六国史研究にとっても、近世史学史研究にとっても、意義なしとしないであろう。

註

（1）藤田安蔵氏「佚書考　日本後紀」（『史学雑誌』五―七、明治二十七年七月）、佐伯有義氏「日本後紀　解説」（『朝日新聞社）六国史　日本後紀』朝日新聞社、昭和四年十二月）、和田英松氏『本朝書籍目録考證』（明治書院、昭和十一年十一月）、三浦藤作氏『勅撰六国史大観』（中興館、昭和十九年一月）、坂本太郎氏『六国史』（吉川弘文館、昭和四十五年十一月）。

（2）西本昌弘氏「『日本後紀』の伝来と書写をめぐって」（『続日本紀研究』三一一・三一二合併号、平成十年二月）、遠藤慶太氏

『日本後紀』の諸本と逸文」（『平安勅撰史書研究』皇學館出版部、平成十八年六月。初出は平成十四年十月）。他に概説的なものとして、山本信吉氏「日本後紀」（皆川完一・山本信吉両氏編『国史大系書目解題』下、所収、吉川弘文館、平成十三年十一月）、齋藤融氏「残存巻について」（訳注日本史料『日本後紀』解説）等も参照。

（3）三条西家本、および三条西家における六国史書写については、前掲の『日本後紀』伝来過程・諸本に関する諸研究の他、坂本太郎氏「六国史の伝来と三条西実隆父子」（著作集第三巻『六国史』吉川弘文館、平成三年八月。初出は昭和四十五年九月）、堀池春峰氏「解題」（『天理図書館善本叢書　日本後紀』八木書店、昭和五十三年三月）、柄浩司氏「三条西家による『日本三代実録』の書写について」（『中央史学』一八、平成七年三月）を参照。

（4）森田悌氏「『日本後紀』塙本の原本」（『王朝政治と在地社会』吉川弘文館、平成十七年十二月。初出は平成十二年十二月）。

（5）和田英松氏編『國書逸文』（森克己氏発行、昭和十五年四月）、加藤順一氏「日本後紀」（國書逸文研究会編『新訂増補國書逸文』国書刊行会、平成七年二月）。

（6）増補六国史本『日本後紀』下（朝日新聞社、昭和十六年七月）。

（7）山本信吉氏「日本逸史」（前掲註（2）『国史大系書目解題』下、所収）。『日本逸史』についてはこの他、三橋広延氏「国史大系『日本逸史』付載資料の内容と伝来」（『国史学』一五五、平成七年五月）、同氏「神宮文庫所蔵『奉納日本逸史記』」（『季刊ぐんしょ』復刊三〇、平成七年十月）、同氏「逸文収集の歩み」（訳注日本史料『日本後紀』解説所収）等参照。

（8）安川実氏「『本朝編年録』の研究」（『本朝通鑑の研究――林家史学の展開とその影響』言叢社、昭和五十五年八月）。『本朝編年録』についてはこの他、小沢栄一氏「近世史学の成立と林羅山」（『近世史学思想史研究』吉川弘文館、昭和四十九年十二月。初出は昭和四十四年四月）、小口雅史氏「弘前市立図書館所蔵『寛平八年九年記事』について――その性格と他史料との校合」（『弘前大学国史研究』八六、平成元年三月）、同氏「弘前市立図書館（旧市立弘前図書館）所蔵『寛平八年九年記事』について――林家史学の展開をふまえて」（『神道古典研究所紀要』四、平成十年三月）等参照。

（9）西本昌弘氏前掲註（2）論文。

（10）　二巻二冊、架蔵番号吉―一二―一二八。その第一冊奥書に、

日本後紀自一至十八、欽請二禁裏御本一、令人ヲ書写一自校讐焉、

寛文二年九月十一日

参議従三位行左大弁藤原《（中御門）》朝臣資熙（朱印）

とみえ、同じく第二冊奥書に、

日本後紀自十九至四十、欽請二禁裏御本一、令人ヲ書写一自校讐焉、

寛文二年十月一日

参議従三位行左大弁藤原朝臣資熙（朱印）

とみえる。

（11）　この史料については、三橋広延氏前掲註（7）「国史大系『日本逸史』付載資料の内容と伝来」参照。なお、三橋氏は忠英の『日本紀略』に対する知識を誤りであるとし、『日本紀略』を所持していなかったのであろうとされているが、この見解はあたらないであろう。

（12）　日本随筆大成（新版）第二期第十六巻、三二〇頁。

（13）　平田篤胤『古史徴開題記』（岩波文庫、山田孝雄氏校訂）三三八頁、三浦藤作氏前掲註（1）書二三一頁、栗田元次氏「堀杏庵」（『郷土文化』二―二、名古屋郷土文化会、昭和二十二年三月）。

（14）　三橋広延氏前掲註（7）「国史大系『日本逸史』付載資料の内容と伝来」。

（15）　久松潜一氏監修『契沖全集』第十六巻（岩波書店、昭和五十一年五月）所収「日本後紀」。

（16）　小中村清矩『日本後紀考』（多和文庫所蔵、架蔵番号四〇―四、明治二十五年六月）。閲覧は国文学研究資料館所蔵のマイクロフィルムによる。

（17）　林屋辰三郎氏「多和文庫本日本後紀の偽作過程に就いて」（『日本史研究』三、昭和二十一年十二月）。

（18）四巻二冊、架蔵番号一三七函一二七号。閲覧は皇學館大学史料編纂所所蔵の紙焼による。第一冊（巻一～巻三）には扉の内題右に「元本ハまきもの三軸なり」と墨書されており、『国書総目録』によって知られる限りでは多和文庫本の転写本であると考えられる。また、第二冊（巻四）巻末には、

右日本後紀巻四一本、係二図書寮属井上頼囶所蔵一、実為二希世之書一、乃影写以蔵二于内閣文庫一、其原書巻子也、今装為二冊子一、以便二繙閲一之、

明治二十五年壬辰三月下澣

内閣記録課長邨岡良弼識（印）

との奥書があることから、無窮会神習文庫本の模写本である。

（19）岩橋小彌太氏「国史と其の後」（『上代史籍の研究』吉川弘文館、昭和三十一年一月）。

（20）和田英松氏前掲註（1）書、六一頁。なお、二十巻本の成立については、和田氏より早く、松下見林が「はじめ十巻ハ中古より写し来れるものにして、末十巻ハ近世あるひは類聚国史等の古記より編出せるもの也」と述べており（尾崎雅嘉『群書一覧』による）、また彰考館所蔵契沖自筆『日本後紀』見返に貼られた異筆附箋には、『元亨釈書』の引用がみられることを根拠としてこれを僧の手になるものと記され、林勉氏もこれに従われている（前掲註（15）解説）。しかし、これらの見解は根拠に乏しく、今日では検討の対象に当たらないであろう。

（21）所三男・山岸徳平両氏執筆『類聚日本紀解説』（尾張徳川黎明会、昭和十四年十一月。山岸氏執筆部分は後に「類聚日本紀に就いて」と改題の上、著作集Ⅳ『歴史戦記物語研究』有精堂出版、昭和四十八年五月、に再録）。

（22）田辺裕氏「徳川義直の伊勢参宮――「神祇宝典」の成立に関連して」（『皇學館論叢』一―四、昭和四十三年十月）、同氏「「類聚日本紀」の成立」（『神道史研究』一八―四、昭和四十五年十月）。なお、吉岡眞之氏「蓬左文庫本『続日本紀』の諸問題」（『古代文献の基礎的研究』吉川弘文館、平成六年十一月。初出は平成五年四月）も参照。

（23）二十巻本『日本後紀』は、神宮文庫所蔵本、筆者所蔵本、その他数本を参照した。なお、三橋広延氏前掲註（7）

「逸文収集の歩み」もあわせて参照されたい。
(24) 三橋広延氏前掲註(7)「国史大系『日本逸史』付載資料の内容と伝来」。
(25) 三橋広延氏前掲註(7)「逸文収集の歩み」。
(26) 西本昌弘氏前掲註(2)論文。
(27) 本書簡については、遠藤慶太氏よりご教示賜わった。
(28) 前掲註(21)解説。
(29) 田辺裕氏前掲註(22)「『類聚日本紀』の成立」。
(30) 吉岡眞之氏前掲註(22)「蓬左文庫本『続日本紀』の諸問題」。
(31) 『寛永目録』『慶安四年尾張目録』については、ともに名古屋市蓬左文庫監修『尾張徳川家蔵書目録』第一巻(ゆまに書房、平成十一年八月)所収のものによる。表中の括弧内には、『尾張徳川家蔵書目録』第一巻の頁数、その下に入手年の分かるものはこれを示した。
(32) 『国書総目録』『古典籍総合目録』は五十五本の写本を掲載するが、これ以外にも当然所蔵が確認されるのみならず、個人蔵のものもかなり存すると思われる。例えば、皇學館大学名誉教授田中卓先生ご所蔵の一本を披見させていただいたことがあり、筆者も四本(うち一本は零本)所蔵している。
(33) 山本信吉氏「日本後紀」・「日本逸史」(ともに前掲註(7)『国史大系書目解題』下に所収)。
(34) 拙稿「二十巻本『日本後紀』の流布をめぐって」(『皇學館史學』一九、平成十六年三月)においては、二十巻本における「日本後紀序」には撰者の位署が存すると記したが、この点については小倉真紀子氏「近世禁裏における六国史の書写とその伝来」(田島公氏編『禁裏・公家文庫研究』第三輯、思文閣出版、平成二十一年三月)が高松宮本には位署が存しないことを指摘されている。筆者所蔵のうちの一本などもまた同様に撰者の位署はなく、ここに訂正させていただきたい。
(35) 栗田元次氏前掲註(13)論文。

（36）坪之内徹氏「早良親王関係史料の整理」（『文化史学』三二、昭和五十一年十二月）。
（37）新訂増補国史大系本による。
（38）逵日出典氏『奈良朝山岳寺院の研究』（名著出版、平成三年二月）。
（39）『扶桑略記』と『水鏡』の関係については、平田俊春氏「水鏡の批判」（『私撰国史の批判的研究』国書刊行会、昭和五十七年四月。初出は昭和十年十一月）、加納重文氏『歴史物語の思想』（京都女子大学、平成四年十二月）「第Ⅲ編　水鏡、第一章　独自性――史書との関係」（初出は平成三年六月）、小山田和夫氏「『水鏡』と『扶桑略記』との関係をめぐる研究の歴史と問題点の整理」（『立正大学文学部研究紀要』一三、平成九年三月）、同氏「水鏡と扶桑略記」（『歴史物語講座　第五巻　水鏡』風間書房、平成九年八月）、益田宗氏「水鏡」（前掲註（2）『国史大系書目解題』下に所収）等を参照した。

第六章　『類聚日本紀』の基礎的検討

はじめに

前章において、二十巻本『日本後紀』の成立が尾張藩の『類聚日本紀』に求められること、またその『日本後紀』係年部分の出典を検討した。本章では、『日本後紀』以外の部分についてもその出典を調査し、本書全体について検討を加え、その上で『類聚日本紀』編纂あるいは日本後紀部分の特色に及びたい。

『類聚日本紀』(1)は、尾張藩主徳川義直の代表的撰述書の一であり、正保三年（一六四六）十一月の序を有する。義直の学問について考える場合、同年に完成した『神祇宝典』と本書とは逸すべからざる文献であるのみならず、六国史研究においても、学史上少なからぬ意義を有する書物であろう。

その編纂動機や編纂方針は、義直の自序に明らかであり(2)、また編纂に与った人々、編纂の参考に供された史料の蒐集の実態、本書の伝来等、先学によりその大要が明らかにされている。しかし、それら先学の成果は近世史学史あるいは近世修史事業という問題関心から叙述される場合が少なく、義直あるいは尾張藩研究の立場からなされたものにほぼ限定される。そうしたゆえか、本書について比較的詳しく検討された成果は、序文あるいは外部徴証によって叙述されるにとどまる場合がほとんどである。これについては、本書の内容は六国史の記事をつなぎあわせたものであり、そこに義直の思想、本書の特色が見出しがたい点などに原因が求められるであろう(3)。

しかしながら、本書については、次のような諸点において、内容そのものにもその特色が見出せる部分は存すると考える。

その第一は、本文の校訂に関してである。四代藩主吉通に近侍した近松茂矩の著『昔咄』に、「類聚日本紀は、六国史の校正本の様成る物なりし由(4)」とあるのは本書の内容を端的に示すものであり、その本文校訂は研究の著しく深化した今日においては見るべきものをもたないものの、当時の研究水準をあらわしており、また編纂の実際をよく示している。この点を深く考証されたのが吉岡眞之氏であり、氏は角倉本『続日本紀』における本文校訂が『類聚日本紀』に採り入れられていることを明らかにされている(5)。ただし、吉岡氏が述べておられるごとく、角倉本『続日本紀』と同様の書入れは、同じく角倉平次献上本である『文徳実録』『三代実録』には見られず、また『続日本後紀』は所在不明であるので、これらについても同様の作業を行うことはできない。

次に第二点目として、本書の随所にみられる分註が掲げられよう。『類聚日本紀』には六国史以外の史料が分註として引用されており、その分註が編纂当時のものかどうか判断に苦しむことはない。しかし、それら分註にどのような史料が引用されているかについてはこれまで検討が加えられていない。

第三に、別に述べるごとく、本書の『日本後紀』部分は近世に広く流布した二十巻本『日本後紀』と同一のもので、これは『類聚日本紀』編纂に際して『日本後紀』の闕を補うために新たに記事を類聚したものであると考えられる。

この見解が成り立つならば、この部分は『類聚日本紀』の編纂方針、あるいはその独自性を考える上で極めて貴重な材料となりうるであろうし、またその流布の様相よりして本書が世上に与えた影響は看過できるものではない。尾張藩において著しく深化することとなる国史・律令の研究において、その淵源に藩祖義直の精神が存するであろうことは注目され、水戸藩の『大日本史』への影響も指摘されるところである。右の第三点目については本書前章あるいは次章以降で検討したところであるので、本章においては第二点目、すなわち『類聚日本紀』分註について、その出典を明らかにした上で、若干の考察を加えることとする。

一　『類聚日本紀』の引用書目

『類聚日本紀』の編纂動機および書物の性格については、義直の自序に明らかである。序文では、まず書物の効用について述べた上で、次のように記す。

（前略）慨然以為、今而不二装飾一、則将来又益壊爛、乃纂二日本書紀続紀後紀実録之書一、上起二神代一、下止二光孝一、編以次レ之、類以分レ之、兼以考二旧事紀古事記及野史小説雑録群書一、摘二其異者一、各自分二註一事之下一、以資二検閲一、又著二神代系図一巻、帝王系図三巻一、附二載冊耑一、巻凡一百七十四、題曰二類聚日本紀一（後略）

この序文に明らかなごとく、『日本書紀』より『三代実録』に至る六国史を本文とするが、他史料も参照して異説を分註に掲げていることが判明する。序文に書名が明らかな『旧事紀』『古事記』の他、「野史小説雑録群書」とは、具体的にいかなる書を指すのか。本書の内容について言及する研究をみるに、六国史を類聚したものであることのみ述べて、右の序文の記述を紹介するか、あるいは先に掲げた近松茂矩の言を採用するにとどまっており、これを調査したものは管見では見出せない。(6)

このような研究現状の中で、六国史以外の材料について、『類聚日本紀解説』では、本書編纂の参考に供されたであろう書目として、尾張藩の蔵書目録を用いつつ、その中から二十六書を抜き出しておられるのが注目される。(7) 言うまでもなく、本書編纂にあたってこれらをはじめとする尾張藩御文庫の貴重な蔵書群を参照したであろうことは容易に想像がつく。とはいえ、参考に供されたであろう書目というのでは範囲が広すぎ、また実際に出典として用いた材料とは異質のものである。そこで本節では、『類聚日本紀』の分註に引用せらるる具体的書目について調査し、その結果を掲げることとする。

『類聚日本紀』分註の性格は、大別して、

A、他史料より異説を引用せるもの

B、他史料より正史の脱文を補うもの

C、人物や語句に加えられた説明、補足事項

の三つに大別できるであろう。以下、六国史の順にみていきたい。

① 日本書紀部分（巻一〜三十）

日本書紀にみえる分註（『日本書紀』の原註は除く。以下同じ）は、管見では五一三例が検出され、これを一覧にしたものが、表二（二〇二〜二〇三頁）である。ただし、書紀歌謡に付された分註については後述するため、便宜上ここに含め

ていない。

この表に明らかなごとく、序文にも明記されている「旧事紀」「古事記」を中核とし、あわせて和漢の書二十五部が引用されているのが確認される。分註の性格も、ＡＢＣの多岐に及ぶが、他の五つの国史の部分と比較して最も豊富に史料を引用し、Ａが多く含まれる点が大きく異なる。史料を引用するにあたって、「旧事紀云」などとして書名を明記するのも他の箇所と異なる点である。

さて、表二のうち、「兼子顕斎書」とみえるのは、「蕭子顕」の誤りであり、すなわち『南斉書』を指す。また、「藤原相国兼良」は、「相国（太政大臣）」とあるので一条兼良に疑いない。ただし、その分註をみると、『職原抄』後附に同文がみえる。あるいは兼良の著書のいずれかにも同文がみえるかもしれないが、『職原抄』のうち後附は兼良による追筆と考えられるので、その出典は『職原抄』であろうと思われる。(8)

表二には、出典を明記しないものも若干存する。これは、天皇の漢風諡号を注記せるもの（十七例）、世系を記すもの（巻十五、「葛城韓媛(葛城円大臣之女也)」の一例のみ）、百済の官位に注記せるもの（「将徳(将徳七品紫帯)」のごとし、巻十九に六例、巻二十に二例、巻二十一に三例）、百済の氏族名に「氏也」と注記せるもの（ただし、寛政期の校合により削除されている。巻十九に四例）、および音を注記せるもの（巻十九に「其倰(陵音)」とある一例のみ。ただしこれも寛政期の校合時に削除されている）の五種である。このうち、百済官位については、これ以外の分註に出典を明記している箇所もあり、それらはいずれも『杜氏通典』からの引用である。出典を明記しない箇所についても、同様に『杜氏通典』を出典とするものと考えてよいであろう。

なお、書紀部分については先に保留した歌謡を含め、さらに考えるべき問題が存するが、それについては次節に述べることとし、ここでは明記される書名を検出してこれを表に示すにとどめる。

表二

	旧事紀			旧事本紀		(その他*)	古事記			播磨国風土記	尾張国風土記	土左国風土記	筑前国風土記	丹後国風土記	筑後国風土記	摂津国風土記	伊予国風土記
巻		曰	云		云			曰	云	曰	曰	曰	曰	曰	曰	曰	曰
1	44	4	1			1	11	5	1								
2	13	2					15	3									
3	1			9	1		14										
4	9			8			21		1								
5	2			3			9										
6	6						17			1	1						
7	18			3			30										
8	3						2					1	1				
9	2						11										
10	4						20										
11	1						21										
12	3						12										
13	2						15										
14	1						11							1			
15	4						15										
16	3						2										
17			1				10		1						1		
18							3										
19							12										
20							9										
21							6										
22						1	1	1									
23							1									1	1
24																	
25																	
26																	
27																	
28																	
29																	
30																	

私記	弘仁私記	天書第六	上宮記	聖徳太子伝	藤原相国兼良記	兼良記	後漢書		魏志	南史	隋書東夷伝卌六	杜氏通典	杜氏通典百八十五	兼子（ママ）顕斎書	通鑑綱目	唐録	海外国記	出典不明記**
曰	曰	云	曰	曰	曰	曰	曰		曰	曰	云	云	云	曰	曰	曰	曰	
		2						1										
									2									
										2								
																		3
																		1
			1								1							1
1	2						1					5	1	1				11
	1																	3
																		4
4				2								1			1			
																1		
1																		
																1		2
																		2
																	1	4
																		1
1					1	1												2
5																		

*『先代旧事本紀』その他としたものの内、巻一は出典不明記、巻二十二は「先代旧事本紀是也、序曰……」と序文を引用。

**出典不明記の内、『先代旧事本紀』は別掲。

② **続日本紀部分**（巻三十一〜七十）

続日本紀部分以降、その割合を多く占めるのが、『続日本後紀』や『三代実録』に著しい脱文を『類聚国史』や『日本紀略』により補うものである。またおおむね『類聚三代格』を引用する例、および、「一書曰」として引用するが、ともに日本後紀部分は例外である。

表三

	続紀	後紀	続後紀	文実	三実
類聚国史および日本紀略	5		68		164
類聚三代格	40		43	23	55
その他史料	5	46			3
出典不明確		7	2	3	8

さて、続日本紀部分から三代実録部分について、国史ごとにその出典を調査し、これを示したのが表三である。『類聚三代格』の引用、および『類聚国史』や『日本紀略』による脱文の補遺については、その引用数の推移はあまり問題とならないので[9]、これ以外の分註について述べることとする。

続日本紀部分にはまず、『日本紀略』からの引用に、脱漏を補う二条文の他、『日本紀略』独自の異説を記す宝亀元年（七七〇）八月癸巳条・延暦四年（七八五）九月乙卯条・同年同月庚申条の三条を掲げている。

その他史料とした第一は、和銅五年（七一二）正月壬辰条の『古事記』撰進の記事に、その序文を引用している例である。書物撰進の記事にあたって、その序文を引用することは、日本書紀部分の『先代旧事本紀』（ただし、『釈日本紀』を参照カ）、日本後紀部分本文の『新撰姓氏録』・『経国集』、続日本後紀部分の『日本後紀』（『類聚国史』所収）、三代実録部分の『続日本後紀』・『貞観式』・『文徳実録』（以上、『類聚国史』所収）などにもみられる例である。

第二に、『公卿補任』からの引用がみられる。大宝元年（七〇一）正月己丑条に、

一書曰、追二贈官位一始二於此一矣、于レ時年五十六、今年正月己卯任二大納言一、

とあるものや、慶雲二年（七〇五）七月丙申条に、

一書曰、天皇深悼惜、賜二葬儀一、遣二中納言正四位下高向朝臣麻呂一宣命、

とあるのは明らかに『公卿補任』からの引用であり、また、大宝元年三月壬辰条に、

一書曰、是日、石上朝臣麻呂、藤原朝臣不比等、紀朝臣麻呂、大伴宿禰安麻呂、為二中納言一

とみえるのも、『公卿補任』によるものと考えられる。『続日本紀』と『公卿補任』の異同箇所は少なくないが[10]、とりわけこの三条のみを引用しているのは不徹底にも思える。あるいは任官記事は中納言以上に限り、叙位記事は省くなど、一定の方針により取捨選択を行った結果であろうか。

第三に、慶雲元年七月甲申条に、『唐書』の引用がみられる。「一書曰」とするのが通例であるのに、ここに「唐書曰」と出典を明記している例は、例外的な日本書紀・日本後紀部分を除き他に例がない。

③ 日本後紀部分（巻七十一～九十）

日本後紀部分は、本文自体が諸書より類聚集成したものであるので、その分註の性格も他と大きく異なる。そのため、『類聚国史』『日本紀略』『類聚三代格』等、他の部分で分註とされている例は、日本後紀部分では全て本文として採用されている。日本後紀部分本文の出典については前章に委ねるが、分註に引用されるのはその補足説明的な記事であり、他の部分にはみられない性格のものが多く、独自性が認められる。なお、一般に流布した二十巻本『日本後紀』のうちには、分註（『日本後紀』の原註を含めて）を省略したものが少なくない（例えば神宮文庫本など）。

日本後紀部分の分註に最も多いのは、公卿の世系等を記すもの、および僧侶や寺院など仏教関係の説明記事である。公卿については、『公卿補任』の尻付記事等によって本文の薨卒記事が構成されているが、分註とされているのは日本後紀部分に薨卒記事のない人物である。任官記事など公卿の初出箇所に、例えば、

（藤原）綱継者、故参議蔵下麻呂五男、母従四位据《（掃）》守三女乙訓女王、天平宝字七年生、
（延暦十六年〈七九七〉二月乙丑条、任官記事）

のごとく、「……者」としてその人物の世系等を注記し、典拠は『公卿補任』と考えてよい。このような箇所が管見で三十六例確認される。同じく、『公卿補任』からの引用の例として、天長三年（八二六）六月戊戌条の橘常主卒去記事には、頭書に「世云……」とあるのを注記している。

仏教関係記事については、僧侶の薨卒伝が『元亨釈書』によって構成されていることは前章に述べた。分註においても同様であり、延暦十五年是歳条の鞍馬寺創建記事に藤原伊勢人、同十七年七月是月条に清水寺、同二十一年正月丙子条に最澄（ただし、後略あり）、同二十四年三月条に玄賓、天長四年五月庚午条に勒操についての分註があり、いずれも『元亨釈書』に拠っている。また、延暦二十三年五月甲申条に空海についての分註も存するが、こちらは前半を『元亨釈書』巻一中の「改二空海一」（国史大系本では三六頁十六行目。ただし途中に若干の中略あり）までを引用し、続けて『続日本後紀』承和二年（八三五）三月庚午条より「攀二躋阿波国大滝之嶽一、……見レ称二草聖一」を引用している。

以上の仏教関係記事における『元亨釈書』から引用せる分註は六例確認され、うち一条は後半部分をより簡略な『続日本後紀』からの引用でもって替えている。右の他に、延暦十一年是歳条として『元亨釈書』巻二十三資治表の条文を本文とし、

梵釈寺者、延暦五年正月創二于近州志賀郡一、桓武之為二儲王一時也、藤原百川見二天日表一、欲レ令レ継二鴻業一、作二等身梵天帝釈像一、深発二誓願一禱レ之、即位之後、百川特奏建レ之、

のごとく分註するが、管見ではこの出典を明確にするに至らなかった。

以上、日本後紀部分の分註はおおむね人名等の説明的記事がほとんどであるが、一部例外が存する。それは、A異説を示すものであり、次の三条が掲げられる。なお、この三条については左に掲げるにあたって本文も抄出し、分註は割註で区別した。

イ、延暦十一年（七九二）四月丙戌条〈本文は日本紀略・公卿補任〉

夏四月丙戌、大納言紀朝臣船守薨、船守者、贈太政大臣諸人長子或云、紀角宿禰十世之孫、従七位下猿取男、天平三年辛未生、（後略）

ロ、延暦二十二年二月乙未是日条〈本文は日本紀略、傍線部のみ元亨釈書〉

是日、大僧都行賀卒、七十五歳、姓上毛氏、和州広瀬郡人、奉レ勅留二学唐一、学二唐唯識法華両宗一、住レ唐三十一年釈書曰、七年、帰来之日、（後略）

ハ、延暦二十二年三月丁巳条〈本文は日本紀略〉

三月丁巳、詔曰、（中略）天宝十二歳天宝十二歳当二天平宝字五年一与二留学生朝衡一（中略）遂以二大暦五年正月一薨従二宝字三年一至二宝亀元年庚戌一十四年、唐大暦五年也、系図作二宝亀五年一、時年七十三、（後略）

まずイをみると、『類聚日本紀』では船守の父について諸人説をとり、異説として猿取説を掲げている。国史大系本『公卿補任』桓武天皇宝亀十二年（七八一）条には、

紀角宿禰十世之孫。従七位下猿取男（或云。鉋［鉋し］邑孫。林取子）。

〔頭書云〕小野宮本云。贈太政大臣正一位諸人長子。或本云。押勝謀反之時。以㆓授刀㆒射㆓殺逆党中衛将監矢田部老麿㆒。

とみえているので、本書は明らかに『公卿補任』を参照しているものの、頭書の小野宮本云を本文とした根拠がいかなるものであるかは不明である。

次にロをみると、『元亨釈書』によって世系を記し、かつ配列を変え体裁を整えている例は他にも多くみられる点である。ここに『元亨釈書』の異説（「釈書曰七年」）を掲げることも、仏教関係記事について本書が広く『元亨釈書』を用いていることを考えれば特に問題はない。とはいえ、「釈書曰」と出典を明記している点は注目され、本書編纂における『元亨釈書』の史料価値に対する認識を窺うこともできよう。

ハについては、唐の年号を和暦に換算する点は、先に示した諱や号に関する分註と同様に、出典を明らかにしがたいところである。注目すべきは、「系図作㆓宝亀五年㆒」とみえることであり、これもロと同様に本書の日本後紀部分で出典を示す数少ない例であるが、この「系図」とは『藤氏系図』を指すであろうか。

④　続日本後紀部分（巻九十一～巻一一〇）

続日本後紀部分は、日本後紀部分と同様に出典の特定が困難な号を注記する例が二例存し、うち一例に「後号㆓峯（山本カ）大臣㆒、墓在㆓法性寺巽㆒、後号㆓観音寺㆒」（承和十年七月庚戌条、藤原緒嗣薨去記事）とあるのは、『公卿補任』によるかとも思われる。

⑤ 文徳実録部分（巻一一一〜一二〇）

文徳実録部分で出典を明らかにできなかったものに、「一書曰、是日、始行二大原野祭一」（仁寿元年〈八五一〉二月乙卯条）、「卒時年四十、後号二横川宰相入道一」（同二年十二月辛巳条、素然卒去記事）、「後号二枇杷殿一」（斉衡三年〈八五六〉七月癸卯条）がある。このうち素然（源明）卒去の年齢は、『新撰姓氏録』の弘仁六年の時二歳とあるに従えば三十九、『源氏系図』は五十、『公卿補任』は九十としており（『大日本史』巻九十参照）、それらと異なる。

⑥ 三代実録部分（巻一二一〜一七〇）

三代実録部分は、『類聚国史』『日本紀略』『類聚三代格』の他からの引用として、貞観十年（八六八）閏十二月二十八日丁巳条に『大鏡』上裏書所引『吏部王記』承平元年（九三一）九月四日条を、元慶八年（八八四）二月四日乙未条に『玉葉』承安二年（一一七二）十一月二十日条を、それぞれ引用しているのは興味深い。他に、元慶八年八月二十七日甲寅条の忠貞王卒去記事に『公卿補任』の伝を引用する。

三代実録部分の出典を明確にしがたいものに、諱や号を注記せるもの四例、年齢を注記せるもの一例あり、世系などを比較的長文で記すものに、「一書曰、諱明子、母贈正一位源潔姫、嵯峨天皇之皇女也」（清和天皇即位前紀）・「冬嗣公二男、母贈正一位尚侍美都子、阿波守従五位下真作女」（貞観十四年九月二日己巳条、藤原良房薨去記事。日本紀略記事に続けて引用）・「阿保親王孫、大枝本主男」（元慶元年十一月三日条、大江音人薨去記事。類聚国史記事に続けて引用）の記事がある。

以上、本節では本書の分註に引用せる史料を検出してきた。多少煩雑となったので、表に一覧した日本書紀部分を

除き、これを整理すると、

続日本紀部分……日本紀略・類聚三代格・公卿補任・古事記序・唐書

日本後紀部分……公卿補任・続日本後紀・元亨釈書・藤氏系図ヵ＋出典不明のものあり

続日本後紀部分……類聚国史・日本紀略・類聚三代格＋出典不明のものあり

文徳実録部分……類聚三代格＋出典不明のものあり

三代実録部分……類聚国史・日本紀略・類聚三代格・公卿補任・大鏡裏書・玉葉＋出典不明のものあり

のごとくとなる。この他、本文に六国史を用い、日本後紀部分の本文には類聚国史・日本紀略・類聚三代格・公卿補任・元亨釈書・続日本後紀・経国集・新撰姓氏録・釈日本紀・(扶桑略記より派生した史料)が用いられている(11)。これらを含めて、すべて四十三書目となる。

ただし、次節に述べるごとく書紀歌謡においては「私記」・「万葉集」の名などもみえるがすべて間接引用と考えられ、また日本後紀部分以降に出典を明確にしがたい諱・号の類の分註が若干存し、さらに日本後紀部分には一条、出典を明らかにしえなかった分註が残る。

二　『日本書紀』部分における間接引用

さて、本節では、日本書紀部分において保留した書紀歌謡を手がかりに、その間接引用の可能性について考えてみたい。

書紀歌謡に付された註をみると、そこには出典を示さない註が多いが、中には「私記曰」「万葉集曰」などとする箇所がみられる。しかし、一見して判明するごとく、書紀歌謡の部分は全面的に『釈日本紀』によっている。それにも拘らず、「釈日本紀云」「釈日本紀曰」とするのは、巻三神武天皇紀の二首に、「凡歌意者……」と註する二例のみである。それはともかく、書紀歌謡に付された註は全て、『釈日本紀』からの引用であると判断して大過ないものと思われる。

このように考えてみると、前節に示した日本書紀部分の出典のうちにも、『釈日本紀』からの間接引用ではないかと思われる箇所は多く存する。歌謡部分以外の「私記曰」も『釈日本紀』からの引用であると容易に想像されるし、また例えば、諸国の風土記・『天書』・『上宮記』などは今日その逸文が『釈日本紀』所引文によって知られるものであり、その蓋然性は高いであろう。

そこで、確実に直接引用したであろう『旧事紀』『古事記』、および出典を明確にしがたい三十二例を除き、日本書紀部分の註について『釈日本紀』・『善隣国宝記』と対比した。これを整理したのが次頁表四である。

表四に明らかなごとく、『杜氏通典』および「兼良記」以外からの引用条文は、全て『釈日本紀』および『善隣国宝記』に含まれることが判明する。これより推察すると、本書の日本書紀部分は、『旧事紀』『古事記』『杜氏通典』「兼良記」の他は、この『釈日本紀』と『善隣国宝記』からの間接引用ではないか、と考えられるのである。あるいは、偶然にして同じ条文を引く結果となったのかもしれない。しかし例えば「天書第六」「隋書東夷伝卌六」という引用形式は、『釈日本紀』の引用形式に符合する。『釈日本紀』『善隣国宝記』の枠を出ないことも併せ考えれば、この二書を大いに参考にしたであろうと思われるのである。

表四

巻	書名	釈日本紀	善隣国宝記
6	播磨国風土記	○	
6	尾張国風土記	○	
6	後漢書		○
6	天書	△	
6	天書	△	
8	土佐国風土記	○	
8	筑前国風土記	○	
9	魏志		○
9	魏志		△
13	南史		○
13	南史		○
14	丹後国風土記	○	
17	上宮記	○	
17	筑後国風土記	○	
17	隋書東夷伝	○	
19	杜氏通典		
19	杜氏通典		
19	杜氏通典		
19	南斉書	○	
19	杜氏通典		
19	杜氏通典		
19	私記	○	
19	杜氏通典		
19	後漢書	○	
19	（杜氏通典ヵ）		
19	（杜氏通典ヵ）		
19	（杜氏通典ヵ）		
19	（杜氏通典ヵ）		
19	（杜氏通典ヵ）		
19	（杜氏通典ヵ）		
19	弘仁私記	○	
19	弘仁私記	○	
20	弘仁私記	○	
20	（杜氏通典ヵ）		
20	（杜氏通典ヵ）		
21	（杜氏通典ヵ）		
21	（杜氏通典ヵ）		
21	（杜氏通典ヵ）		
22	私記	○	
22	私記	○	
22	聖徳太子伝		○
22	聖徳太子伝		○
22	通鑑綱目		△
22	杜氏通典		
22	私記	○	
22	私記	○	
23	摂津国風土記	○	
23	唐録		○
23	伊予国風土記	○	
24	私記	○	
25	唐録		○
27	海外国記		○
29	私記	○	
29	私記	○	
29	（職原抄ヵ）		
29	（職原抄ヵ）		

ただし、『釈日本紀』『善隣国宝記』を参考としつつも、これに盲従する訳でなく、可能な限り原典にあたって確認する労を怠らなかったようである。表四のうち、△で示した箇所は、異同の大きい箇所である。『天書』の引用にあたっては、むしろ本書引用文に誤脱が認められるようであるが、注目すべきは『魏志』・『通鑑綱目』の引用箇所である。

『類聚日本紀』神功皇后摂政四十三年条の分註
　魏志云、正始四年、倭王復遣レ使、大夫伊聲者（著）掖耶（邪）約（狗）等八人、上二献生口倭錦一、

『善隣国宝記』神功皇后四十四年条
　魏志曰、倭王復遣レ使、上二献生口・倭錦等一、
（訳注日本史料本、二一〇頁）

『類聚日本紀』推古天皇十五年九月乙亥条の分註
　通鑑綱目曰、隋煬帝大業四年戊辰三月、倭国入貢、倭王遣レ書曰、日出処天子、致二書日没処天子一、無レ恙、帝覧レ之不レ悦、詔二鴻臚一、蛮夷書無レ礼者勿レ奏、

『善隣国宝記』推古天皇十五年条
　通鑑綱目集覧曰、隋煬帝大業四年戊辰三月（以下同文のため省略）
（訳注日本史料本、三四頁）

まず『魏志』引用文については、『善隣国宝記』に省略されている箇所の一部を引用している。また、『善隣国宝記』において、神功皇后四十四年条にかけるのを『類聚日本紀』では神功皇后四十三年条にかけているが、これは『善隣国宝記』の誤りである。(12)

次に『通鑑綱目』引用文については、全く同文であるが、その引用書名について、『善隣国宝記』では「通鑑綱目集覧」としており、『類聚日本紀』では「通鑑綱目」としている。この条文は、『資治通鑑綱目』巻三十七・大業四年条からの引用であって、やはり『善隣国宝記』の記述が誤りである。[13]

以上のごとき例から、『釈日本紀』『善隣国宝記』を大いに参照しつつも、さらに原文にあたって確認する作業を行っていた、と想定されよう。

では、原文にあたって確認することができた書目とは、具体的にいずれの書が挙げられるであろうか。義直時代の尾張藩御文庫蔵書に含まれない書こそ、その大半は間接引用で済まさざるをえなかった書と考えられ、これにより実際に本書編纂にあたって利用されたであろう書籍の推定をより限定することが可能となろう。

義直時代の尾張藩御文庫蔵書目録としては、①寛永十七年（一六四〇）頃までの蔵書を載せる『御書籍目録（寛永目録）』、②義直歿後間もない慶安四年（一六五一）に作成された、尾張分についての『御書籍目録（慶安四年尾張目録）』、そして③寛政年間（一七八九～一八〇一）に作成されたと考えられる、表御書物蔵本を来歴により分類した『御文庫御書籍目録（寛政目録）』が基本となる。[14]そこで、前節に示した『類聚日本紀』引用書目について、これら蔵書目録における記載の有無を整理したのが、表五である。

この表をみて注目されるのは、日本書紀部分について先に間接引用の可能性を指摘した書の他に所蔵が確認されないのは、三代実録部分にみえる『玉葉』のみである、ということである。これら三つの蔵書目録に含まれないからといって、確実に義直の生前に所蔵せられなかったという訳ではなく、江戸にあったために『慶安四年尾張目録』にみえず、かつ寛永年間までに来歴不明、もしくは焼失などした可能性があるということである。山本祐子氏はその数三

表五

		書名	①	②	③
書紀		日本書紀	○	○	○
		旧事紀	○	○	
		古事記	○	○	
		杜氏通典	○	○	○
		職原抄		○	○
	釈紀	釈日本紀	○	○	○
		播磨国風土記			
		尾張国風土記			
		天書			
		土佐国風土記			
		筑前国風土記			
		丹後国風土記			
		上宮記			
		筑後国風土記			
		隋書	○	○	○
		南斉書	○	○	○
		後漢書	○	○	○
		弘仁私記			
		摂津国風土記			
		伊予国風土記			
	国宝記	善隣国宝記	○	○	
		後漢書	○	○	○
		魏志	○	○	○
		南史	○	○	○
		聖徳太子伝			
		通鑑綱目	○	○	○
		唐録			
		海外国記			

		書名	①	②	③
続紀		続日本紀	○	○	○
		日本紀略	○	○	○
		類聚三代格		○	○
		公卿補任	○	○	○
		古事記	○	○	
		唐書	○	○	○
後紀		日本後紀			
	本文	類聚国史		○	○
		日本紀略	○	○	○
		類聚三代格		○	○
		公卿補任	○	○	○
		元亨釈書	○	○	○
		続日本後紀	○	○	○
		経国集		○	○
		新撰姓氏録	○	○	○
		釈日本紀	○	○	○
		(水鏡)	○	○	○
	分註	公卿補任	○	○	○
		続日本後紀	○	○	○
		元亨釈書	○	○	○
		藤氏系図	○	○	○
続後紀		続日本後紀	○	○	○
		類聚国史		○	○
		日本紀略	○	○	○
		類聚三代格		○	○
文実		文徳実録	○	○	○
		類聚三代格		○	○
三実		三代実録	○	○	○
		類聚国史		○	○
		日本紀略	○	○	○
		類聚三代格		○	○
		公卿補任	○	○	○
		大鏡	○	○	○
		玉葉			

＊巻ごとの状態を把握するため、重複を厭わなかった。
＊①は寛永目録、②は慶安四年尾張目録、③は寛政目録。
＊①における「後紀」は「続後紀」の誤（前述）。
＊「私記」は省いた。

千冊と推定しておられるが、他の全ての書は、①にみえず②③にみえる書が『類聚日本紀』完成までに御文庫に収蔵されたとすれば、本書引用書は一応尾張藩の蔵書の範囲に収まる。このようなことを考えれば、『玉葉』の場合もそのような事情によるのか、所蔵しておらずとも借用などしたのか、間接引用であったのか、等考えることができるもののそのいずれかを判断することはできない。

今ひとつ注目しておきたいのは、日本後紀部分の本文を構成する諸書が、やはり全て義直蔵書に含まれるということである。なお、義直所蔵の『類聚国史』・『日本紀略』・『類聚三代格』はいずれも完本ではなく、欠巻が存する。『寛政目録』によれば、『類聚国史』は巻四・五・十一・十六・三十一・三十二・三十六・四十・五十四・七十一・七十二・七十四・七十五・七十八・八十七・一〇一・一〇七・一四七・一五九・一七三・一七七・一八〇の二十二巻を存し、また『類聚三代格』は十二巻本にして、巻一・三・五・七・八・十二の六巻を存する。前章に述べた二十巻本『日本後紀』に引用される『類聚国史』条文の巻数はこれに全て含まれ、また『類聚三代格』条文についても十二巻本の巻数に換算した場合にやはり同様である。[15] この現存巻数を併せ考えても、二十巻本『日本後紀』は尾張藩において『類聚日本紀』を撰述するにあたり新たに編纂されたとした結論を、より強く感じさせるところである。

三　『類聚日本紀』編纂への位置づけ

これまで二節にわたり、『類聚日本紀』の出典を限定する作業を試みてきた。本節ではこれをふまえて、『類聚日本紀』編纂について若干の私見を述べてみたい。

まず考えるべきは、本書引用書目がおおむね義直蔵書の範囲に収まるということであるが、この点については前節に述べた通りである。田辺裕氏が指摘されるごとく、[16]『類聚日本紀』編纂を意図して蒐集せられた書目も少なくなかったことであろう。

今ひとつ考えておきたいことは、同じく義直撰述書である『神祇宝典』との関係である。『神祇宝典』については、市橋鐸・土岐昌訓両氏によって、その出典の調査がなされている。[17]それらによると、本書の引用書にみられない史料が多く用いられていることがわかる。ただし、『風土記』の類は本書の例のごとく、間接引用であると考えられる。そのため、『神祇宝典』独自のものとしては、神祇関係書や神社側・古老の所伝が大部分ということになろう。

本書において、これら神道関係記事をとらなかったのは何故であろうか。両書の成立年代に大きな差はなく、遺漏とは考えがたい。加えて、神道関係記事のみでなく、本書に採用されていない年代記の類については、『敬公御徳義』に次のような記事がみられ、[18]この問題を考えるにあたって参考となろう。

一、世上に有レ之候年代記、相違之所又は日限なとも違ひ申候間、委く和漢ともに改候而仕立申様にと、深田正室に被二仰付一候、成就仕候ハ、板行に被二仰付一、世上へ御出し可レ被レ遊との思召に御座候、下書は入二御披見一候得共、御他界已後五冊かに出来、大殿様へ上り申候由、

また同様の所伝は『敬公遺事附録』にも伝えるところである。

年代記類については、前掲『類聚日本紀解説』においても本書参考に供されたであろう史料として掲出されている。『寛永目録』をみるに、義直所蔵の年代記類は七書確認されるが、『敬公御徳義』にいう年代記とは、「和漢ともに」とあるので『和漢合運図』の類を指すのであろう。今、これらについて詳しく紹介する余裕はないが、管見では、これ

ら年代記類の記事は『類聚日本紀』に採用された形跡がない(19)。あるいはこれら年代記類によりさらに記事を補うことも可能であったはずである。

深田正室が新たに仕立てた五冊本については、『寛政目録』にすでに「両朝編年　不レ見」とあるので、確認することができない。しかし、正室は『類聚日本紀』編纂に直接携わったと伝えられ（『昔咄』巻八）、また自らも書写して『類聚日本紀』を蔵していたことが確認されるため（『葎の滴　諸家雑談』）、正室の作成した『両朝編年』についても『類聚日本紀』編纂との関連性が考えられる。しかし逆にそうとなれば、『両朝編年』には『類聚日本紀』の出典に加うべき史料が多く引用されたとも考えがたい。既存の年代記は「相違之所又は日限なとも違」い、「委く和漢ともに改候而仕立申」すべきものであったのであるから、それを『類聚日本紀』に利用しなかったのは、そうした考証の結果としてその内容が正史に採用するほどのものでないと判断されたものと思われる。

このように考えた場合、『類聚日本紀』に神道書の類を採らなかったことも、祭神を明らかにする目的で編まれた『神祇宝典』と、正史としての体裁を考えた『類聚日本紀』との史料の性格の相違からうまれたものであったと考えることができる。いずれにせよ、年代記や神祇関係記事から記事の取捨選択の一例を垣間見ることができる。

次に、本書全体をみた場合、日本書紀部分と日本後紀部分の特異性が見出される。このうち日本書紀部分については、『日本書紀』という書物そのものの性格に起因するであろう。一方の『日本後紀』については、その残存状況から現れた特異性と考えられる。すなわち、日本後紀が散佚していたことにより他の部分とはその編纂方法が根本的に異なっていたことが考えられる。他の部分で分註とされていたものが日本後紀部分では本文とされていたこと、仏教関係記事が『元亨釈書』や『扶桑略記』等によって構成されていたことなどはその顕著にあらわれた部分であろう。加えて、『続日本後紀』からの引用がみられることも併せて注目すべきである。本来、六国史を本文とした書物であるから、同じ六国史の一つ『続日本後紀』から記事をわざわざ引用する必要はない。その記事は続く続日本後紀の部分で当然本文として記事があらわれるのである。もちろん、『類聚日本紀』の他の部分にそのような例はない。しかしそれにも拘らず、日本後紀部分に『続日本後紀』記事を引用しているということは、この日本後紀部分が『類聚日本紀』とは別の意図をも含んで編纂された可能性を示唆している。すなわち、単独の書としても通用する体裁を整えていたともいうことができ、このことは、第七章に述べる『類聚日本後紀』という書物の成立とも深く関わってくる問題であると考える。

以上、本書における記事の取捨選択、あるいは日本書紀および日本後紀部分の特異性とその来由について言及したが、惜しむらくは、本書における引用文献の書名掲出が不徹底（日本書紀部分のみ掲出）であるという点である。また、本書は原則として六国史をそのまま本文としたものであるので、当然の結果として『大日本史』に三大特筆がみられるごとき歴史観に関わる叙述を見出すことができない。このような方針は、私見を交えずに編纂されたという意味において『大日本史』のごとき歴史叙述ではない。しかしながら、本書の序文に「今而不㆑装飾㆑、則将来又益壊爛」とあるごとく、戦乱期に多くの史料が散佚した後にあって、これを保存することを第一義とし、六国史記事以外のものは分註とし、厳密な本文校訂を試み、また散佚した『日本後紀』復原を試みた点に、本書の編纂の意義と特色を見出すべきであろう。

おわりに

本章においては、『類聚日本紀』に引用せらるる書目を掲出し、さらに日本書紀部分についてはその間接引用の可能性を指摘した。

今一度、その結果を改めて示せば、『類聚日本紀』編纂においては、散佚していた『日本後紀』を除く五つの国史を本文とし、他に、出典の判明しない若干を除くと以下の書が用いられていると考えられる。

日本書紀部分の分註……旧事紀・古事記・釈日本紀・善隣国宝記・杜氏通典・職原抄（後附）
　なお、後漢書・魏志・南史・隋書・南斉書・通鑑綱目をも参照カ

続日本紀・続日本後紀〜三代実録部分の分註
　……類聚国史・日本紀略・類聚三代格・公卿補任・古事記序・唐書・大鏡裏書・玉葉（玉葉あるいは間接引用カ）

日本後紀部分の本文……類聚国史・日本紀略・類聚三代格・公卿補任・元亨釈書・続日本後紀・経国集・新撰姓氏録・釈日本紀・扶桑略記系統の本

日本後紀部分の分註……公卿補任・続日本後紀・元亨釈書・藤氏系図カ

序文には「纂二日本書紀続紀後紀実録之書一」し、兼ねて「考二旧事紀古事記及野史小説雑録群書一、摘二其異者一」たものとされていたが、後者の異説を掲げる例は、実際はかなり限られた範囲であった。しかしこれは、その編纂方針に

よるものと考えられる。

本章ではその出典史料と義直蔵書との関連を述べ至ったが、『類聚日本紀』の日本後紀部分と、義直蔵書の『類聚国史』・『日本紀略』とを部分的に対校したところ、そこには著しい異同が存していた[20]。すなわち、その校訂においては、角倉本『続日本紀』の書入れに示されるごとく、その史料蒐集の一端を明らかにされているごとく、他本との校合がなされていたことは明白である。

そのような考証の上にたって成った本文であり、本章のごとく尾張藩の蔵書との関係だけを考えるのではいまだ不十分である。その意味においても、本章は『類聚日本紀』研究の基礎作業の一つに過ぎず、今後のさらなる検討を期することとしたい。

註

（1）『類聚日本紀』は、公にすることを望んでいた義直の意思に反し、永く公刊されることがなかったが、昭和十四年尾張徳川黎明会より、正保原本を底本とし、寛政年間の稲葉通邦による校合の結果を鼇頭に示した複製本が刊行されている。以下本書では、『類聚日本紀』を引用するにあたってこの複製本を用いる。

（2）近松茂矩著『昔咄』第一巻に、「其序ハ御自序にて」（『名古屋叢書』雑纂編（1）所収、一〇九頁）とある。但し、田辺裕氏は、この記述に疑問を示され、林羅山の代作ではないかと推測しておられる（「『類聚日本紀』の成立」『神道史研究』一八―四、昭和四十五年十月）。『羅山文集』に収められず、『御文庫御書籍目録』（寛政目録）においても「御自序」（名古屋市蓬左文庫監修『尾張徳川家蔵書目録』第五巻、ゆまに書房、平成十一年八月、所収、二〇頁。以下「寛政目録」と略す）としており、本書ではとりあえず、『昔咄』等の記述に従っておきたい。

（3）『類聚日本紀』については、昭和十四年に刊行された複製本（前掲註（1））の附録である『類聚日本紀解説』（所三男・山岸徳平両氏執筆）が最も総括的であり、また『尾張名古屋の古代学』（榎英一氏執筆、特別展展示解説書、名古屋市博物館、平成七年二月）が詳細かつ平易である（『尾張名古屋の古代学』の存在については荊木美行先生よりご教示賜わった）。その他の論考については適宜ふれることとする。

これら主として尾張藩研究の立場からなされた成果に対し、福井久蔵氏『諸大名の学術と文芸の研究』（厚生閣、昭和十二年五月）、藤實久美子氏「江戸時代の史料蒐集と保存――紅葉山文庫を中心に」（松尾正人氏編『今日の古文書学　一二　史料保存と文書館』雄山閣出版、平成十二年六月）などが近世史学史の立場から本書に言及する他、『大日本史』との関係については名越時正氏「徳川光圀の立志と水戸史学の成立」（『水戸学の研究』神道史学会、昭和五十年五月。初出は昭和三十二年十一月）に詳しい。

（4）『昔咄』第八巻（『名古屋叢書』雑纂編（1）所収、二八八頁）。

（5）吉岡眞之氏「角倉本『続日本紀』の諸問題」（『古代文献の基礎的研究』吉川弘文館、平成六年十一月。初出は昭和六十二年十二月）、同氏「蓬左文庫本『続日本紀』の諸問題」（同書所収。初出は平成五年四月）。

（6）西村時彦氏『尾張敬公』（名古屋開府三百年紀念会、明治四十三年三月）、『名古屋市史』学芸編（名古屋市役所、大正五年十二月）、川島丈内氏『名古屋文学史』（松本書店・東文堂書店、昭和七年二月）、福井久蔵氏前掲註（3）書、『愛知県史』第二巻（愛知県、昭和十三年三月）、維新史料編纂会編『維新史』第一巻（明治書院、昭和十四年三月）、前掲註（3）『類聚日本紀解説』、田辺裕氏前掲註（2）論文、吉岡眞之氏前掲註（5）論文、『新修名古屋市史』第三巻（鵜飼尚代氏執筆部分、名古屋市、平成十一年三月）など。

（7）跡部佳子氏「徳川義直家臣団形成についての考察（七）――義直の文治臣僚」（『金鯱叢書』九、徳川黎明会、昭和五十七年三月）でも、これをそのまま引用しておられる。

（8）『職原抄』には源顕統本系と一条兼良本系があり、前者がより親房本の原型を伝えているもので、これに補遺・後附はみられない。諸本の系統については、白山芳太郎氏「職原抄諸本の系統と原型」（『職原抄の基礎的研究』神道史学会、昭和五十五年二月。初出は昭和四十九年四月・六月）参照。なお、『寛政目録』の記述によれば、義直の所蔵した『職原抄』は写本・刊本の二本あり、いずれも一条兼良本系。刊本には職原抄補遺の後に兼良の奥書を載せているので、「兼良記」は『職原抄』と考えてよいであろう。

なお、『類聚日本紀』編纂の中心にあったと考えられる堀杏庵は『職原抄解』を草し、また熊谷立設（活水）に講義した例なども知られる。田辺裕氏に「杏庵が北畠親房の『職原抄』について特に深い造詣をもっていた点も注目すべきである」という指摘がなされているごとくである（「徳川義直の神道研究」『高原先生喜寿記念皇學論集』皇學館大学出版部、昭和四十四年十月）。

（9）その引用数は脱漏の程度、原史料の残存状況に比例する。国史大系本と比較して引用数が少ないが、これは当時の史料の残存状況によるものであろう。このことについては後にも若干言及する。なお、表三においては、『類聚国史』と『日本紀略』の別は問題とせず、条文数は原則として一日を一条として数えた。

（10）『続日本紀』と『公卿補任』の異同については、清水潔氏編『公卿補任年紀編年索引』（皇學館大学史料編纂所、平成二年三月）に整理されており、これを参照した。

（11）本書前章。

（12）訳注日本史料『善隣国宝記　新訂続善隣国宝記』（田中健夫氏編、集英社、平成七年一月）の補注（石井正敏氏執筆）、四九八頁参照。

（13）同右書補注、五〇三頁参照。

（14）①②は名古屋市蓬左文庫監修『尾張徳川家蔵書目録』の第一巻に所収、③は前掲註（2）。これら蔵書目録については、山本祐子氏の成果（「尾張藩「御文庫」について（一）――義直・光友の蔵書を中心に」『名古屋市博物館研究紀要』八、昭和六十年三月。「同（二）――蔵書目録からみた「御文庫」の展開」『名古屋市博物館研究紀要』九、昭和六十一年三月。『尾張徳川家蔵書目録』第一巻の解題）によった。

(15)『類聚三代格』の巻構成については、渡辺寛氏「解題　類聚三代格観智院本」（『天理図書館善本叢書　古代史籍続集』八木書店、昭和五十年一月）等参照。

(16)田辺裕氏「徳川義直の伊勢参宮――「神祇宝典」の成立に関連して」（『皇學館論叢』一―四、昭和四十三年十月）、同氏前掲註（2）論文。

(17)市橋鐸氏『名古屋叢書未刊書目解説――神祇篇』（文化財叢書五六、名古屋市教育委員会、昭和四十七年三月）、土岐昌訓氏「解題」（『神道大系』神社編三総記（下）、神道大系編纂会、昭和五十八年十二月）、同氏「徳川義直の『神祇宝典』について」（『神道古典研究会報』六、昭和五十九年十月）。

(18)松井甫水、元禄八年（一六九五）撰。『松井甫水上書』とも。本書での引用は名古屋市史資料本（名古屋市鶴舞中央図書館所蔵）によった。甫水は直接義直に仕えたことがある人で、その記載は相当信憑性のあるものであるという（田辺裕氏「徳川義直の学問振興」『藝林』一九―三、昭和四十三年六月）。なお本史料のくずし字解読にあたり千枝大志氏よりご教示を得た。

(19)『寛政目録』によれば、義直の所蔵せる年代記類は「編年合運図」（写本二冊）・「編年合運図」（刊本二冊、「拂」印あり。以上駿河御譲本）・「和漢合運」（刊本二冊、「拂」印あり）・「和漢合運」（刊本二冊、「拂」印あり）・「年代記」（写本三冊）・「両朝編年」（五冊、「不見」とあり）・「王代記」（刊本二冊）の七種あり。ただし、先にも述べたごとく『寛政目録』は作成当時表御書物のみを載せる。

名古屋市蓬左文庫に所蔵される年代記類を披見したところ、うち『王代記』（架蔵番号一〇五―六）・『和漢合運』（架蔵番号一〇五―七）はともに内題に「重撰倭漢皇統編年合運図」とある刊本で、『敬公御徳義』などにいう「年代記」は主にこれを指すのであろう。

（20）『類聚国史』『日本紀略』とも、名古屋市蓬左文庫所蔵。

第七章　二十巻本『日本後紀』の編纂と流布をめぐって

はじめに

近世初頭の史学隆盛の中、戦乱期に散佚した史料の博捜が試みられ、併せて、林家における『本朝編年録』・『本朝通鑑』、尾張藩における『類聚日本紀』、水戸藩における『大日本史』など、古代史を対象に含めた大規模な歴史書の編纂事業が相次ぐ。

これらの事業は相互に影響を受けると共に、編纂に伴う史料蒐集も一段と本格化し、古代史の根本史料たる六国史のうち散佚してその存在が知られなかった『日本後紀』もその主なる対象の一つとなった。しかるに、これらの事業で四十巻本の真本『日本後紀』は発見されるに至らず、それぞれに諸史料を類聚し空白を補う作業が試みられることとなった。

とりわけ、二十巻本に仕立てた「日本後紀」は広く流布し、これが「日本後紀」と題されていた故にしばしば〝偽書〟などと評されるが、これは尾張藩で編纂された『類聚日本紀』の日本後紀部分が流布したものと考えられる。二十巻本『日本後紀』と『類聚日本紀』の関係および二十巻本の引用史料については第五章で、また『類聚日本紀』全体からみた日本後紀部分の特色については第六章で述べたところである。本章においては、林家（幕府）・水戸藩・尾張藩における『日本後紀』博捜および復原作業を概観し、また世上に流布した二十巻本と類似の書について検討することによって、二十巻本の編纂や流布の問題について考えることとしたい。

一　近世期における『日本後紀』の博捜と復原作業

①　幕府・林家

幕府・林家における『日本後紀』博捜の実態については、西本昌弘氏の研究に詳しく、本節も西本氏の成果に多く依拠しつつここでの関心に基づいて論及したい(1)。

幕府では、徳川家康がはやく『日本後紀』探索を試みており、慶長十九年（一六一四）十月に禁中・院御所・諸家・諸寺に対して差出しを求めたリストにその名がみえるが（『本光国師日記』・『駿府政事録』）、これを得ることはできなかった。

それ故に、林家における修史事業、すなわち『本朝編年録』・『本朝通鑑』の編纂においては、日本後紀部分の闕佚を補うために、林読耕斎（靖・春徳）によって諸書からの集成が行われた。その辛苦については林鵞峰等が度々回想している。

●『本朝編年録』十六　淳和下・跋

本朝編年録者夕顔巷叟（羅山）応二公命一所レ撰也。自二神武一至二持統一。使下二向陽子（鵞峰）一閲二群書一以纂上レ之。自二文武一至二弘仁六年三月一。使下二考槃子（読耕斎）一参二諸記一以集上レ之。自二其夏四月一。至二天長十年一。則叟レ以二考槃子一之所考而纂之毎二一帙一成即繕写進呈。就レ中自二延暦十一年一至二天長十年二月一。是日本後紀之所レ載也。桓武。平城。嵯峨。淳和。皆全盛之世也。君臣礼楽。政事言語。文章班々可レ見焉。而此紀失墜不レ能二槩見一。惜哉其間事迹。甚労二捜索一。故聊拾三其事之遺在二他書一。而僅存二十之二三于此編一。若夫校正続二補之一者。以待二後人一。此末将可二計レ月以出一也。

（国立公文書館所蔵）

●『本朝通鑑』淳和紀下・跋

右二十四巻応二公命一所レ撰也。自二神武一至二持統一。使下二長男恕（鵞峰）一閲二群書一以纂上レ之。自二文武一至二天長十年一。使下二次男（読耕斎）靖一参二諸記一以集上レ之。就レ中自二延暦十一年一。至二天長十年二月一。是日本後紀之所レ載也。桓武。平城。嵯峨。淳和。皆全盛之世也。君臣礼楽。政事言語。文章班班可レ見焉。而此紀失墜不レ能二槩見一。惜哉其間事迹。甚労二捜索一。故聊拾三其事之遺在二他書一。而僅存二十之二三于此編一。若夫校正続二補之一者。以待二後人一。

正保二年乙酉之春

羅山林道春

（国書刊行会本（第四）六九六頁）

●『国史館日録』寛文四年（一六六四）十二月十日条

十日、館事如レ例、加ヲ点於文武天皇紀一以二続日本紀一考レ之、高庸（狛）執筆如レ前、傭書所レ誤筆画誤字改二正之一、就想、往年編二修自文武至嵯峨一、亡弟読耕子所レ草也、追憶事甚、（後略）

（史料纂集本（一）五二頁）

・『国史館日録』同五年正月十四日条

十四日、館事如レ例、加ヲ点延暦十一年至十三年一、自レ此至二淳和一則日本後紀闕失、往歳読耕子受二先考(羅山)之旨一、広攻(攷カ)二群書一所レ補也、

（史料纂集本（一）六七頁）

・『国史館日録』同年二月二十七日条

二十七日、館中如レ例、点二淳和紀下一了、自二桓武末一至二天長十年二月一正史闕、先考(羅山)・亡弟(読耕斎)遍捜二稗説一所レ補也、伝写之誤、傭書之差、点撿之労、口授不レ進、就レ知二当時一考索之難而追懐殊甚、（後略）

（史料纂集本（一）八三頁）

・『国史館日録』同六年三月二十二日条

二十二日、（中略）伯元(坂井)・春貞(伊庭)倶来館、〻事如レ例、与レ庸対読、自二延暦十一年一至二十七年一、凡六十余葉、自レ此至二淳和一闕二正史一、亡弟函三(読耕斎)所編纂、彼其時弱冠、考索之労筆力之達、非レ無二感慨一、唯恨レ天不レ假レ年、若今存則我豈独労哉、可レ惜可レ惜、対読之外、加二補光仁紀中安倍仲麻呂伝一、附二載文苑英華胡衡使本国詩一、胡衡即朝衡之誤字乎、此亦函三初所レ注レ心也、余嘗詳二於先考文集仲麻呂伝一、後本朝一人一首及二函三年一譜言之、以其考証精当故、今附二書于此一、伯元建武三年草成、今日約聴レ之、然以対読無レ暇故延引、

（史料纂集本（一）二三四頁）

この日本後紀部分の編纂にあたって引用された諸書については、安川実氏が次のように述べておられる(2)。

彼（靖、読耕斎）は『日本後紀』の散佚箇所を『日本紀略』により綱文をつくり、その脱漏を『類聚国史』所収の『日本後紀』逸文で加補している。彼はその外に『類聚三代格』・『公卿補任』・『経国集』・『文華秀麗集』・『本朝文粋』・『扶桑略記』・『性霊集』・『日本霊異記』・『唐書』等で『本朝編年録』稿本の脱漏箇所を加補し、月日不時の伝説を各年の末に掲記している。靖の『日本後紀』の欠を補った『本朝編年録』巻八「桓武紀」末〜『本朝

編年録』十六巻「淳和紀」は実に鴨祐之の『日本逸史』の先駆としての史的意義が大きいのである。

しかしなお読耕斎による集成は十分でないということで、その後も引き続き『日本後紀』の探索は続けられた。寛文四年（一六六四）から五年にかけて朝廷に書物の提供を依頼した際にもその不備が言及されている。

・「本朝通鑑用書附写」陽明文庫所蔵

右神武より光孝まて五十八代の内日本后紀不レ足故、四代の記録不レ祥候、先年彼是の書物ニ而少ツ、考合、道春（林羅山）作立申候へとも、全備ハ不レ仕候　（引用は藤實久美子氏論文による[3]）

『本朝通鑑』編纂当時の記録としては、林鵞峰の『国史館日録』に詳しい[4]。この『国史館日録』をみるに、二十巻本『日本後紀』については一言も触れられることがない。これに対して、『幕府書物方日記』には、享保六年（一七二一）四月二十五日条を初見として、有馬氏倫・戸田政峯からの差上、下田師古への貸与、水戸家より借用の『日本後紀纂』との校合などの記事が散見される[5]。このことは、寛文年間（一六六一―一六七三）にはいまだ二十巻本『日本後紀』が広く流布するに至っていなかったことを示すであろう。

幕府側の二十巻本に関する注目すべき記述としては、すでに西本氏によっても指摘されている新井白石の言がある。

・新井白石書簡（小瀬復庵宛、「白石先生手簡」所収）

一日本後紀とて当時世間流布候物之事、是は先師某へ委細に申聞せ候事一条御座候、其子細の略は、当時世間に日本後紀とて候ものは、我等わかき時に見候ものは類聚日本後紀と題し候き、尾張の源敬公（徳川義直）に類聚国史六十巻など御求得られ、堀正意（杏庵）などに御申付、これに見え候所〳〵を何とぞ紀年の体に仕レ見候へと有レ之に付、かの類聚国史の文を序候て此ものは出来候、猶又闕文候所々をば、元亨釈書を以て補入し候所も候、よく〳〵心をつけ見候へとの事に御座候き、其後、又亡友榊原玄輔申候には、今の日本後紀の中に元亨釈書を用ひ候、所〳〵原文のごとくに官名など唐官の名のまゝに用ひ候、本朝の国史に唐名など用ひられ候例無万之にあまりに拙き事に候、何とて改めしるし候はぬにやと申候、此事も又さも可レ之事と存候に付、先師へ事の次手に其由を申候へば、さきにも申すごとくに類聚日本後紀と源敬公の御申付候事に候へば、文の闕を補し候に至て引用の書のまゝに用ひ候尤の事に候、今のごとくに類聚の字を刪去きまことの日本後記《ママ》のごとくに仕りなし候はんには字を改め候事も可レ有レ之候へどもそれにては偽作のものに成候て、大人の御本意たるべからず候けく、釈書のまゝに候が殊勝に候と申聞せ候事、今に心に銘じ存候事に候、しかれば世間に流布し候ものは、右のごとくに尾張にて御類聚被レ成候ものに候、高覧に入り候四十巻の事、其式終に承りも及ばず候もの、希世の珍たるべく歟、

（市島謙吉氏校訂『新井白石全集』第五巻、国書刊行会、二六五頁）

また、幕府側の人物による記録ではないが、同様の見解を示す史料として、後に掲げる徳川光圀あるいは内藤広前の言も挙げられる。これらには、徳川義直が堀杏庵等に命じて編纂させた「類聚日本後紀」という書名がみえている。そして、「類聚」の二字がとれて「日本後紀」として広まったというが、果たしてこの「類聚日本後紀」と尾張藩の『類聚日本紀』とはいかなる関係にあるのであろうか。「類聚」の二字がとれたという点から考えれば、「類聚日本後紀」とは単行の書のようにも受け取れる。以下、本章ではこの『類聚日本後紀』について中心に考えてみたいが、このあたりの事情を物語る史料が存するので、続けて水戸藩における『日本後紀』博捜に関する史料を掲げた上で、この問題について検討を試みたい。

② 水戸藩

水戸藩における『日本後紀』の博捜は、安藤為章（号年山、万治二年〈一六五九〉—享保元年〈一七一六〉）の『年山紀聞』[6]に

西山公久しく日本後紀を探りたまふといへども、真の本を得たまはず。いにしころ京師より一本来りしを、彰考館にて吟味せられたるに、はやう偽書にてぞ侍し。契沖翁の見たる本も、此筋としられたり。（中略）真の日本後紀は、類聚国史と日本紀略に引れたるのみぞたしかなる。全本はいつの頃より絶はてゝ侍るらん。むかし梓行の不自由なりし世に、公家にあるひは二三部などうつし持たまへるが、度々の火災に焼うせたるにぞ侍らん。類聚国史も今は全部つたはらず。

と記されるごとく、やはり真本を確認するに至らなかった。

その博捜の実態については、すでに久保田収氏の研究に言及されており[7]、また尾張藩の『類聚日本紀』との関係については名越時正氏の研究に詳しい[8]。これらを参考にしつつ、整理を試みる。

さて、水戸藩では三条西家に対しても『日本後紀』の借用を申し出ているが、これを得ていない[9]。そのため、水戸藩では『七部国史評閲』などが作成されているが、これに『日本後紀』は含まれておらず、また光圀が湯島聖堂に献上した書目も『旧事紀』『古事記』『日本書紀』『続日本紀』『続日本後紀』『文徳実録』『三代実録』の七部であり、その『続日本後紀』（国立公文書館所蔵）識語には、

桓武以後四朝実録之闕也、文献不足、雖聖人莫如之何噫、

とあり、光圀はその散佚を噫鳴している[10]。

『日本後紀』探求については延宝八年（一六八〇）、一条家本を披見しているが（『大日本史編纂記録』二）、これは真本とも二十巻本とも異なる本書第五章第一節の区分によるところの①禁裏本系の写本、すなわち『日本紀略』の日本後紀部分を抜粋したものと考えられる（なおこの一条家本については第二節①も参照）。また翌九年には、八条家本も官庫御本と同一のものであることが確認されている（『大日本史編纂記録』四）。同年には、東寺宝持坊（幸雄上人）本『類聚日本後記（ママ）』四巻も調査したことが次の史料にみえている。

・「往復書案」所収、人見又左衛門（伝、懋斎）・今井新平（弘潤）・辻興庵書簡

（延宝九年九月四日付、吉弘左助（元常）・佐々介三郎（宗淳）・内藤甚平（貞顕）宛。『大日本史編纂記録』四、所収）

一日本後記（ママ）之事具被二仰上一候、（中略）東寺宝持坊肝煎之類聚日本後記（ママ）を四巻御才覚候而玄蕃方へ被レ遣、彼本と見合被レ申候処ニ、行数・字数迄も相違無レ之候へ者禁裏之御本と同物ニ候間、宝持坊肝煎之本□金□（子カ）五拾両ニてハ相調可レ申候間、御調可レ有哉否之儀御窺被レ成、宝持坊本元来尾州様（徳川義直）纏出申候事必定ニ候由被二仰越一候、其上類聚日本後記（ママ）ハ松平加賀守殿（前田綱紀）ニも御所持ニ御さ候へ者、旁以此方ニても御才覚可二罷成一儀ニ被二思食一候間、先〻重而之儀ニ可レ致由被二仰出一候間、御買取被レ成候事御無用ニ御座候、

（小川幸代・大塚統子両氏の翻刻文より引用[11]）

右と関連するものとして、次の史料も掲げられる。

・徳川光圀書簡（酉〈延宝九年カ〉六月七日付、前田綱紀宛。前田育徳会尊経閣文庫所蔵『松雲公水戸義公往復書牘集』所収[12]）

一類聚日本後紀御許借可レ有之由、辱存候、此類聚日本後紀は尾張故大納言殿（徳川義直）正意（堀杏庵）ニ被二申付一、類聚国史日本紀略等之書を以、集被レ申候由承及候、若其書ニ而御坐候へハ入不レ申候得共、同名異物ニ而候半かと存、一覧申度と申

事ニ御坐候、（『水戸義公書簡集』四五三号書簡。『水戸義公全集』下、一八一頁）

これらにより、実際に『類聚日本後紀』として流布していた写本として東寺宝持坊本四巻があり、また加賀前田家もこれを所蔵していたことが水戸藩において認識されていたので宝持坊本を買い取ることは不要である旨を京都に伝えており、実際に前田家に借用を申し出ていることも判明する。

さて、この史料の注目すべき点として、延宝九年（一六八一）という早い段階において、「類聚日本後紀」は尾張藩より出たものであると断定していることが挙げられる。また、その内容は「禁裏之御本」と同じであるという。そしてここでもやはり「類聚日本紀」ではなく「類聚日本後紀」と表記されている。

なお『類聚日本紀』との関係を考えるに、水戸藩では『類聚日本後紀』が尾張藩において編纂されたものとしているが、この段階で水戸藩ではいまだ『類聚日本紀』を披見するに至っていなかった。この事実を示すのが、次の二つの史料である。

•「江戸史館雑事記」元禄十年十一月二十八日条（『大日本史編纂記録』二四〇、所収）

一源敬公《（徳川義直）》御編集被レ成置候類聚日本紀御かり御抜書被レ成度との趣、西山様《（徳川光圀）》より安積覚兵衛《（澹泊）》罷登候節、殿様へ被二仰進一候ニ付、殿様御直ニ尾州中納言様《（徳川綱誠）》へ被二仰入一候処、右之御書物殊之外御秘書ニて大切ニ被レ遊、いまた中納言様へ御譲不レ被レ遊于レ今大納言様《（徳川光友）》御方ニ有レ之候間、尾張へ可レ被二仰遣一之旨ニて、其以後大納言様被レ成二御許容一御書物被二差登一候、乍レ然其許へ御かし被レ為レ進候義ハ難罷成候間、御家来被二差越一抜書被二仰付一候様ニと之儀ニ付、十月廿七日より中村新八《（顧言）》・栗山源介《（潜峰）》・丹藤衛門《（直陳）》・佐藤平衛門・関宇之助五人、一谷御屋敷へ被レ遣候、十一月二日迄惣而五日罷越御書物一覧、抜書少々仕候御書物ハ神代より淳仁《光孝》紀迄百七十巻、外ニ神代系図壱冊・帝

王系図三冊相添七十冊有レ之候、（後略）

一右之御書物之内第卅一冊めより第四十冊め迄合而拾冊、日本後紀ノ所ニ而、全ク書写被レ遊可レ然儀との思召ニ而、又中納言様へ殿様御対談之砌、御かり被レ成度との御所望被レ仰候処、又大納言様江御伺被レ成候由ニて相済、十一月十六日右之御書物拾冊、御使者を以かし被レ進、同十七日より於二史館一書写、同廿五日ニ校合まて相済差上、廿六日新ハ御使として右之御書物持参、成瀬半大夫へ相渡し返納相済、新写本は同廿八日水戸へ被二差上一也、

一右之日本後紀ノ所、類聚国史三代格日本紀略ヲ以編集被レ遊候物と相ミへ候ニ付、五人ノ者参候節、とかくニ考のため持参仕候儀ニ候間、国史と三代格とを差出し此両部ノ書あなたニ無レ之冊ヲ写し被レ進度被二思召一候、（後略）

（『茨城県史料』近世思想編〈大日本史編纂記録〉、四〇二頁）

・「瑞龍院（光友）様御代奉書幷諸書付類之写」徳川林政史研究所所蔵

類聚日本記（紀）　水戸様江御借用被レ成度由ニ付、申来候趣

中納言（徳川光圀）被二申越一候者、先年　源敬公（徳川義直）編集被二仰付一候類聚日本記（紀）与申書物有之由、被二承及一候、手前ニ而年来編集申付候書物之考ニ入申候ニ付、全部借用被レ致度被レ存候、御秘本之儀ニ候間、堅他見者為致間敷候、然共、御秘本ニ而御許借被レ成候儀、如何ニ被二思食一候者、当御屋敷迄書物役之者共差越、入用之所相考申候而、少々書抜等為致候様、被レ致度被レ存候、此旨宜申談候様ニ与之儀御座候、以上

（引用は『新修名古屋市史　資料編　近世2』(13)、二一七頁による）

右の「瑞龍院様御代奉書幷諸書付類之写」をもって、『類聚日本紀』が『大日本史』編纂の参考に供されたものとされているが(14)、「江戸史館雑事記」の記述とあわせて見ることにより借用の具体的な様子が判明する。特に散佚してい

る『日本後紀』部分に関しては、借用して全文の書写が行われている。水戸藩が実際に『類聚日本紀』を披見しえたのはこの元禄十年（一六九七）ということになるが、名越時正氏の指摘にあるごとく、この段階まで『類聚日本紀』の存在を知らなかった訳ではない。かくのごとく考えたならば、延宝九年段階の認識は『類聚日本紀』全体を指すものではなく、独立した書としてすでに『類聚日本紀』なるものが存在しており、これが尾張藩から出たものとされていたことになろう。ここにおいて、『類聚日本後紀』なる書について検討する意義が見出される。その検討の前に、尾張藩の記録において『日本後紀』の博捜あるいは復原作業のことが現れていないのかの確認を先に行いたい。

③ 尾張藩

尾張藩における『日本後紀』博捜の実態については、管見ではこれを見出すことができない。『類聚日本紀』や『神祇宝典』の編纂にあたって史料の蒐集が行われたことは田辺裕氏によって指摘されているが[15]、そこに『日本後紀』に関することはみえない。藩の初期の蔵書目録にも二十巻本あるいは『類聚日本後紀』の書名を確認することができない[16]が、ただし、時代は下るものの天野信景の著『塩尻』の巻之十三に、宝永二年（一七〇五）七月に吉見家所蔵二十巻本を抄録しており[17]、この信景の頃には藩内に二十巻本が広まりつつあったことが想像される。また一方で、信景が二十巻本を披見したことは『塩尻』巻之三十九にみえており[18]、こちらは正徳元年（一七一一）のことと推測されている。宝永二年の段階で「日本後紀廿巻是雖レ似二全本一猶有二闕文一」とのみ述べているので、少なくとも天野信景は『類聚日本紀』と二十巻本『日本後紀』の関係について知らず、尾張藩における所伝は失われつつあったことが推測される。『類聚日本紀』を含めた義直の撰述書が、義直の業績としてのみ伝えられた故であろうか。

水戸藩などに『類聚日本後紀』が堀杏庵らの編であることが伝えられている一方で、尾張藩にそのことに関する記録は管見に及ばない。『類聚日本紀』の編纂、とりわけ撰者をめぐる所伝として最もよく知られるのは、次の史料である。

• 近松茂矩著『昔咄』第八巻

源敬公御撰書のうち、類聚日本紀は、六国史の校正本の様成る物なりし由。深田正室・武野安斎前編に竹中安斎と書きしは誤なり・堀勘兵衛(貞高)正意が子、後勘八と改等、此御撰にかゝりし由。（名古屋叢書・雑纂編（1）、二八八頁）

先学において『類聚日本紀』の撰者について述べられる場合に必ず掲げられる史料であるが、その信憑性については、田辺裕氏は『昔咄』が元文三年（一七三八）の成立でありこの記述を疑う理由がないと明言されており[19]、ほとんどの先学の成果はこうした判断によるものであろうと考えられる。

これがほとんど唯一の史料であるが、今ひとつ、鵜飼尚代氏が示された[20]次の史料も深田正室の関与に言及している。

• 深田香実著・細野要斎抄出『天保会記鈔本』五

是家祖深田正室之書也。正室者受㆓学於林道春(羅山)及堀正意(杏庵)㆒、有㆓才学之聞㆒。敬公召為㆓儒官㆒、与㆓於類聚日本紀及神祇宝典等之撰㆒、造㆓準天儀㆒、謁㆓大猷公(徳川家光)㆒。（後略）（名古屋叢書三編・第十三巻、三六一頁）

また傍証として田辺氏は、閲覧が制限された『類聚日本紀』を正室が書写して私蔵していたことも掲げられている[21]。

• 細野要斎著『諸家雑談』第二冊

深田氏の始祖、正室の自筆の類聚日本紀彼家にありしが、彼家窮乏の時これを売らる。静観堂本屋伊六これを買て他へ売りたり。惜むべし。今いづれの所にありや、知るべからず。（後略）（名古屋叢書三編・第十二巻、一三五頁）

右の二つの史料により、深田正室が『類聚日本紀』編纂に関与していたことが深田家には伝えられていたことが明らかである。他の武野安斎・堀勘兵衛（貞高）の二人については『昔咄』の他に傍証を得ることはできない。ただし、貞高は『敬公行状』『朝林前編』の撰者として知られる他[22]、『成功記』編纂の場にも近侍したことが窺える人物で[23]、『類聚日本紀』編纂にも近侍した可能性は極めて高い。安斎については、祝詞の代作を行ったことなど知られるものの[24]、義直撰述書にいかように関わったかを知ることはできない。しかし、『昔咄』の所伝は十分に信頼に足るものと考える。

問題となるのは、堀杏庵、あるいはその他にどのような人々が関わったのかということである。すでに杏庵や角倉素庵、吉見幸勝等が史料蒐集にあたっており、編纂の材料とされたであろうことは指摘がなされている[25]。しかし、杏庵が『類聚日本紀』編纂に直接あたった、あるいは『日本後紀』部分を担当した、という所伝は認められないことが以上によって確認される。

なお後の史料となるが、国史大系本『日本逸史』にも附載されている、内藤広前校本の識語には、

広前云（中略）其日本後紀といふものはもと類聚日本後紀と題して尾張殿人堀杏庵といへるか古書ともを編集したるもの也、それかいつしか類聚の二字を取て伝へたるなりけり、ゆめ〳〵紛らはしくなおもひひかめそ（後略）

と伝えており、この記載に注目された三橋広延氏は、「広前が、『大内裏図考証』の校訂を行うに際し、尾張藩の蔵書を利用し、また藩の学者と交渉を持ったことは疑いないので、『類聚日本紀』編纂について当事者の記録や伝承を見聞できる立場にあった者の発言として、傾聴に値する」と述べつつ両者の関係については「後考を俟ちたい」とされている[27]。

『日本後紀』という書名を有し、真本とは異なるものについては、第五章第一節に紹介した。ここでは、『日本後紀』以外の書名で伝わる、復原本・抄本・偽書と目される書についてみていくこととする。[28]

二　『日本後紀』に類似する書名を有する書

①　日本後紀纂

まず、最も残存件数の多い『日本後紀纂』を取り上げる。

『日本後紀纂』については早く、尾崎雅嘉『群書一覧』、佐村八郎『国書解題』、佐伯有義氏の「日本後紀　解説」などにおいて二十巻本とともに触れられるものの、[29]記述は大同小異であって決して十分でない。

佐伯氏が紹介された和学講談所本は無窮会神習文庫の所蔵にかかり（井上頼圀旧蔵、一冊、井二〇六六）、東京大学附属図書館所蔵南葵文庫本（天保九年〈一八三八〉十月校、小中村清矩旧蔵、一冊、G二二―一二九）、東京大学史料編纂所所蔵本（弘化二年〈一八四五〉八月東坊城聰長写、和田英松旧蔵、一冊、四一四〇・三―三）、宮内庁書陵部所蔵本（大正二年七月吉澤市次郎写、一冊、二五九―二〇八）はいずれも和学講談所本の転写本である。また、前田育徳会尊経閣文庫所蔵本（一冊、二―一〇）も同一の内容であり、いずれも寛文八年（一六六八）秋に二条康通（道）蔵本を転写したとする本奥書がみられる。延宝六年（一六七八）に刊行された貝原益軒『和漢名数』には「全書今亡。其抄略二十巻幷纂一巻。今尚存」[30]とあることからも、かなり早い時期から存在したようである。ただしその内容は、延暦十七年三月此月条や同二十二年三（前田家本

「二〇）月丁巳条など二十巻本に特徴的な条文を含むことから、その抄本とみてよいであろう（以下、『類聚日本紀』日本後紀部分と同一内容を含むものを甲類と略称する）。

『日本後紀纂』は、水戸藩において所蔵されていたことが確認され、元禄五年（一六九二）には契沖が二十巻本の校合に用いている[31]。また、元文元年（一七三六）に水戸藩所蔵の四冊が幕府に貸し出されて二十巻本の校合に用い、幕府ではこれを一時は目録に掲載したが抹消し、しかし真本が現れない故をもって「纂」の字を付して再び掲載。更にこの紅葉山文庫本が今日も国立公文書館内閣文庫に所蔵されていることも知られる[32]（以下、内閣文庫本）。この内閣文庫本の内容は、やはり『類聚日本紀』の日本後紀部分と同一のものである。

しかしながら、水戸藩が所蔵した『日本後紀纂』については問題が存する。というのも、今日現存する徳川ミュージアム彰考館文庫所蔵本（乾坤二冊、丑―四）は、甲類と同一のものではなく、異なる内容を有するのである（以下、乙類）。散見する限りにおいては、『類聚国史』のみを材料として編年順に配したものと思われる。さらにまた、京都大学附属図書館所蔵菊亭文庫本（上下二冊、菊―二―九。以下、菊亭本）は、甲類・乙類いずれとも異なり、禁裏本と同一のもので、全四十巻、その内容は『日本紀略』である（以下、丙類）。

以上のように、『日本後紀纂』といっても、二十巻本と同一の内容を含む甲類、おそらく『類聚国史』を編年順としたものであろう乙類、さらに『日本紀略』と同一の内容である丙類、という少なくとも三種が確認されることになり、加えて、水戸藩が所蔵した『日本後紀纂』に限ってみても、次のような問題がある。

まず、実際に水戸藩が所蔵し現存する写本として、先述の彰考館所蔵本乾坤二冊が残されている。次に、『彰考館図書目録』（彰考館、大正七年）をみてみると、そこには「二部四冊」とし、『幕府書物方日記』元文二年（一七三七）十一月二十八日条に「水本日本後紀纂　乾坤二冊」「水本同　左右二冊」[33]とあるので、水戸本「四冊」は二冊本二部であり、このうち乾坤二冊は彰考館に現存する乙類であったことが想定される。ただし『彰考館図書目録』に掲載されるのは乙類二部を指すのではなく、左右二冊については甲類・乙類いずれとも異なる内容をもつものと思われる。というのも、内閣文庫本や契沖本に「水本」「水」とする書込が水戸本との校合の結果と考えるが、甲・乙類と対校するとこれに条文が含まれない場面に多く接する。さらに、大阪天満宮御文庫本『類聚日本後紀』（後出）にみえる契沖奥書に、「水本分為二四十巻一」と注記する点も合わない。

水戸本『日本後紀纂』については、契沖本奥書に「元禄五年三月十九日以二水戸黄門卿日本後紀纂一校了彼後批如レ左／桓武至二淳和一共二冊以二一条内房公所蔵一写レ之　延宝庚申冬」とあり、また『大日本史編纂記録』二・三には延宝八年（一六八〇）「一条殿御所持之日本後記（ママ）二冊」「一条殿日本後紀抜萃」「日本後紀抜書二冊」としてこれを書写したことがみえることから[34]、両者が同一のものであることは疑いなく、一条家所蔵本を親本とすること明白である。

明治初期の成立とされる『一条家書籍目録』には、「日本後記（ママ）　二十冊」、「日本後記（ママ）［桓武平城／嵯峨淳和］　二冊」（禁裏本であろう）、「日本後記（ママ）纂　一冊」の三種が確認され[35]、書名から判断すれば「日本後紀纂」、冊数巻数からすれば「日本後紀」（禁裏本）が該当する。

ここで、菊亭本『日本後紀纂』に注目したい。菊亭本は、恐らく今日の表紙は後に装丁されたもので、表紙見返から透けて「日本後紀纂上一条」と原題にあったことが伺える。この「一条」を「一条家」と解釈することが許されるならば、菊亭本は一条家所蔵の『日本後紀纂』を親本とするものと考えられる。一条家本は書名が一定していなかったごとくで、一条家所蔵の禁裏本が「日本後紀纂」とも称されていた事実から、延宝八年に水戸藩が書写した写本は禁裏本であったとするのが穏当と思われる。また、内閣文庫本における「水本」などとする校合が『日本紀略』条文にのみ係ることもこれを裏づけよう。なお、乾坤・左右とするその名称も、『類聚国史』と『日本紀略』の性格を考慮すれば、適当といえる。

以上のごとく、『彰考館図書目録』に掲載される『日本後紀纂』は、乙類と丙類の二種であったものと推測されるが、加えて、水戸藩では甲類も所蔵していた痕跡がある。江頭慶宣氏が指摘されているところによれば[36]、『神道集成』に『日本後紀纂』が引用されており、これについて江頭氏は、

『類聚国史』の（和気）清麻呂薨伝は『日本後紀』と元々内容が一致しない。『日本紀略』なら一致するが、「事請」・「色如」・「不レ能二仰見一」・「不レ聴」の部分が、『日本後紀纂』（前者）（筆者註、本書にいう甲類）・『類聚日本後紀』では「事情」・「眼如」・「不レ見二作礼一」・「不レ歆」と記されている。それらが正保三年十一月徳川義直撰『類聚日本紀』と異同一つ無い全くの同文［尾張徳川黎明会発行『類聚日本紀』巻七十四・延暦十八年乙未（東洋印刷、昭和十四年）］という点も併せて勘案すると、後者（筆者註、本書にいう水戸本）ではなく、前者の系統本を『神道集成』脱稿の寛文十年以前から入手して引用していたと考えられる。

と述べておられる。『神道集成』に引用される『日本後紀纂』は、次の四条が存する。

1、日本後紀纂桓武紀曰、景雲三年七月、太宰府神主阿蘓麻呂、媚二事道鏡一、矯二八幡神託一曰、令三道鏡即二帝位一、天下太平、道鏡聞レ之情喜。天皇召二清麻呂於床下一曰、夢、有レ人来。稱二八幡使一曰、為レ奏二事情一。云云。宣三早参聴二神之教一、清麻呂往詣、神託宣。云云。清麻呂祈曰、今大神、所レ教是国家之大事也。託宣難レ信。願現二神異一、神忽然現レ形、其長三丈許也。眼如二満月一清麻呂情魂失レ度、不レ見二作礼一、於レ是神託宣、我国家、君臣分定、而道

鏡悖逆無道、輙望二神器一。是以、神霊震レ怒、不レ歆二其祈一、汝帰如二吾言一奏レ之。天之日嗣、《嗣ヲ嗣ニ》如レ続二皇緒一、汝勿レ懼二道鏡之怒一、清麻呂帰来、奏レ如二神教一。云云。（神道大系本　四二五頁）

2、日本後紀纂曰、弘仁十四年（十月脱）壬寅、坐二肥後国阿蘇郡一、従四位下勲五等建磐龍神、特奉レ充二当郡封二千戸一、千、疑十之訛。此神、久旱之時、祈即降レ雨、護レ国救レ民、靡レ不レ頼レ之。（神道大系本　四三〇頁）

3、日本後紀纂、嵯峨天皇紀曰、（坂上）田村麻呂者、従三位左京大夫兼右衛士督刈田麻呂子、正四位上犬養之孫、身長五尺八寸、胸厚一尺二寸、目如二蒼鷹一、鬚編二金絲一、有レ事而重レ身、則三百一斤、欲レ軽、六十四斤、随二心所一レ欲、怒レ目転視、則禽獣懼伏、平居談笑、則老少馴親。云云。（神道大系本　三三六頁）

（4）宝亀四年九月壬辰、有レ盗、喫二供祭物一、甃二社中一、去二十許丈一、更立レ社焉。〔日本後紀纂〕

（神道大系本　三六八頁。ただし神道大系本が「ママ」とするごとく、続日本紀の誤りか。）

このうち1が江頭氏の指摘されている条文である。『日本紀略』に同一条文が認められるものの、用字は『類聚日本紀』と共通する。2は『日本紀略』さらには『類聚日本紀』とも同文、3は『類聚日本紀』と同文である。

このように、『神道集成』所引『日本後紀纂』は、『類聚日本紀』の日本後紀部分と同一の内容であることはまず疑いない。そうすると、水戸藩に『日本後紀纂』が三種（甲類〈『神道集成』所引〉、乙類〈彰考館所蔵乾坤二冊〉、丙類〈『図書目録』掲載の左右二冊〉）あったということになり、やや考えづらい。このうち乾坤二冊すなわち乙類は延宝八年より元文元年までの間に水戸藩に所蔵されたことになり、また『神道集成』所引本すなわち甲類は江頭氏の指摘のごとく脱稿の寛文十年以前より所蔵していることとなる。

筆者は、水戸藩は乙類・丙類の二種を所蔵し、このうち丙類は『日本紀略』そのものであり、乙類は『類聚国史』を編年順に改めたもので、後者が『大日本史』編纂のため水戸藩において新たに作成されたものである可能性を考慮したが(37)、先に所蔵している『神道集成』所引本がありながら、『日本後紀纂』という同じ書名を付すかどうかも疑問である。記して後考を俟ちたい。

② 類聚日本後紀

ここでは、『類聚日本後紀』の諸本をみていくことにする。『国書総目録』によれば、「類聚日本後紀」と題する書は五本確認できる。このうち陽明文庫本はいまだ披見する機会を得ておらず、四本の写本を閲覧した。

イ、大阪天満宮御文庫本は、袋綴十冊、二十巻全巻が現存。架蔵番号別二〇―二。外題はなく、内題・尾題に「類聚日本後紀」とする。第一冊末に「天明二年（一七八二）五月十日、以㆓日本紀略御本巻五㆒校合了」「安永三年（一七七四）四月十日与㆓本書㆒一校了／通邦／天明三年（一七八三）癸卯正月廿四日、以㆓右本㆒校合了／川村正雄」との識語があるごとく、尾張藩の国学者・歌人である川村正雄の書写になる写本であり、稲葉通邦本による校合を経ていることが判明する。

注意しなければならないのは、第十冊末に契沖本の本奥書が存することである。契沖本については林勉氏の解題に詳細であるが(38)、契沖本の書名は『日本後紀』である。転写の際に書名に「類聚」を冠して真本と区別したものと思われる。これが「類聚日本後紀」の存在を意識したものかはわからないが、二十巻本『日本後紀』より派生する諸本のうちに『類聚日本後紀』と題する書が確認されたことになる。なお契沖書入れは鼇頭に注記し、分註も省略せずに書写されている。

ロ、井上頼圀旧蔵無窮会神習文庫所蔵本は、袋綴八冊、残闕本（巻七～十欠）である。架蔵番号二〇六七。閲覧は皇學館大学史料編纂所所蔵の紙焼によった。外題・内題ともに「類聚日本後紀」とある。

この写本はすでに佐伯有義氏によって紹介されているもので(39)、文政二年（一八一九）尾張大国魂神社祠官川口光裕が同社神主蜂須賀常栄本により書写したものである。本奥書に「寛政九（一七九七）丁巳年春二月二十六日、尾藩寺社以二公衙之本一写レ之畢」とみえていることは、イの親本である稲葉通邦本との関連も想起させる。本文は分註も省略せず書写されている。

ハ、諸陵寮旧蔵宮内庁書陵部所蔵本は、袋綴十冊、二十巻。架蔵番号陵一〇四〇。外題には「日本後紀」とあり、内題・尾題は「類聚日本後紀」とある。奥書は「三社宮神主／宮左京源保定書之」「源保定書之」「三社宮神主／源保定書之」「三社宮神主／宮左京源保定謹書之」などみえるが、源保定について筆者は承知しておらず、現在のところ書写年代等不明である。本文は分註も書写し、傍注および鼇頭に誤を正す書入れあり。

ニ、水谷川家旧蔵天理大学附属天理図書館所蔵本は、仮綴三冊、帙あり、残闕六巻（序・巻一～六）。架蔵番号二一〇・三―イ四三。外題は「日本後紀序」（第一冊）・「類聚日本後紀」（第二・三冊）、内題に「類聚日本後紀」とある。裏表紙の見返に「昭和廿八年九月廿七日　旦那会寄贈」の朱印あり。本文は分註も含め書写し、また鼇頭に「東扌」とする朱の書込などみられる。

以上が『国書総目録』をもとにそのうち四本の写本を調査した結果であるが、いずれも二十巻本『日本後紀』を遡ると断定できるものはない。しかし、『類聚日本後紀』とは別に、重要と思われる写本が存する。その写本とは、前田育徳会尊経閣文庫に所蔵される、二十巻本『日本後紀』（架蔵番号二一―九）である。袋綴二十冊、縦二九・五糎、横二〇糎。外題は題簽にて「日本後紀一（〜廿）」、表紙右上に「延暦十一年／至十三年」のごとく、また地に「一（〜廿）」と墨書する。丁数は第一冊より墨付三三、二二、三五、三六、二一、二七、三五、二六、四四、三一、二七、二一、三二、三二、三三、三六、二七、二七、二四、二三丁、いずれにも遊紙あり。奥書はなく、各冊とも墨付第一丁右上に「前田氏／尊経閣／図書記」の朱印あり。

本書の注目される点は、その内題である。すなわち、内題は「類聚日本後紀　一」のごとくするものの、上より墨で線を引き「類聚」の二字を抹消しているのである（尾題は第一冊のみに存し、やはり「類聚日本後紀　一」の「類聚」を抹消する）。表紙は後より装丁されたものと考えられ、本書こそが「類聚日本後紀」が「日本後紀」として流布する原因を招いたとも受け取れるのである。

問題は改題の時期であるが、第三冊表表紙見返に、「日本後紀四拾巻春澄善縄／撰レ之　其所レ記従二　桓武皇帝／延暦十一年一至二　淳和皇帝／天長十年一凡暦数四拾年也／蓋以二一歳一為二一巻一乎／寛文九年冬十月廿四日記之」とあって、内題と同じくこの箇所も墨で抹消されている。これよりすれば、内題より「類聚」の二字が抹消されたのは寛文九年（一六六九）以後となろう。

前田綱紀は、元禄十五年（一七〇二）から宝永元年（一七〇四）まで、三条西家の文庫の新築、図書の整理・修復を行い、『日本後紀』についてもこれを披見、修復を施していることが知られている[40]。前述（第一節②）のごとく、例えば水戸藩においては『日本後紀』が博捜され、安藤為章が『年山紀聞』に「西山公久しく日本後紀を探りたまふといへども、真の本を得たまはず。いにしころ京師より一本来りしを、彰考館にて吟味せられたるに、はやう偽書にてぞ侍し。契沖翁の見たる本も、此筋としられたり。」と記しているように、すでに「偽書」とする認識は周知のものとなっている。これ以後、流布する諸本にあわせて「類聚」の二字を抹消することは考えられない。

前田家の『類聚日本後紀』については、延宝九年（一六八一）に水戸家より借用の申し出がなされているものの、これに対する回答は確認できず、また水戸家でも「若其書（義直の命により堀杏庵が作成せるもの）ニ而御坐候へハ入不レ申候得共」と述べているので、実際に閲覧せずその書名を直接確認していなかったのかも知れない。[41]よって改題が延宝九年以後と断定するのは早計であって、現段階においては寛文九年以後間もなくと考えておく。

なお、二十巻本の写本のうちには、外題を「日本後紀」とし、内題を「類聚日本後紀」とするものが存する（八・宮内庁書陵部本の他にも例えば愛知県図書館所蔵本や筆者所蔵本のうち一本）。とすれば、前田家本も単に内題を写し損じたために抹消線を付したとも考えられる。しかし、前田家に『類聚日本後紀』と題される史料が所蔵されていたことは確実で、尊経閣文庫所蔵の二十巻本を披見するにこの写本が該当すると考えざるをえない。寛文九年以後まもなく内題の「類聚」を抹消したとすると、寛文九年以前に書写されたことが確実な二十巻本『日本後紀』が発見されない限りにおいては、その原由を前田家本に求めることはあながち的外れでもなかろう。

前田家が延宝九年までに『類聚日本後紀』を入手していたことは確実と思われるのに、水戸家などにその知識を伝えていないことも不審である。[42]書名を改めた者の意図とともになお慎重に検討しなければならないであろう。

『類聚日本紀』は正保三年（一六四六）の完成であることがその序文より明らかであるが、完成後間もなくは秘されて藩士であってもこれを容易に披見することは許されなかったという。仮に尾張藩の関係者が『類聚日本紀』から『類聚日本後紀』を作成し流布させたと想定する場合、藩内において藩祖の撰述書を別書に仕立てるということは考えがたい。他に、前田家において、巻首に序を配し日本後紀部分のみを一書に仕立てた『類聚日本後紀』が作成され、さらにそれを後に「日本後紀」と改題したことも考えられる。しかし水戸藩における認識を仔細に検討してみると、宝持坊本は「元来尾州様纏出申候事必定」であり、その上「松平（前田綱紀）加賀守殿ニも御所持」であることからその買取りは不要であるとし、一方の前田家に対して一覧したいことを申し出た際には、「此類聚日本後紀は尾張故大納言殿正意ニ被二申付一、類聚国史日本紀略等之書を以、集被レ申候由承及」んでおり、「若其書ニ而御坐候へハ入不レ申候得共、同名異物ニ而候半かと存」じ一覧を申し出ているのであって（第一節②）、『類聚日本後紀』が堀杏庵によって編纂されたことは前田家所蔵の『類聚日本後紀』を披見せずに、別のルートでもって知り得た事実であることを示唆している。するとやはり、前田家において新たに作成されたと考えることも難しいであろう。

　とすれば、『類聚日本紀』から『類聚日本後紀』が作成されたのではなく、『類聚日本紀』の材料とするために『類聚日本後紀』が作成され、『類聚日本紀』に至ったと考える方が妥当であろう。原『類聚日本後紀』が本来独立した単行の書であった可能性の高いことは、諸史料をもとにして前節に述べ、また二十巻本の内容からも、『続日本後紀』の引用がみられることはこの推測を助けるであろうことを本書第六章第三節に言及したところである。『類聚日本紀』から二十巻本『日本後紀』を作成したと想定する場合には、この中に『続日本後紀』を典拠とする記事が存することの説明が難しくなる。

　以上、『類聚日本後紀』という書名に注目して、これが『類聚日本紀』日本後紀部分の材料となり、また一方では前田家本を媒介として、二十巻本『日本後紀』にも至ったであろうことを推定した。これを前提として考えるならば、水戸藩などにおいて堀杏庵が『類聚日本後紀』を編纂したと認識されている事実、『類聚日本紀』全体の編纂について堀杏庵の関与が全く伝えられていない事実、このことについても、理解が可能となるのではないかと思う。すなわち、

（史料蒐集の段階は考慮の外におくとして）堀杏庵は『類聚日本後紀』の編纂にあたり、これを日本後紀部分に用いている『類聚日本紀』全体の編纂には全く関わらなかったということもないであろうが、その撰進は杏庵歿後のことであり、その段階では杏庵門下、『昔咄』にみえる深田正室、武野安斎、堀貞高らが事にあたっていた、と推測するものである。

③ 日本後紀纂・類聚日本後紀以外の書

参考として、この二つの書名以外の名で伝わる書について、先学によりすでに紹介されているものも含めてみていきたい。

・日本後紀（紀略）
　無窮会神習文庫蔵（二巻一冊、井二〇六一）。外題に「奈良本／日本後紀（自一至冊）」とあり、禁裏本と同一の内容である。
・日本後紀巻第卅四抄中抄出文
　大東急記念文庫蔵（一冊、二一―一一六―一三〇七）。西本・遠藤両氏によって紹介・検討されているごとく、近世期の後撰本に該当しない。
・日本後紀節録
　東京大学附属図書館南葵文庫蔵（天和三年〈一六八三〉二月校、小中村清矩旧蔵、一冊、G二四：三四八）。『日本後紀纂』甲類に同じ。
・日本後紀撮要
　天理大学附属天理図書館吉田文庫蔵（卜部兼雄一見、一冊、吉―一二―一三一）。遠藤氏によれば、二十巻本の抄本である。

・日本後紀抄

京都大学附属図書館蔵。遠藤氏によって紹介されており、猪飼氏旧蔵、外交記事についての塙本の抄本である。

・日本後紀鈔略

徳川ミュージアム彰考館文庫蔵（六冊、丑―四）。寛政八年（一七九六）八月、青柳祠官藤原義上により彰考館に献上。神宮文庫にも一本あり。盛岡市中央公民館所蔵の『日本後紀』二本（共に二冊、一〇〇二、一〇〇三）も、書名を「日本後紀」とするものの、彰考館本の転写本である。

内容は、二十巻本の転写本であるものの、注目すべきは、義上によって詳しい出典の考証がなされている点である。各条の干支の右に「類史」「紀略」などと注記し、(43)またその跋においても得られた知見を示している。本文には朱書により誤脱訂正を施し、『日本逸史』も校合に用いている。

・日本後紀備忘

宮内庁書陵部蔵（野宮定功写、一冊、二一〇―一一九）。本文はなく、語句を掲げてこれに注釈を施す。内題に「日本逸史第一」とあるので、本文に『日本逸史』を用いたことが判明する。

・日本後紀評閲

徳川ミュージアム彰考館文庫蔵（井上立綱等編、一冊、丑―四）。校異のみ掲げたもので本文はない。

・日本後紀続日本紀後《（マヽ）》三代実録鈔

高知県立図書館山内文庫蔵（一冊、ヤ二一〇―一六七）。延暦十一年より二十年に至るまでを収め、二十巻本に特異の条文を含むことから、その抄本と推察される。

・後紀集解

名古屋市鶴舞中央図書館蔵（四十巻二十冊、河リ―四六）。文化八年（一八一一）～十年、河村秀根・益根著。主に漢籍の出典を示した注釈書で、現存巻は塙本、散佚する巻は『日本逸史』を本文として用いる。

おわりに

本章では、幕府（林家）・水戸藩における『日本後紀』博捜と復原、また『類聚日本後紀』という書名に注目して、『類聚日本後紀』の日本後紀部分の編纂過程と二十巻本『日本後紀』流布に至る経緯、その中における堀杏庵の関与などの問題について検討した。『類聚日本後紀』の編纂過程、二十巻本『日本後紀』の流布に至る経緯について、筆者の理解を図示すれば次のとおりである。

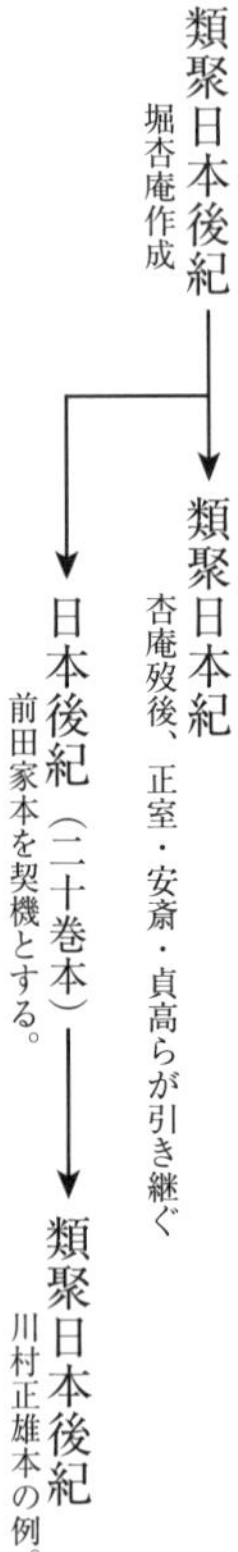

以上、多くの推測を重ねる結果となったが、このように、尾張藩においてはまず『類聚日本後紀』なる独立した書

が作成されたものと理解した場合、『類聚日本紀』における日本後紀部分の特異性が際だっていることの説明も可能になると考える。

註

（1）西本昌弘氏「『日本後紀』の伝来と書写をめぐって」（『続日本紀研究』三一一・三一二合併号、平成十年二月。以下、西本氏の所論は本論文による）。
（2）安川実氏『本朝通鑑の研究――林家史学の展開とその影響』（言叢社、昭和五十五年八月）五八頁。
（3）藤實久美子氏「「本朝通鑑」編修と史料蒐集――対朝廷・公家・武家の場合」（『近世書籍文化論――史料論的アプローチ』吉川弘文館、平成十八年一月。初出は平成十一年三月）。
（4）史料纂集本（山本武夫氏校訂）による。
（5）大日本近世史料『幕府書物方日記』各巻末の書名索引を参照。
（6）日本随筆大成（新版）、第二期第十六巻、三二〇頁。
（7）久保田収氏「水戸義公の学問的業績」（『近世史学史論考』皇學館大学出版部、昭和四十三年十二月。初出は昭和三十二年十一月）。
（8）名越時正氏「大日本史と義公」（『水戸学の研究』神道史学会、昭和五十年五月。初出は昭和三十二年十一月。以下、名越氏の所論は本論文による）。
（9）「往復書案」所収、吉弘左助・佐々介三郎書簡（大串平五郎宛、元禄二年（一六八九）五月十三日付。『大日本史編纂記録』二〇〇、所収）、徳川光圀書簡（三条西実教宛、「水戸義公書簡集」二〇九号書簡。徳川圀順氏編『水戸義公全集』下、角川書店、昭和四十五年十月、一〇一頁）。

なお、水戸藩の三条西家所蔵史料閲覧の交渉については、これが実現しなかったのではないかとする見解がみられる（吉田一徳氏『大日本史紀伝志表撰者考』風間書房、昭和四十年三月。但野正弘氏「大日本史編纂と史料蒐集の苦心」『水戸史学の各論的研究』慧文社、平成十八年八月。初出は昭和六十年四月）。

（10）藤森馨氏「湯島聖堂旧蔵徳川光圀献上本の所在確認と装訂――結び綴の意義」（『図書学入門』成文堂、平成二十四年三月。初出は平成七年三月）参照。

（11）小川幸代・大塚統子両氏翻刻「大日本史編纂記録」（『神道古典研究所紀要』七、平成十三年三月）六三頁。

（12）本書簡については、遠藤慶太氏よりご教示賜わった。

（13）新修名古屋市史資料編編集委員会編『新修名古屋市史』資料編　近世2（名古屋市、平成二十二年三月）。本文書は『類聚日本紀解説』（所三男・山岸徳平両氏執筆、尾張徳川黎明会、昭和十四年十一月）にも掲載。

（14）前掲註（13）『類聚日本紀解説』、跡部佳子氏「徳川義直家臣団形成についての考察（七）――義直の文治臣僚」（『金鯱叢書』九、徳川黎明会、昭和五十七年三月）など。なお、その第一の目的は本文に記したとおり日本後紀部分の確認にあったが、徳川光圀の好学が義直の影響を受けていること自体は認めてよいものと考える。例えば、『敬公遺事附録』に磯谷正卿が杏庵の曾孫にあたる松平君山に聞いた言としてその事実を述べていることを伝えているのをはじめ、両者の関係は田辺裕氏「尾張義直と水戸光圀」（『水戸史学』一八、昭和五十八年四月）などにも詳述されているごとくである。

（15）田辺裕氏「徳川義直の伊勢参宮――「神祇宝典」の成立に関連して」（『皇學館論叢』一―四、昭和四十三年十月）、同氏「「類聚日本紀」の成立」（『神道史研究』一八―四、昭和四十五年十月）。

（16）『御書籍目録』（寛永目録）における「後紀」が「続後紀」の誤りであることについては、第五章第二節参照。

（17）日本随筆大成（新版）第三期第十三巻、二九一頁。

（18）日本随筆大成（新版）第三期第十四巻、三一四頁。『尾張名古屋の古代学』（榎英一氏執筆、名古屋市博物館、平成七年二月）も参照。

（19）田辺裕氏前掲註（15）「『類聚日本紀』の成立」。

（20）鵜飼尚代氏「深田家の学問――細野要斎の視点から」（『愛知女子短期大学研究紀要』人文編二三、平成二年三月）。

（21）田辺裕氏前掲註（15）「『類聚日本紀』の成立」。

（22）『敬公行状』編纂については『士林泝洄』四（名古屋叢書続編・第二十巻、所収）、『朝林前編』編纂については「朝林叙」（鵜飼尚代氏「『朝林』――解題と「朝林叙」訳注」、名古屋学芸大学短期大学部東海地域文化研究所編『東海地域文化研究　その歴史と文化』思文閣出版、平成十八年三月。初出は平成十年七月）。

（23）次章第二節参照。

（24）武野安斎については、田辺裕氏「武野安斎（宗朝）覚書」（『藝林』三五―三、昭和六十一年九月）に詳しい。

（25）田辺氏前掲註（15）の二論文、跡部佳子氏前掲註（14）論文、吉岡眞之氏「蓬左文庫本『続日本紀』の諸問題」（『古代文献の基礎的研究』吉川弘文館、平成六年十一月。初出は平成五年四月）、前掲註（18）『尾張名古屋の古代学』、『新修名古屋市史』第三巻（鵜飼尚代氏執筆部分、名古屋市、平成十一年三月）等。

（26）『名古屋史要』（名古屋市役所、明治四十三年三月）、栗田元次氏「堀杏庵」（『郷土文化』二―二、名古屋郷土文化会、昭和二十二年三月）などは二十巻本『日本後紀』を杏庵の撰と明記するものの、典拠は示されていない。

（27）三橋広延氏「国史大系『日本逸史』付載資料の内容と伝来」（『国史学』一五五、平成七年五月）。

（28）以下掲げる諸本の調査にあたって、『国書総目録』・『古典籍総合目録』を参照した。なお、内閣文庫本『日本後紀纂』は紙焼によってのみ閲覧し、また彰考館および盛岡市中央公民館・高知県立図書館所蔵の諸本は国文学研究資料館所蔵のマイクロフィルム、『後紀集解』は皇學館大学史料編纂所所蔵の紙焼によって閲覧した。

（29）尾崎雅嘉『群書一覧』（享和二年〈一八〇二〉五月）、佐村八郎『国書解題』（六合館、明治三十三年二月）、佐伯有義氏「日本後紀　解説」（校訂標注六国史『日本後紀』朝日新聞社、昭和四年十二月）。

（30）『益軒全集』巻之二（益軒会編、益軒全集刊行部、明治四十四年四月）八五〇頁。

（31）契沖書写本『日本後紀』（徳川ミュージアム彰考館文庫蔵、二十巻十冊、丑―四）奥書。契沖本については、林勉氏による解説（『契沖全集』第十六巻、岩波書店、昭和五十一年五月）参照。
（32）西本昌弘氏前掲註（1）論文参照。
（33）大日本近世史料『幕府書物方日記』十三（東京大学史料編纂所編、東京大学出版会、昭和五十三年三月）二五八頁。
（34）小川幸代・大塚統子両氏翻刻「大日本史編纂記録（一）」（『神道古典研究所紀要』六、平成十二年三月）。
（35）武井和人氏「東京大学史料編纂所所蔵『一条家書籍目録』翻刻」（『中世古典学の書誌学的研究』勉誠出版、平成十一年一月。初出は平成七年七月・十二月）による。
（36）江頭慶宣氏「徳川光圀の八幡信仰――八幡改の問題を通して」（『神道史研究』六二―二、平成二十六年十月）。
（37）拙稿「『日本後紀』後撰本覚書」（皇學館大学史料編纂所報『史料』一九五、平成十七年二月）。
（38）林勉氏前掲註（31）解説。
（39）佐伯有義氏前掲註（29）解説。
（40）遠藤慶太氏「失われた古典籍を求めて――『日本後紀』と塙保己一」（『温故叢誌』六五、平成二十三年十一月）参照。
（41）本章第一節所引「水戸義公書簡集」四五三号書簡。
（42）例えば梶山孝夫氏は、「なお、『日本後紀』は前田家（綱紀の時）には所蔵されていたようであるが、水戸家では入手することができなかった。何故提供しなかったのかはわからないが、綱紀自身が単に知らなかっただけなのであろうか。」と述べておられる（「水戸学の話　第Ⅱ部の一」、ＢＬＯＧ江風舍、平成二十八年十二月三日付、http://edosakio.cocolog-nifty.com/blog/2016/12/post-ae97.html）。秘して他者に提供することはなくとも、何かしらの情報提供はあってもよいのではないかと感じる。
（43）ただし、例えば筆者が仮に扶桑略記系統の本によるとした条文、あるいは『扶桑略記』資治表より引用する箇所などは判明しなかったらしく、明記されていない。

第八章　尾張藩二代藩主徳川光友の学と堀杏庵門下

はじめに

前章では、尾張藩における『類聚日本紀』と二十巻本『日本後紀』をめぐる所伝が肝心の尾張藩の記録に認められないことを述べた。それでは、なぜ、尾張藩と関わりの深い稲葉通邦や内藤広前であっても正しく伝えられていないのか。また堀杏庵の関与を直接的に語る史料が存しないのか。その理由の一つとして、『類聚日本紀』編纂が義直一人の功績として伝えられたためであろうと先に若干述べたが、このことのみならずより根本的な原因があると筆者はみている。このことは、尾張藩『類聚日本紀』と二十巻本『日本後紀』の関係についてのこれまでの考察にとっても極めて大きな問題点であるので、本章でその原因を考えてみたい。

さて、近世初期の学問において、京学派の活躍は非常に大きな比重を占める。とりわけ、藤原惺窩（永禄四年〈一五六一〉―元和五年〈一六一九〉）の四天王と称された門弟についてみると、松永尺五（文禄元年〈一五九二〉―明暦三年〈一六五七〉）は京都にあって惺窩の学風を堅持し、林羅山（天正十一年〈一五八三〉―明暦三年〈一六五七〉）が幕府、那波活所（文禄四年〈一五九五〉—慶安元年〈一六四八〉）は紀州藩、そして堀杏庵（正意。天正十三年〈一五八五〉—寛永十九年〈一六四二〉）が尾張藩にそれぞれ活躍の場を得た[1]。

尾張藩の初代藩主である徳川義直[2]（敬公。慶長五年〈一六〇〇〉—慶安三年〈一六五〇〉）は、駿河御譲本の相続を受けたのに加えて自らも積極的に蒐書をはかり[3]、また『類聚日本紀』や『神祇宝典』をはじめとする編纂事業を行ったこと[4]など、その好学は広く知られた事実である。そして、その教学の背景には堀杏庵、林羅山など京学派の存在が指摘される。

尾張藩二代藩主光友[5]（正公、瑞龍院。寛永二年〈一六二五〉—元禄六年〈一六九三〉隠居、元禄十三年〈一七〇〇〉薨去）以後の藩主と京学派との関わりの推移については、『名古屋市史』[6]に、

杏菴、円空の学も未だ其隆盛を見るに及ばず、元贇は僅に明人の故を以て、一時の尊崇を博せしのみ、杏菴の学統は、纔に円空の子によりて、一縷の命脈を繋ぎしに過ぎず、而かも其筆蹟の多くは伝ふべきなし、

とあり、鵜飼尚代氏は『新修名古屋市史』[7]において、

綱誠のとき、堀杏庵の晩年の弟子並河魯山は綱誠の補弼として、また堀貞高などもそれぞれに活躍し、朱子学のいわゆる京学派は健在であったが、『尾張風土記』の編纂に際しては、尾張藩の生え抜きともいえる学者が採用された。藩としてそうした学者の力量を認めた意義は大きく、とくに天野信景・真野時綱・吉見幸和は尾張を代表する学者に成長するのである。

ちなみに『張州府志』を編纂した松平君山が、堀貞高・貞儀の遺した史料をもとに『士林泝洄』を編纂したことを考えあわせると、尾張の近世前期の学問の流れは松平君山に収束する観がある。

と記される。

尾張藩の儒学における学統・学派について概観すると、(一)京学派、(二)闇斎学派、(三)君山学派、(四)折衷派、(五)蘐園学派、(六)冢田学派、(七)その他、に大別できる。(8)この内、初期においては京学派が占めていたことは言に及ばず、やがて闇斎学派・君山学派が擡頭し、やがて藩校明倫堂を拠点に冢田学派が中心となるまで、主導的立場を占めた。

このような情勢の中、京学派に連なる堀杏庵門下の人々はどのように藩主に学をもって仕え、また盛衰を迎えたのであろうか。杏庵門下と藩主、ことに二代光友との関わりについての推移を展望することによって、尾張藩における学問の隆盛期に至る過程を垣間見ることとし、あわせてそのことが尾張藩における二十巻本をめぐる所伝が失われた原因となったことを論じたい。

一　杏庵没後の杏庵門下と尾張藩

尾張藩主と京学派の関係が義直に始まることは、周知の通りである。初代義直のもとで活躍した角倉素庵(本姓吉田、名玄之、通称与一。元亀二年〈一五七一〉―寛永九年〈一六三二〉)、堀杏庵、深田円空(得和、正室。天正七年〈一五七九〉―寛文三年〈一六六三〉)、武野安斎(知信。慶長二年〈一五九七〉―明暦二年〈一六五六〉)、熊谷活水(?―明暦元年〈一六五五〉)、吉見幸勝(元和元年〈一六一五〉?―延宝四年〈一六七六〉)、並河魯山(士健、自晦。寛永六年〈一六二九〉―宝永七年〈一七一〇〉)、陳元贇(天正十五年〈一五八七〉―寛文十一年〈一六七一〉)(9)らの顔ぶれは、義直に召され名古屋東照宮神主となった幸勝の他は皆、義直が召し、あるいは杏庵に従って義直に仕えた、杏庵に近しい儒者である。

さて、光友以降の京学派の盛衰を考えるには、幕末まで藩儒の地位を受け継ぐ深田家、三代綱誠（誠公、泰心院。家督元禄六年〈一六九三〉―同十二年〈一六九九〉薨去）の代に活躍したとされる堀貞高・並河魯山、の動向について注意する必要があろう。

①　深田家[10]

深田家においては、二代明峰（正清、正室。寛永十六年〈一六三九〉―宝永四年〈一七〇七〉）は円空の卒去後に二代藩主光友に召し出され、『尾張風土記』の編纂に関わった他に「玉衡」（『璿璣玉衡図』）を献上するなど天文学にも通じ、三代慎斎（正倫。貞享二年〈一六八五〉―元文二年〈一七三七〉）は宝永四年（一七〇七）四代吉通に仕え、この慎斎の時、京都から引き上げ尾張に移る。崎門学が尾張に定着するのは、宝永より後のこととされるが[11]、四代厚斎（正純。正徳四年〈一七一四〉―天明四年〈一七八四〉）の代に、深田家に崎門学が取り入れられたという。五代九皐（正益。慎斎の子。元文元年〈一七三六〉―享和二年〈一八〇二〉）は、儒学だけでなく詩文和歌も得意とし、次の香実（正韶。九皐の一男。安永二年〈一七七三〉―嘉永三年〈一八五〇〉）は、崎門学を奉じつつ、国学・和歌にも関心を示し、また仏教の造詣も深かったという。

深田家は、円空以来京都にあり、その学も円空・明峰は天文学に通じるも慎斎以降継承された形跡はないとされ、後には崎門学を受け入れるなど、家学の継承というより変容が見てとれる。先に引用した『名古屋市史』学芸編の評言のごとき深田家の盛衰の背景には、かような状況が影響したことも考えられる。

② 並河魯山

並河魯山は、義直から綱誠に至る三代に仕えたが、終身娶らずに子はなかった。[12] とはいえ、『昔咄』には、自晦（魯山）の弟子が四代吉通に儒学を申し上げたことがみられる。

【史料二】『昔咄』第七巻

儒ハ並河自晦が弟子足立元長申上げ、後に林大学《鳳岡》頭殿の弟子にならせられ、昔　源敬公の御建なされし聖堂御修覆ありし。神道幷有識《職カ》ハ　御在国の時、吉見左京《幸和》大夫御相伝仕りぬ。

（名古屋叢書・雑纂編（1）、二六六頁）

③ 堀家[13]

杏庵に従って尾張藩に仕えたのは二男貞高（忘斎、勘兵衛。寛永元年〈一六二四〉―元禄八年〈一六九五〉）・三男道隣（寛永八年〈一六三一〉―元禄八年〈一六九五〉）であるが、道隣は杏庵卒去後の寛永十九年（一六四二）十二月に父家領の内二百石を継ぐも、寛文六年（一六六六）病により食邑を辞し、延宝六年（一六七八）四月再び二百石を賜うものの、元禄七年（一六九四）、老により再度食邑を辞し、嗣なく絶えている。

一方の貞高は、寛文四年（一六六四）御側足軽頭となり国政に参聞するも、元禄五年（一六九二）一月に辞職、同六年七月致仕、同年七月祝髪。元禄八年七月二十五日、七十二歳にて卒去した。後に述べるように、貞高の子貞儀（？―元文二年〈一七三七〉）とともに、いくつかの編纂事業に参画するなど、貞高の家系が京学派の学を受け継いで然るべきであったはずである。しかし、貞儀の子孫に文人としての活躍は見出せない。安芸の堀家が景山はじめ多くの儒医を輩出したのとは対照的でさえある。堀貞高については、『朝林』の編纂に従事したために将軍綱吉の命によって処刑されたとする仮説も提起されており、[14]これに従えば堀家の凋落についても説明がつくが、なお断言するには論拠に乏しいように思われ、この仮説に今は従わない。とはいえ、将軍との関係を論ずるのは突飛であろうものの藩主との関係を論じることは必要であろう。そこで、節を改めて、堀貞高と藩主との関係についてみていきたい。

二　徳川光友と堀貞高

杏庵卒去後の貞高と藩主光友との関係について考える場合、先学において、両者の関係を好意的に取り上げるとされるのは、次の史料である。

【史料二】『士林泝洄』堀貞高の項

（寛文）四年辰八月八日、為㆓御側足軽頭㆒、加㆓倍百石㆒、参㆓聞国政㆒。

（名古屋叢書続編（四）二一六頁）

【史料三】「朝林叙」

（前略）其子臣貞高以㆓博聞強記㆒被㆓瑞公（徳川光友）寵遇㆒、出㆓入署中㆒二十有一年、日記㆘柳営事実可㆑為㆓後鑑㆒者㆖、名曰㆓朝林㆒、其子臣貞儀継㆓其志㆒輯㆓録之㆒、（後略）

（鵜飼尚代氏論文による）[15]

史料二には、「国政に参聞す」とあるが、この点については後掲史料五と併せ考えたい。史料三には、「瑞公の寵遇を被」ると明記されている。「二十有一年」とはいつからいつまで、何れの署にあったことをいうのか不明であるものの、具体的である。とはいえ、この序は松平君山[16]の筆になるものであるが、同じく君山の筆になる「士林泝洄序」に、貞高について次の文言が見られる。

【史料四】「士林泝洄序」

（前略）寛永中、柳営特命二宿儒林道春《（羅山）》等一、撰二諸家系図一、納二之日光山神庫一。是時堀正意奉二仕張藩一、以二奉書一見レ召、赴二　東都一、掌二編修之事一、有レ年二於此一。正意男貞高近二侍　敬公一、奉　レ教、撰二　藩僚諸家系図一。名曰二士林泝洄一、以二甲乙一為レ目、凡十部。其書未レ就、貞高以二博聞強記一、日出二入署中一、不レ遑二銓次一。貞高男貞儀奉二仕　泰心公《（徳川綱誠）》一、掌二監察之職一、後年致仕居レ閑、私撰二諸家系譜一、以附二其後一。（後略）　（名古屋叢書続編（一）一頁）

以上二つの史料は、いずれも貞高の孫にあたる松平君山の視点によるものであり、かつ同じような表現もなされており、序文という性格上、藩主を顕彰し自らの先祖との関係も良好に記すなどの意図的な記述がなされている可能性は否定できない。一方、林鵞峰（元和四年〈一六一八〉―延宝八年〈一六八〇〉）の述べる両者の関係は、右と大きな相違がある。鵞峰の日記『国史館日録』にみえる、貞高との交流の記事は次の通りである。

【史料五】『国史館日録』

・寛文五年十一月晦日条

午後堀勘兵衛貞高来尋話レ旧、且談二国史之事一、中後帰去、是尾陽之士也、其父杏菴正意以二儒医一聞二于世一、貞高曾侍二尾陽故亜相君《（徳川義直）》一頗見二国史一、昼夜近候、粗預レ聞二　御当家草創成功之事一、今黄門君《（徳川光友）》不レ好二文筆一、故彼不二近侍一、唯勤二宿直一而已、亜相遇二先考《（林羅山）》一甚厚、故余亦彼懇眷、及二黄門之時一以来不レ預二顧問一、故少二往謁一、然未レ忘二先公之恩遇一、此岡　先聖殿本是亜相所二鼎建一、聖像四配及俎豆爵樽等皆同被二寄進一、則至二子孫一亦不レ可レ怱《（忽カ）》焉、然無レ事而至二諸侯之館一則似レ有レ所レ求、故於二黄門君一雖レ似レ失レ礼、無二奈之何一、聞、令嗣中将君《（徳川綱誠）》英敏可二以喜一焉、今日貞高談曰、源頼政墓在二美濃国山形一、与二官本系図一所レ載不レ差、此地今隷二尾陽一而家臣石河氏領レ之、請二余立レ碑作レ誌、余以二貞高紹介故一不レ拒レ之、詳聞二其由来一、貞高悦而去、　（史料纂集本（一）一六一頁）

•寛文五年十二月十二日条

使下侍生了泉（小出）写中頼政碑上而加レ点、以遣二于堀貞高一、　（史料纂集本（一）一七一頁）

•寛文七年六月三日条

今午、堀貞高来、是尾陽士也、貞高父者所謂杏庵正意也、貞高少時、昼夜侍二故亜相一、能知二本朝之事一、是以談二修史趣一、彼亦巡二視館中一、大槩窺見之、移レ刻而去、　（史料纂集本（二）一二〇頁）

•寛文八年正月二十八日条

午時堀勘兵衛貞高来談、聞二改補及対読一且見二友元（人見）・春常（林鳳岡）所レ草、会津中将（保科正之）書生横田三田来談[17]、曰、中将屢及二余事一云云、少時而三田去、貞高留伴二晩炊一、与二狛庸（狛高庸）及二清隆（岸田）一相酬傾二四五盃一、彼与二畠山休山（政信）一旧識、故殊賀二結婚之事一、申刻後、浄二書永伊牧（永井尚庸）二十詠一、逐次相代筆レ之、紙少不レ足而未レ成、貞高在レ傍而談、此間岡剛（岡井碧庵）来、薄暮貞高去、　（史料纂集本（三）一二二頁）

•寛文九年七月二日条

堀勘兵衛貞高来、是少時侍二尾張源敬公一而習二熟倭学一者也、故終日相話、或見二新修本一、或見二旧記一、或問二故事一、談二往事一、而伴二晩炊一而去、　（史料纂集本（四）三〇頁）

『国史館日録』には、寛文四年（一六六四）から同十年までの七年間に、四度の貞高の来訪が確認され、いずれも話題は専ら国史のことであったようである。また、同じく尾張藩の儒者並河魯山の来訪も確認され[18]、杏庵、義直、羅山の没後においても杏庵門下と林家の間に交流がもたれていたことが窺える。

さて、問題となるのは、鵞峰が貞高について、「今の黄門君文筆を好まず、故に彼近侍せず、唯宿直を勤むるのみ」と記していることである。また鵞峰自身についても「亜相先考を遇すること甚厚し、故に余も亦彼に懇眷なり、黄門の時に及びて以来顧問に預からず、故に往謁すること少なし」とし、礼を失するようであるが、事もなく諸侯の館に赴くのは求めるところがあるようであるので、いかんともなし、というのである。

尾張藩において寛文年間（一六六一～一六七三）は光友の治世であるが、貞高は寛文四年八月に御側足軽頭となり国政に参聞したばかりであった（史料二）。ここでいう「宿直を勤むるのみ」とは、専らの話題が国史のことであるから、そうした事業に携わっていない、あるいは学を講じていない状況を示すのであろう。光友は諸芸には長けていたので、ここでいう「文筆」とは儒学、より具体的には国史の学を指すものと思われる。しかし、「国政に参聞する」ものの光友は文筆を好まぬ故に敢えて近侍することはなかったというのであるならば、光友と貞高の関係は極めて重要となる。すなわち、鵞峰と交渉をもっていた並河魯山など、光友に学をもって仕えた他の杏庵門下についても同様な光友観を抱いていた可能性が存する訳である。

そもそも、義直や杏庵の周辺は排仏の思想を有していたに拘らず、光友は義直の葬儀を仏式とし、光圀の批判を受ける結果となった[19]。鵞峰も、光友よりも綱誠に期待を寄せていた（史料五）。ここにおいて、光友の学問について再考する必要が生ずる。

三　尾張藩初期の編纂事業

徳川光友については、和歌・書・絵画・茶道・能楽・音楽などの諸芸に長け[20]、また武芸を弁えていたことが知られ[21]、まさに多芸の人であったようである。社寺の信仰も厚いものがあった[22]。他方、学問としての国史・神道については、管見の限り、先学の成果[23]を参照しても諸史料に光友が好学であった旨の明確な記述は見出せない。義直の好学は、その編纂事業に代表されるといってよく、事業を通じて多くの人と史料が集まった。本節では、尾張藩初期の編纂事業に注目し、光友の学問への関心について考えてみたい。

①　修史事業

義直の編纂事業として、まず『類聚日本紀』の編纂が掲げられる。正保三年（一六四六）の序を有する『類聚日本紀』の史料蒐集には、堀杏庵・吉見幸勝なども派遣され、また角倉素庵・平次父子の献上本も中核となっている[24]。編纂にあたっては、主として堀杏庵がこれにあたり、杏庵没後はその門人である深田正室（円空）・武野安斎・堀貞高が引き継いだものとも考えられる（『昔咄』第八巻）[25]。

本書は、歴史書を「今而不二装飾一、則将来又益壊爛」（「類聚日本紀序」）との目的から編まれたもので、その内容は、六国史を本文とし、これに異説や補遺等を分註として引用する[26]。対象は六国史の終わる光孝天皇の御代までであるが、末尾に「神代系図」（一巻）の他、神武天皇より後陽成院に至る「帝王系図」（三巻）を付しているのは注目してよいであろう。義直は林羅山に『宇多天皇紀略』の作成をも求めていることからも（「羅山林先生年譜」、「羅山林先生行状」[27]）、将来的に六国史以後の修史を視野に入れていた可能性が指摘できる。また、編纂を終えた『類聚日本紀』の刊行も期していた（「類聚日本紀序」）。

しかし、尾張藩においては以後、宇多天皇以来の歴史が編纂されることはなかった。のみならず、これを刊行するどころか、光友は、義直・光友期に形成された「御文庫」の蔵書閲覧を厳しく制限していたようで[28]、とりわけ義直撰述書については他見を嫌っていた[29]。貞高が「不レ好二文筆一、故彼不二近侍一、唯勤二宿直一而已」であり、また鵞峰も「及二黄門之時一以来不レ預二顧問一」という状態であった素地はここに垣間見ることができるように思われるのである。

② 家康・義直の事績

尾張藩において創業の主たるは、義直の時においては家康、光友以後においては義直であろう。義直は家康を尊崇し、『御系図』、『御年譜』、『成功記』などを編んだ[30]。そして、その『御年譜』編纂には魯山が関わり（『趨庭雑話』[31]）、『成功記』編纂の場には貞高が近侍したことが窺える（史料四）。光友は建中寺を建てて義直の菩提を弔うなど、もちろん父義直を慕っていたであろうが、敬公の行状は元禄七年（一六九四）七月、三代綱誠より並河魯山に撰修の命が下るや、特に貞高に参与させ（六年七月に致仕）、貞高卒去に同じ元禄八年七月に完成している（『敬公御行状』[32]）。

③ 藩士家系

史料四によれば、義直の命を受け貞高によって「士林泝洄」として編纂が開始された。しかし、貞高は「銓次するに遑あらず」、貞儀は「致仕し閑居り、私に諸家の系譜を撰し、以て其の後に附」したのであって（貞儀の致仕は元禄十四年）、光友の関与は窺えない。

④　幕府記録

「朝林」の編纂は、貞高が「瑞公の寵遇を被り、署中に出入すること二十有一年、日柳営の事実後の鑑たるべき者を記す」（史料三）とあって、一見光友との関わりを想起させるが、しかし光友の命によって編纂されたとは一言もなく、これを光友の事業とすべきか否かは不分明である。[33]

⑤　地誌

光友の時代、『寛文村々覚書』がまとめられているが、これは政治上の必要から生じたもので、かつ地誌とするには不十分なものである。元禄十一年（一六九八）には、綱誠より横井時庸・深田明峰・吉見幸和・天野信景以下に『尾張風土記』の編纂が命ぜられたが、これは「惜哉、其功不レ成、而公逝去、撰述止」まった（『天保会記鈔本』[34]）。四代吉通はわずか十一歳での襲封であるから、早くより指摘されているように、在世中の光友の賛意を得られなかった故と考えられる。

以上、いずれの事業においても、保留する④幕府記録を除き光友の時代は空白となっている。光友の治世は四十四年の長きに及び、これだけの期間、藩としての編纂事業の企てがなかったことは、儒者を中心とする学者の参集する貴重な機会を奪ったものと考える。

もっとも、光友は万治元年（一六五八）に御書物奉行を設置し、初代は武野安斎の二男、儒者並であった武野信統（?―延宝七年〈一六七九〉）が任命されている。また、後には松平君山、河村秀頴（秀根の兄。享保三年〈一七一八〉―天明三年〈一七八三〉）、深田九皐、深田香実らが在任しているが、当初は専ら右筆がこれにあたった[35]。また、後には複本のあるものに限って公開が許されるものの、光友期の御文庫は一般に開かれたものではなく、光友の時代ただ一人、取り次ぎのため御文庫への出入りを許された並河魯山でさえ、拝見は許されなかったほどである[36]。

しかし翻って鑑みれば、尾張藩において、民間で「文会」と称される古典研究会が開かれたことが確認されるのは元禄から宝永年間にかけてのことである[37]。大津町学校が創建されるもいまだ教育機関設置について機の熟していない当時[38]、林家における国史館、水戸における修史局のごとき役割を果たす藩の組織が存在しなかったことが、逆に「文会」などを結成する一背景となったのかもしれない。

おわりに

史料五に見える通り、三代藩主綱誠は貞高や鵞峰の期待を背負っていたことが明らかであるが、二人に限らず、母千代姫が光友の正室であった上に、三代将軍家光の一子であったというその血統からも、まさに期待を一身に背負っての藩主就任であった。

その治世は財政難に苦しんだものの[39]、学問の面においても実際にいくつかの編纂事業を起こしたが、その藩政は短く七年で薨去、これを継ぐ吉通も幼少で、『尾張風土記』編纂は頓挫した。しかしこの元禄の世、「文会」などの会合や『尾張風土記』編纂に参加した天野信景・吉見幸和らが活躍を始め、尾張藩の国史・神道研究は発展の途を駆け上ってゆくのであった。

一方、杏庵門下は、堀貞高や貞儀、並河魯山が『敬公行状』『士林泝洄』『朝林』編纂に関わり、また魯山とその門弟は綱誠・吉通に儒学を講じた。光友期に疎遠となった林家との交流も、吉通がその学を受ける（史料一）など、再び垣間見られるようになる。深田氏も、京都を引き上げて尾張に移った。京学派の活動は光友一代によって藩から離れた訳ではないが、時代の潮流もあって、その主役の座はすでに京学派から他学派へと移行しつつあったということができ、尾張藩の学問の一つの画期がここに見られるものと考える。

元禄の世は、幕府においては将軍綱吉のもと、林信篤が蓄髪して大学頭に任ぜられ、湯島聖堂の造営が進められるなど、官学としての儒学はまさに最盛を迎えた時であった。本章の結論に大過なしとすれば、この時期というのは、幕府における林家と尾張藩における杏庵門下の行く末を象徴するもののようである。

そしてこのような経緯が、尾張藩における『類聚日本紀』編纂、また二十巻本『日本後紀』との関係を物語る所伝が尾張藩自身では早くに失われることになる原因となったものと考える。

註

（1）その政治思想への反映については、柴田純氏『思想史における近世』（思文閣出版、平成三年六月）が、紀州藩における那波活所の位置と藩主頼宣の「学文」について論じている。
（2）徳川義直については、西村時彦氏『尾張敬公』（名古屋開府三百年紀念会、明治四十三年三月）、図録『徳川義直と文化サロン』（徳川美術館、平成十二年九月）、また義直の学問については、高木元豁氏『徳川義直と尾張学』（名古屋市、昭和十八年十月）、田辺裕氏「徳川義直の学問振興」（『藝林』一九―三、昭和四十三年六月）、同氏「徳川義直の神道研究」（『高原先生喜寿記念皇學論集』所収、皇學館大学出版部、昭和四十四年十月）、跡部佳子氏「徳川義直家臣団形成についての考察（七）――義直の文治臣僚」（『金鯱叢書』九、徳川黎明会、昭和五十七年三月）、佐藤豊三氏「徳川義直と寛永の文化人」（『金鯱叢書』二七、徳川黎明会、平成十二年十一月）がある。後掲註（8）も参照。
（3）川瀬一馬氏「駿河御譲本の研究」（『日本書誌学之研究』大日本雄弁会講談社、昭和十八年六月。初出は昭和九年九月）、杉浦豊治氏『蓬左文庫典籍叢録　駿河御譲本』（人文科学研究会、昭和五十年九月）、山本祐子氏「尾張藩「御文庫」について（一）――義直・光友の蔵書を中心に」（『名古屋市博物館研究紀要』八、昭和六十年三月）、「同（二）――蔵書目録からみた「御文庫」の展開」（『名古屋市博物館研究紀要』九、昭和六十一年三月）、『尾張徳川家蔵書目録』第一巻（ゆまに書房、平成十一年八月）の解題（山本祐子氏執筆）、等参照。
（4）その全容については、田辺裕氏「徳川義直の撰述書目（上）（下）」（『藝林』一八―一・二、昭和四十二年二・四月）参照。
（5）光友は、初名を光義といい、光友と改名するのは寛文十二年（一六七二）のことであるが、本章では全て光友で統一する。光友については、『名古屋市史』政治編第一（名古屋市、大正四年十一月）、加藤英明氏「光友と寛文の改革」（『新修名古屋市史』第三巻、名古屋市、平成十一年三月）参照。
（6）『名古屋市史』学芸編（名古屋市役所、大正五年十二月）八頁。
（7）前掲註（5）『新修名古屋市史』第三巻、七九一頁。
（8）前掲註（6）『名古屋市史』学芸編による。この他、尾張藩および尾張藩主の学問については、前掲註（2）に加え、川島丈内氏『名古屋文学史』（松本書店・東文堂書店、昭和七年二月）、『名古屋市史』人物編第二（名古屋市役所、昭和九年五

月）、『愛知県史』第二巻（愛知県、昭和十三年三月）、鬼頭素朗氏『尾張学概説』（奎星社、昭和十五年一月）、岡本柳英氏「尾張歴代藩主と教学の発達」（文化財叢書五七『蓬左史話十集』名古屋市教育委員会、昭和四十八年二月）、鵜飼尚代氏「深田家の学問——細野要斎の視点から」（『愛知女子短期大学研究紀要』人文編二三、平成二年三月）、『尾張名古屋の古代学』（榎英一氏執筆、名古屋市博物館、平成七年二月）、岸野俊彦氏『幕藩制社会における国学』（校倉書房、平成十年五月）、『新修名古屋市史』第三巻・第四巻（名古屋市、平成十一年三月）、等参照。

（9）前掲註（2）（8）の他、角倉素庵については、林屋辰三郎氏『角倉了以とその子』（星野書店、昭和十九年四月）、同氏『角倉素庵』（朝日新聞社、昭和五十三年三月）、図録『特別展　没後三七〇年記念　角倉素庵』（大和文華館、平成十四年十月）、堀杏庵については、栗田元次氏「堀杏庵」（『郷土文化』二―一、名古屋郷土文化会、昭和二十二年三月）、鵜飼尚代氏「堀杏庵の歴史解釈」（林董一博士古稀記念『近世近代の法と社会』清文堂出版、平成十年二月）、武野安斎については、田辺裕氏「武野安斎（宗朝）覚書」（『藝林』三五―三、昭和六十一年九月）、熊谷活水については、鵜飼尚代氏「熊谷活水に関するノート」（『愛知女子短期大学研究紀要』人文編二七、平成六年三月）、吉見幸勝については阿部秋生氏『吉見幸和』（春陽堂書店、昭和十九年四月）、陳元贇については、小松原濤氏『陳元贇の研究』（雄山閣出版、昭和四十七年十一月）などの研究がある。

（10）以下深田家については、『士林泝洄』等を参照するも、鵜飼尚代氏前掲註（8）論文に全面的に依拠している。

（11）鵜飼尚代氏「江戸初期の尾張の学問について——元禄・宝永期の闇斎学を中心として」（『郷土文化』五六―一、名古屋郷土文化会、平成十三年八月）。

（12）前掲註（8）『名古屋市史』人物編第二、二〇二頁。

（13）堀家は、尾張の尾州堀、安芸の北堀（宗家）・南堀（分家）に分かれ、それぞれ幕末まで続いている。系譜として、尾州堀については『士林泝洄』巻百一壬之部一（名古屋叢書続編・第二十巻、所収）、北堀・南堀については「曠懐堂堀氏譜系」・「堀氏譜図」（高橋俊和氏「「曠懐堂堀氏譜系」と「堀氏譜図」」『堀景山伝考』和泉書院、平成十九年二月。初出は平成十六年一月）がある。ここでの記述は『士林泝洄』による。

(14)田辺裕氏「堀貞高の死因と『朝林前編』」(名古屋学芸大学短期大学部東海地域文化研究所編『東海地域文化研究　その歴史と文化』思文閣出版、平成十八年三月。初出は平成十四年七月)、同氏「『士林泝洄』と『敬公行状』——尾張藩士の系譜集の堀貞高伝の読み方」(『藝林』五一—二、平成十四年十月)。
(15)鵜飼尚代氏「『朝林』——解題と「朝林叙」訳注」(前掲註(14)『東海地域文化研究　その歴史と文化』。平成十年七月)。
(16)松平君山の母は貞高女。ただし独学で師をもたなかったようで、京学派の学を受け継ぐものではない。君山については、前掲註(8)の他、市橋鐸氏『松平君山考』(文化財叢書七三、名古屋市教育委員会、昭和五十二年十一月)参照。
(17)矢崎浩之氏「『升堂記』について——林家塾入門者記録」(『いわき紀要』二一、平成六年四月)に翻刻・整理された東京大学史料編纂所所蔵『升堂記』中に「横田三由」の名が見え、同一人物かとも思われる。
(18)『国史館日録』寛文五年(一六六五)十二月十四日、同六年七月二十四日条。
(19)田辺裕氏「尾張義直と水戸光圀」(『水戸史学』一八、昭和五十八年四月)参照。
(20)小野恭靖氏「徳川美術館蔵「徳川光友筆歌謡」考」(『近世歌謡の諸相と環境』和泉書院、平成十一年十月。初出は平成五年二月)、同氏「徳川光友の文芸」(同書所収。初出は平成七年二月)を参照。
(21)『昔咄』に記事が散見する。前掲註(5)『名古屋市史』政治編第一、一二二頁、なども参照。
(22)田中善一氏「尾張光友と若宮八幡宮」(『熱田神宮とその周辺』名古屋郷土文化会、昭和四十三年八月。初出は昭和三十九年十二月)、前掲註(5)『新修名古屋市史』第三巻、など参照。
(23)前掲註(8)。
(24)田辺裕氏「徳川義直の伊勢参宮——「神祇宝典」の成立に関連して」(『皇學館論叢』一—四、昭和四十三年十月)、同氏「『類聚日本紀』の成立」(『神道史研究』一八—四、昭和四十五年十月)参照。
(25)名古屋叢書所収本、二八八頁。なお、本書第七章第一節参照。
(26)本書第六章第一節。

（27）『林羅山詩集』（弘文社、昭和五年七月）附録、三〇頁・五一頁。
（28）山本祐子氏前掲註（3）論文参照。
（29）例えば『国史館日録』寛文四年（一六六四）十一月二十六日条に、
松平甲斐守《輝綱》寄二借東照神君御年譜等三帖一、是本故尾張亜相《徳川義直》之所レ編也、先考《林羅山》代レ之為レ序、雖二秘而不一レ出、先考曽写レ之、然罹二丁酉之災一、今尾張黄門《徳川光友》嫌レ令二他見一、我素知二此本輝綱蔵一レ之、故伝二語昨日之使者一密借レ之、（史料纂集本（一）四三頁）
とある。また、元禄十年（一六九七）徳川光圀が『類聚日本紀』借用を申し出た際には、光友はこれを秘書として大切にし、当主綱誠に譲っていなかった例もある（『江戸史館雑事記』元禄十年十一月二十八日条）。
（30）田辺裕氏「徳川家康崇拝の一例――第九子尾張義直の場合」（尾藤正英先生還暦記念会編『日本近世史論叢』上、吉川弘文館、昭和五十九年七月）参照。
（31）名古屋叢書所収本、四五二頁。
（32）名古屋市鶴舞中央図書館所蔵、市一一―四五。
（33）鵜飼尚代氏「『朝林』解題と成立事情」（同氏研究代表者『尾張藩における幕府関連記録の基礎的研究』平成十四年度～平成十七年度科学研究費補助金（基盤研究C）研究成果報告書、平成十八年三月）は、『朝林』の編纂に関して、「藩命の有無が問題となろうが、藩主の命令なくして尾張の地にあった貞高・貞儀に幕府関連情報を収集することはできない。当然藩命の下に遂行された職務」であると述べておられるが、なお貞高父子の学問的交流を視野に入れた検討が望まれるものと考える。
（34）名古屋叢書三編所収本、五三頁。
（35）御書物奉行については、横井在時氏「尾張藩御文庫と御書物奉行」（『郷土文化』三九―二、昭和六十年一月）参照。
（36）山本祐子氏前掲註（3）論文。

（37）小池富雄氏「元禄期における尾張藩士の文芸活動――朝日重章と「文会」」（『金鯱叢書』九、徳川黎明会、昭和五十七年六月）。
（38）鵜飼尚代氏前掲註（9）論文参照。
（39）前掲註（8）『新修名古屋市史』第三巻、第四章第一節、参照。

附一　徳川光友の詠歌拾穂

尾張藩の二代藩主である徳川光友〈正公、瑞龍院。寛永二年〈一六二五〉―元禄十三年〈一七〇〇〉〉について、本章ではその治世に編纂事業のなかったことばかりを強調したが、しかしながら、一方においては、文武の芸に秀でたことでよく知られた人物でもある(1)。

光友の多彩な教養のうち、殊に和歌については、小野恭靖氏がその詠歌の全集成を試みられ、『亜槐光友卿御詠』〈名古屋市蓬左文庫所蔵。編者・筆者とも不明〉を翻刻されるとともに、近松茂矩『昔咄』、『名古屋市史』地理編、徳川美術館所蔵光友自筆和歌一首懐紙に収録のものを加えた全八十七首を収拾された(2)。

光友関係史料中に、小野氏が収拾された和歌に追加すべき五首が管見に及んだほか、『名古屋市史』を典拠とされた二首についても『昔咄』中に見出され、また諸書にみえる光友詠歌の異同から言及できる点もあるように思うので、ここに報告することにする。管見に及んだ限りであるので、なお今後見出されるものが存するであろうが、とりあえず、これにより光友の詠歌は都合九十二首が確認されたことになる。

なお、はじめに小野氏未採録の五首を掲げ、次に小野氏の歌番号にしたがって披見した史料との主な異同を付す。参照した史料(3)を表記するにあたっては次のとおり略称を用いた。

昔　『昔咄』　名古屋叢書雑纂編所収本による。近松茂矩〈元禄九年〈一六九六〉―安永七年〈一七七八〉〉著。

続　『続岩淵』　名古屋市史資料本（名古屋市鶴舞中央図書館所蔵。奥村定氏所蔵本を底本とし、明治四十二年〈一九〇九〉二月山口孝吉氏校）による。

楽　『楽寿筆叢』　名古屋叢書三編所収本による。河村秀頴（享保三年〈一七一八〉―天明三年〈一七八三〉）著。2首を収める。

松　『松濤棹筆』　名古屋叢書三編所収本による。奥村得義（寛政五年〈一七九三〉―文久二年〈一八六二〉）著。21首を収める。

天　『天保会記鈔本』　名古屋叢書三編所収本による。深田香実（安永二年〈一七七三〉―嘉永三年〈一八五〇〉）主宰の天保会の記録、細野要斎（文化八年〈一八一一〉―明治十一年〈一八七八〉）抄出。2首を収録する。

尾　『尾藩世記』　名古屋叢書三編所収本による。阿部直輔（天保九年〈一八三八〉―？）編。「正公詠歌」として和歌33首を収める。

これら諸史料にみえるところの光友の詠歌の異同をみるに、『続岩淵』所収歌は、『亜槐光友卿御詠』に包括され配列も若干を除いておおむね一致し、かつ『亜槐光友卿御詠』と『昔咄』・『塩尻』などの間にみられる大きな異同は前者に一致する場合がほとんどである。これよりすれば、『亜槐光友卿御詠』と『続岩淵』は、その材料の共通することが推察される。

註

（1）徳川光友については、『名古屋市史』政治編第一（名古屋市役所、大正四年十一月）、加藤英明氏「光友と寛文の改革」（『新修名古屋市史』三、名古屋市、平成十一年三月）などを参照。また光友の芸能については小野恭靖氏「徳川美術館蔵「徳川光友筆歌謡」考」（『近世歌謡の諸相と環境』笠間書院、平成十一年十月。初出は平成五年二月）、和歌については同氏「徳川光友の文芸――和歌資料の紹介を中心として」（同上書。初出は平成七年二月）、信仰については田中善一氏「尾張光友と若宮八幡宮」（『熱田神宮とその周辺』名古屋郷土文化会、昭和四十三年八月。初出は昭和三十九年十二月）などの研究がある。

（2）小野恭靖氏前掲註（1）「徳川光友の文芸」。小野氏はこの他に『塩尻』・『張州雑志』に重複する和歌の引用がみられることを述べておられる。

（3）これらの史料については、市橋鐸氏『名古屋叢書　続未刊書目解説』上・下（文化財叢書六二・六八、名古屋市教育委員会、昭和四十九年三月・五十一年三月）、および名古屋叢書三編の各解題を参照。

○補遺1

又、水月御相伝あり、御得心ありとて、其席にて御絵遊バしぬ。堅物にて、上に雲間の月、中に御賛、下に水に月、影のうつれるを御かき遊バされて、連也に被ㇾ下ぬ。其御賛の御哥

雲はらふ嵐の庭の池水にもるよりはやくうつる月かげ　（昔、一六五頁）

※85番歌に続けて掲げられている。小野氏は除外されているが、光友の和歌と認めてよかろう。

○補遺2

瑞龍院殿、大森村ノ大森寺念仏堂御建アリテ御歌、

絶スナヨ大森寺ノ鐘ノ声タトヘウキ世ハカハリ果ツトモ

（楽、三七五頁）

尾張大納言光友、寛文の頃実母のため大森の菩提寺を建立し、元禄の頃なを増進仏果を祈り給ひて、常念仏堂を建立し、導師深誉上人に給ひし詠歌に、

絶すなよ大森寺のかねのこえたとひ此世はかはりゆくとも

右筆者、竹屋三位兼光卿也。

中川建臣出之

（天、二六五頁）

○補遺3

「瑞龍院光友卿、水野山御笛麓の比秋の末、山路のものさひたる気色いと面白思召て御詠」内の一首

鹿の音に虫の声々とり添て哀をつくす秋の山さと

（松、上四四頁）

○補遺4

「瑞龍院光友卿、水野山御笛麓の比秋の末、山路のものさひたる気色いと面白思召て御詠」内の一首

心ある人に見せはや故さとの水野の山の秋の夕を

（松、上四四頁）

○補遺5

大曽根の邸ニ、泉水を設けられしに、いとけしきありけれハ

こゝにすめ清きなかれハ月やしるせミの小川の外をたつねて

（尾、二二三頁）

異同

○1番歌　第一句「我と思」（続）
○4番歌　第五句「床の春風」（松）
○5番歌　第五句「かきらしなそも」（尾―二度掲出のうち、塩尻より引用のもの）
○7番歌　第一句「世の中の」（続）
○8番歌　第四句「蔦の紅葉の」、第五句「色に出けり」（続）
○9番歌　詞書「此歌は御戸《ママ》にてよませ給ふといへり」、第一句「浮嶋ハ」、第四句「尾花か末に」（続）
○10番歌　第二句「波路関守」（続）
○14番歌　第五句「寄て乱るゝ」（続）
○16番歌　第三句「有とたに」（尾）
○17番歌　第三句「行を猶」、第五句「迷ひぬるかな」（尾）
○21番歌　第二句「ことしの春も」、第三句「立花の」、第四句「昔の宿に」（続）
○22番歌　第四句「硯の海に」（続）
○23番歌　第一句「心をに」、第二句「住なす奥そ」（尾）
○26番歌　第四句「あたら軒端に」（続）
○27番歌　第一句「つれ〳〵と」（続）
○30番歌　第五句「むらさきのはな」、左注「此歌をイ題クチハカキアサキムラサキ」（続）
○31番歌　第五句「花香みすらし」（続）
○40番歌　第四句「正木かつらの」（続）
○42番歌　第三句「稲の下に」（松）
○45番歌　第四句「歌に読つゝ」（続）
○46番歌　「瑞龍院様の御時、御家中のうちにて博奕など致し、不行跡の輩多くありし故、いろいろと御叱仰付られ、御機嫌よからぬ時、御歌」、第三句「あ□しさに」、第四句「おのがきまゝに」、第五句「くぐる里いぬ」（楽）
○50番歌　第四句「あかす分れに」、第五句「秋の袂ハ」

（続）

○52番歌　第三句「玉すたれ」（続）

○54番歌　詞書「九月十三日」、第四句「心の僊の」（続）

○55番歌　第四句「ゑなく色なく」

○56番歌　詞書「五十御賀」（続）。光友五十歳の延宝二年（一六七四）の作

○57番歌　詞書「小田原にて」、第五句「小田原の浦」（続）

○60番歌　第一句「若緑」、第二句「しけれは谷の」、第三句「宿なれハ」（続）

○72番歌　「瑞龍院光友卿、水野山御笛麓の此秋の末、山路のものさひたる気色いと面白思召て御詠」内の一首、「水野にて〈御笛麓の御泊狩に〉」、第二句「しはしかりねも」、第三句「物うきを〈に〉」（松—二度掲出）

○74番歌　第三句「弓張や」、第四句「つきぬ詠めハ」（続）

○80番歌　詞書「庭の梅の初花を、紅白八重一重、いつれならむとあらそハれけるに、一重の白なりけれハ、かけもの、香を、大二の君へ賜ハすとて」（尾）

○81番歌　第一句「独ねの」（松）

○83番歌　第一句「しつけさも」（尾）

○84番歌　第二句「蛩袂も」、第三句「たるならし」（松）

○86番歌

熱田浜の御殿の西楼は、くわな矢倉といふ。昔新田のなかりし比は、はるかに桑名みへし由。東楼は、瑞龍院様ねざめの床とつけさせられて、御詠あり。

汐干する沖津夕波音たへてねざめの床に残るまつ風

（昔、三三二頁）

※小野氏は『名古屋市史』地理編を典拠とするものの、すでに右が『昔咄』巻九に収められている。

○87番歌

さること有りて領せし国のかた原、ちた（知多）のかうり（郡）まはせと云里にしばらく侍りしに、

折しも秋のもなか海づらの月を見に出侍りて、

海の面にひかりは秋のもなかぞとしらでもしらめ今宵しの月　（昔、三七一頁）

※小野氏は『名古屋市史』地理編を典拠とするものの、すでに右が『昔咄』巻十二に収められている。

○この他、小野氏は光友書写の和歌史料をも紹介しておられるが、これについても補うべきものが存するであろう。例えば、「徳川光義・光貞・光圀筆　梅画賛」は御三家三者の合作で光義（光友）が和歌（『古今和歌集』38番歌、紀貫之）を筆写しており、著名かつ貴重なものである（『彰考館蔵水戸徳川家名宝展』［徳川美術館、昭和四十八年九月］、『水戸市制１００周年記念特別展　徳川光圀』［水府明徳会徳川博物館、平成元年九月］等に写真および解説掲載）。

附二　翻刻・『頤貞先生年譜』（『汲古』第一号所収）

二十巻本『日本後紀』の編纂、あるいは、尾張藩の学問における堀杏庵およびその門下の位置づけについて、これまで述べてきた。その堀杏庵に関しては、藤原惺窩の四天王の一人と称され、近世学問における尾張藩の位置づけからしてもその役割が注目されるに拘らず、松永尺五・林羅山・那波活所の三人に比して、研究の進展がたち遅れている人物であろうと思われる。杏庵の詩文集に、陽明文庫所蔵『杏陰集』三冊があり、これは蓬左文庫に転写本も存する。またこれと別に、東京大学史料編纂所所蔵『杏陰稿』四冊・『杏陰雑集』一冊もある。しかし、これらはいずれも活字化されていない。まずはこういった基本的な史料の活用が不可欠であろう。

さらに、杏庵の年譜『頤貞先生年譜』についても、名古屋市鶴舞中央図書館所蔵『名古屋市史史料　二十』に収められ、東京大学史料編纂所にも堀家所蔵本の謄写本が存し（『堀頤貞先生年譜稿本』。ただし、筆者未見）、さらに汲古会の会誌『汲古』第一号（大正八年十月）に翻刻もなされているものの、その『汲古』も今日入手が容易ではない。

そこで、ここでは、『汲古』掲載の翻刻を底本として、杏庵の年譜である『頤貞先生年譜』を再翻刻し、杏庵についての基礎史料として提供したい（翻刻にあたり、字体は常用漢字に改め、私に附した注は〔　〕で示した）[1]。

なお、会誌『汲古』を発行した汲古会は、名古屋の郷土史研究団体である。吉川芳秋氏によれば[2]、「郷土団体汲古会は、わが尾張地方の出身名家を毎月その忌辰によって顕揚追慕するため、会員有志などがその遺墨遺物著書等を出品して陳列展観するとともに、会誌『汲古』（美濃版）誌を発行して、これにその記録や諸名家の伝歴、逸事旧聞、或は未刊の珍籍、貴重な稿本等を併載して会員に配布し、又昭和九年四月十九日より四日間東京松坂屋六階において尾張偉人先哲遺墨遺品展覧会を開催する（此の会目録あり）など、大正六年十月十六日第一回発足以来連綿として二百数十回続いたが、その中心的存在は実に佩蘭大口全三郎翁であった。昭和七年九月七日享年七十歳で逝去せられて以降は居安花橋脩夫老が継承された」。けれども、吉川氏は「遺憾乍ら寡聞にして今日まで終末期に就ては知るところがない」という。会誌『汲古』は大正八年十月の第一号より昭和十二年六月の第七号まで発刊されている。

註

（1）人物比定にあたっては諸書を参考にしたが、特に次の文献は多く参照させていただいた。
『杏陰集』全三冊（名古屋市蓬左文庫所蔵、請求番号一四七—二〇五）。

『新訂寛政重修諸家譜』全二十六冊（続群書類従完成会、昭和三十九年二月〜昭和四十二年八月）。

源了圓・前田勉訳注『先哲叢談（東洋文庫）』（平凡社、平成六年二月）。

名古屋市役所『名古屋市史』人物編第二（名古屋市役所、昭和九年五月）。

堀勇雄氏『林羅山』（人物叢書、吉川弘文館、昭和三十九年六月）。

京都府医師会医学史編纂室編『京都の医学史』（思文閣出版、昭和五十五年三月）。

鈴木健一氏『林羅山年譜稿』（ぺりかん社、平成十一年七月）。
（2）吉川芳秋氏「汲古会と主宰者大口・花橋両翁」（『郷土文化』二八—一、名古屋郷土文化会、昭和四十八年八月）。

翻刻

頤貞先生年譜

先生姓菅原堀氏、諱正意、字敬夫、号二杏庵一、杏隠敬庵蘇庵茅山山人、皆其別号也、近江人、系出二菅原道實（真）一、公之任二近江守一、挙二一子一、臨レ去留レ之、子孫蔓延、世所レ称江之四十八姓者是也、堀氏居二其一一、佐々木氏苗裔、有下称二堀氏一者上、謂二之北堀一、祖諱貞澄、任二伊豆守一、仕二佐々木定頼及義賢二世一、永正中、貞澄君従二定頼一与二三好氏一戦二舟岡山一有レ功、其後佐々木与二三好一交争不レ決、天文幾年、義質《賢カ》攻二三好氏一、君又従転二戦城江摂河之間一、永禄四年秋、義質（賢）築二塁于勝軍山一、使二永原安芸守〔重澄〕一レ之、其冬三好将松永〔久秀〕松山〔重治〕来攻、安芸出戦、三好将三卿修理挺レ身独進、君撃殺レ之、三好兵逡巡退去、義賢大喜、賜二禄及感状一、貞澄君有二男女各七人一、長貞則称二新助一、亦仕二義賢一、数有二軍功一、次徳雲、仕二上杉氏一、治二上野沼田城一、後号二嘉祐斎一、次重政、称二十助一、仕二佐久間氏一、次新左衛門、亦仕二上杉氏一、為二越後郡代一、次藤左衛門真尊、仕二浅井氏一、次四郎三郎、次徳印、諱貞氏、仕二佐渡守一、後号二月江一、避レ世入二江之成就山延命寺一為レ僧、已而従二和気典薬一学レ医、遂貫二籍京師一、慶長十五年七月十七日卒、有二男女各二人一、長即先生也、次安之、称二角兵衛一養二於西川氏一、仕二浅野氏一、子孫今在二安芸一

天正十三年乙酉夏五月二十八日、先生生二於江州安土私第一、

十四年丙戌 二歳

十五年丁亥 三歳

十六年戊子四歳
十七年己丑五歳
十八年戊寅六歳、弟安之生二於江州八幡山一、
十九年辛卯七歳
従二月江君一従二于京師一、
文禄元年壬辰八歳
就レ学
二年癸巳九歳
三年甲午十歳
従二南禅寺帰雲院正悟〔梅心〕長老一、読レ書学レ字、
四年乙未十一歳
慶長元年丙申十二歳
二年丁酉十三歳
臨二‐写中庸章句一、
三年戊戌十四歳
臨二雲陣夜話、翠竹医方一、従二享〔亨〕徳院正淳〔純カ〕一学レ医、
四年己亥十五歳

五年庚子 十六歳

入二帰雲洞一、臨二類萃録十余巻一、

六年辛丑 十七歳

二月、正淳講二老師《子カ》〔師〕雑話記一、三月、〔高木光正カ〕法斎講二医方大成一、四月、正純講二難経一、正淳宗由亦講二難経一、五月、〔曲直瀬〕玄朔講二大成論一、八月、〔大石〕道節講二運気論一、十月、妙雲院講二中庸一、十一月、〔曲直瀬〕正琳講二正伝或問一、十二月、玄朔講二局方発揮一、先生皆就聴焉、草二鈔解若干巻一、

七年壬寅 十八歳

祝髪、正月、正琳講二運気論一、二月、妙運《雲ナラン》院講二論語及大学一、四月、玄朔講二格致余論一、五月、宗由講二正伝或問一、九月、正純講二医学指南一、十月、玄朔講二医学正伝一、十一月、宗由講二局方発揮一、先生従聴焉、草二鈔解若干巻一、

八年癸卯 十九歳

草二薬剤日記一、以二此年一為レ始、寿海院講二本草序例一、妙合《雲カ》院講二古文孝経一、亦就聴焉、草二鈔解若干巻一、冬在二伏見一、賦レ詩属レ文、与二蜀山松山等一来往、講二論経義一、

九年甲辰 二十歳

娶二茅原田貞正女一、自二銅駝坊一徙二于三本木一、

正月、正淳講二明医雑書《著ナラン》一、四月、妙雲院講二三略及六韜一、五月、宗由講二脉訣一、七月、〔曲直瀬〕玄鑑講二医学心《正ナラン》伝一、十月、〔吉田〕宗珣《宗恂カ》講二運気論一、先生就聴焉、草二鈔解若干巻一、

十年乙巳 二十一歳

草二四書詩易礼記鈔解若干巻一、家素乏レ書、随獲レ手抄得二数篇一、人目以二儒医一、

十一年丙午二十二歳

従二惺窩〔藤原〕先生一、聞二道徳性命説一、是歳赴二紀伊一、

十二年丁未二十三歳

三月宗由講二格致余論及素問一、先生草二素問弁髦一、一日蜀山 玄東〔菅得庵〕紹安〔楠〕三清〔武田道安〕等来会、先生擬二通鑑綱目文法一、訳二太平記二巻一、

十三年戊申二十四歳

著二啓廸集題辞解一、六月二十六日女生、後為二黒川寿閑法眼妻一、

十四年己酉二十五歳

菊亭〔晴季〕右府、今出川宣季、講二職原一、先生就聴、草二職原鈔解一、

十五年庚戌二十六歳

秋七月十七日、月江君歿、九月男正英生、冬代二倉満泰次一、草下贈二安南国大監掌文理侯駙馬都尉広富侯一書上、

十六年辛亥二十七歳

筮二仕紀伊国主浅野幸長公一、

十七年壬子二十八歳

秋七月、月江君大祥忌、請二梅心和尚一行二法会一、和尚賦レ詩賞二先生孝一、先生次二其韵一謝レ之、翌日惺窩又和曰、仁愛孝心同二物我一云荷一点実中蓮、冬十月、与二道春〔林羅山〕玄東〔菅得庵〕道門 善秀等一遊二高雄山一、冬赴二駿府一、

十八年癸丑二十九歳

春自二駿河一帰、二月叙二法橋一、秋八月、幸長公薨、長晟公嗣、

十九年甲寅三十歳

夏四月、赴二駿府一、奉二東照公〔徳川家康〕命一、作二為政論一、冬十月女生、後嫁二三宅正堅一、冬大坂役起、従二公于役一、

元和元年乙卯三十一歳

秋九月、浴二于有馬温泉一、同月二十日、京師雨レ雪、翌惺窩来語、東坡有二九月岐陽雪詩一、先生曰、嘗閲二文苑英華一、載下白居易和二劉禹錫秋雪一詩上、又曰、遍覧二古今之集一、無下載二秋雪詩一者上、於レ是先生作二絶句一示レ之、明日惺窩和レ韵贈レ之、冬十一月、従レ公赴二江戸一、

二年丙辰三十二歳

春赴二駿府一、三月廿五日、女生、後適二福井是庵法眼一、

三年丁巳三十三歳

在二紀伊一、為二十方院松雲一、講二四書及史記一、使三松雲講二源語一、正二其訓義一、

四年戊午三十四歳

夏六月、赴二江戸一、詩以紀レ行示二道春一、道春賦二一律一称レ之、冬十月廿七日、女生、後嫁二道家仙菴法橋一、

五年己未三十五歳

秋九月、惺窩歿、先生作レ詩哭レ之、公〔浅野長晟〕移二封于芸備二州一、先生従徒二于安芸一、道春作レ詩送レ行、九月撰二兵占時日序一、

六年庚申 三十六歳
秋従レ公赴二江戸一、（赴江戸七年也）
七年辛酉 三十七歳
八年壬戌 三十八歳
従レ公在二江戸一、公与二尾張亜相〔徳川義直〕一、有二瓜葛之親一、屡往来、一日亜相請二先生於公一不レ已、公不レ能レ辞諾レ之、然愛惜不レ能レ措、過二先生之廬一、対晤終日、拭レ涙而去、亜相之出入、必従二先生一、遂謁二台徳〔徳川秀忠〕大猷〔徳川家光〕二公一、時賜二酒饌一、或時服一者数矣、
九年癸亥 三十九歳
先生以二儒医一鳴二天下一、負レ笈、来学者甚多、
寛永元年甲子 四十歳
夏五月廿九日、男貞高生、秋七月、奉二亜相命一、就二熱田祠一、写二官符一、検二宝器一、与二大宮司及社僧等一議二定祀典一、
是歳在二尾張一講二大学一、先生強排二異端一曰、仏老之明徳、異二乎我儒一、我儒之明徳、有而完備、仏老之明徳、無而空虚、然而瑞嵒云、主人心惺々否、達磿〔磨〕云、浄智妙円、此等説、雖下存二此心一而近中明徳上、全不レ知レ止二於至善一矣、彼申韓之徒、雖レ知下以二刑名法律一新中於民上、固不レ如下我儒之以二仁義一新中於民上、至レ止二於至善一、則措而不レ論焉、我儒之所三以優二于諸子一者、明明徳治レ己也、親《新》民治レ人也、止二於至善一、做二得明々徳新民一、止二於天理之精緻至極処一而不レ遷也、聴者莫レ不二心服一、至二明年乙丑一、蕃舶齎二四書橋梓者一来、中有二王辰玉説一、与二先生所レ見合、冬至二京師一、陽明殿〔近衛〕信尋公、請二先生一講二大学一、公素信二仏説一、是以討論再四、終心折云、搢紳学生、来聴レ講者甚多、以二十月七

日二始、十一月十四日畢、十一月赴二江戸一、是歳先生著二大学鈔解一、授二男正英一、

二年乙丑四十一歳

春自二江戸一帰、冬十月、命レ工写二扶桑略記百錬抄一、手自点レ朱、十二月、作二犬山侯成瀬氏〔正成〕墓誌銘一、

三年丙寅四十二歳

叙二法眼一、秋将軍〔家光〕朝二京師一、先生招二松平下野守〔蒲生忠郷〕浅野但馬守〔長晟〕於三本木第一饗レ之、他侯伯来訪者甚多、

四年丁卯四十三歳

春正月、菅玄同〔得庵〕刊二惺窩集一、請二先生序一、二月従二公于江戸一、詩以紀レ行、夏五月、代二吉田元猶一、作二射芸印可文一、

秋九月、従レ公浴二有馬温泉一、寓二余田氏〔正興〕隣荘一、与二余田氏一来往、或連句、或唱和、撰二温泉記一、已而帰二京寓一、嘗訪二長嘯子〔木下〕於東山一、子会喪二第三娘一、賦二馬鬣松一篇一、先生和レ之、

五年戊辰四十四歳

秋七月、門人正允〔医師法橋〕請二倉公扁鵲授受図賛一、正允嘗従二先生一従二事製薬一、又服二薪水之労一、先生嘉二其篤志一、直書与レ之、

六年己巳四十五歳

秋七月、移二居駒福街第一、八月、為二久須見常林一、作二悟真寺鐘銘一、冬十月、作二長谷川藤広墓誌銘一、以二其子広貞請一也、十一月江知求欲レ刊二本朝文粋一、謀二之吉田素庵一、素庵与二先生一親善、乃請二先生一共校讐附レ点上レ梓、公建二兵主大神宮一、及修二八王子素盞烏社一、令三先生草二祝詞一、十二月、作二正法寺願文一、

七年庚午四十六歳

春二月、従レ公拝二伊勢両廟一、公命二祠官一開二神庫一、得二神道三部書及神祇書数十部一、摸二写珍書数十部一、先生亦自写二

宝基本紀〔記〕神祇本源等一、皆珍書也、同月従レ公猟二久々里一、遊二愚渓寺一、有レ詩、秋九月、天皇〔明正〕即レ位、公遣二先生於京師一、使下作二践祚譲位日記及図一献上、冬十二月、従二公于江戸一、作二東行日録一、

八年辛未四十七歳

夏六月、自二江戸一帰、有二紀行詩一、同月横井時安撰二鷹〔養〕隼方一、先生作二之序一、秋九月十八日、男道隣生、先生赴二京師一、安芸人石田一定、介二石川左親衛一、請レ作二石菴墓誌銘一、冬十一月、杉田玄与、欲レ刊二訓点左伝一、嘱二先生一求二善本一、先生為校二数本一、糺レ誤正レ訓、以行二于世一、

九年壬申四十八歳

先生在二江戸一、夏四月、大猷大君拝二日光廟一、公従焉、有レ故止二今市一、先生奉二公命一赴二日光一、上二日光祭祀記一、冬十月、公撰二文林宝帖一、先生代撰レ跋、十一月、岡部長盛君卒、君初治二于亀山一、後移二于大垣一、与二先生一善、先生之来二往于京畿一、必過二于大垣一、信宿晤語、詩酒相娯、尾去二大垣一一日程、鴈信往来、殆無二虚月一、今在二江戸一病歿、先生哀痛不レ已、作二悼詩一篇一、

十年癸酉四十九歳

先生在二江戸一、春二月上丁日、林子〔羅山〕与二門人一釈二菜於江戸府学一、先生預焉、後著二釈奠儀一巻一、同月二日、母宇野氏卒、十四日訃至、先生即日奔レ喪、夏四月、作二吉田子元行状一、子元与二先生一、交情最密、其子某請二先生一作二行状一、先生曰、廿年之交不レ可レ虚也、諾レ之、是歳在二京師一、講二書経及職原一、

十一年甲戌五十歳

春在二京師一、夏六月、大猷公朝二京師一、閏七月、尾張〔義直〕紀伊〔頼宣〕両亜相、水戸黄門〔頼房〕、過二先生之第一、恩賚甚渥、八月、

菅織染〔菅沼定芳〕令転二任丹波亀山一、先生贈以レ詩賀レ之、且言三重任之可二戒懼一、九月、長嘯子〔木下〕蜀山 道円〔那波〕貞徳〔松永〕策伝〔安楽庵〕公軌〔打它〕正堅〔三宅〕等、来会詠二詩歌一、冬十月、太上皇〔後水尾〕召二先生於階下一、問以三大学三綱領之義一、先生奉対如レ流、上皇嘉レ之、同月豊永堅斎相二地於黒谷一建レ塔、請二之記一、是歳、八条智仁親王与二三〔二カ〕宮良尚一、召二先生一講二大学一、講了賜レ宴、

十二年乙亥 五十一歳

秋八月、従レ公自二江戸一帰、途経二小田原一、城主稲葉美濃守正則、与二先生一有レ旧、贈レ贐、是行作二十日夜記一、冬十月、為二成瀬君正虎一作二法成寺鐘銘一、同月飛鳥井中納言雅胤、中将雅昭来二尾張一、示レ公以二行幸記三部一、公命二先生一写校、

十三年丙子 五十二歳

春在二江戸一、三月、従二公于日光一、観二祭祀之儀一、過二於足利一、問二学校興廃一、後与二学管某一文書往来、夏四月、還二江戸一、作二中山日録一、六月、写二応永記並万葉註釈一校レ之、冬十二月、朝鮮三使来聘、先生設二疑条数件一、質二其学士中直大夫兼詩学教授権侙一、権有レ所レ答、明年権侙至二京師一、石大拙〔石川丈山〕与レ之筆語曰、杏庵者儒而医也、博聞強記、又工二文章一、亦当時之選也、負レ笈遊二其門一者数百人、羅浮与二杏庵一善、吾子与レ之筆語否、侙曰、杏庵雖レ不レ得二相見一、文書往来、知二其博雅君子一也、吾以二杏庵一為二文壇老将一云、是歳先生在二江戸一、作二朝鮮来朝記一、先レ是撰二朝鮮征伐記一行二于世一、

十四年丁丑 五十三歳

春二月、為二金森宗朝一作二宗梧寺鐘銘一、夏五月、作二永原松雲墓誌銘一、松雲与二先生一親善、其歿義子重式来請也、同月中川尚食奉御、使三先生門人正允撰二帳中秘集一、請二先生一書レ後、秋七月、作二堀親良君墓誌銘一、先生受二其眷

遇一、殆三十年、其子親昌、与二先生一相善、欲レ使下宗族門生弗上諼二其高徳一請二先生一也、是歳先生在二江戸一、使下正英与二門人一写中続日本紀文徳実録上、施二朱点墨訓一、別作二抜萃一巻一、

十五年戊寅五十四歳

自レ春至レ夏在二江戸一、春二月、手写二焦氏易林一、玩二其占一以自娯、始加二朱点一、後施二墨訓一、三月、近衛前関白〔信尋〕、及左大将尚嗣、至二江戸一寓二本誓寺一、先生往謁、二公大喜欵待、公以二富士山詩一見レ示、先生和二其韻一以献、謁見時論二有職事一、問答数次、同月柳原中納言〔業光〕、及右少弁某、介二先生一見二我亜相公一、同月先生赴二京師一、謁二九条前関白忠英、二条右大将康道二公一、二公眷遇甚渥、秋因州侯浅野長治、使三先生撰二其先世〔長晟〕神道碑一、事畢帰二尾張一、八月、増レ秩賜二七百石一、九月、作二見義集序一、集者平岩元重所レ著、同月為二道家正休、撰二見台銘一、見台者、観書机之小而側立者、従二俗称一也、正休業レ医、従二先生一学レ儒者十余年、篤志人也、是歳　吉昭〔角倉玄紀〕欲下校二文章達徳録一上レ梓以成中父素庵之志上、先生嘉奨作二之序一、

十六年己卯五十五歳

春在二尾張一、二月作二石川主馬佐〔吉信〕墓誌銘一、建二石於洛東紫雲山一、平岩元重、与二石大拙〔石川丈山〕一、商二襄其事一、秋先生赴二于江戸一、其在二江戸一、為二外孫道祐〔黒川〕講二周易一、冬作二善照寺鐘銘一、

十七年戊辰五十六歳

夏六月、帰二于京師一、嘗受二先生教一者、四方来聚、贈貽山積、在レ京者四月、為二左大将尚嗣公一講二周易一、為二菅織染令一講二神書二巻一、八月、前関白信尋公臨二先生第一、青蓮院尊純公亦被レ臨、四辻亜相公理、柳原参議資行従、九月、作二山城氷室記一、同月還二于尾張一、左大将尚嗣公餞以レ詩曰、乾坤資レ始至二屯蒙一、不レ料今朝易已東、秋去冬過帰二故

里一、春風得意玉花驄、先生和二答之一、石川丈山等亦贈以レ詩、冬、成瀬隼人正房、請三訓二点群書治要一、先生辞曰、金沢本治要、在二官庫一不レ得レ見、現行本字画訛謬、義多不レ通、無二異本一無可レ校如何汚レ之、正房不レ可、先生不レ得レ已施二訓点一返レ之、〔堀〕立庵与二外孫道祐等一質二回春薬名一、先生為校二多識篇一与レ之、

十八年辛巳 五十七歳

在二江戸一、春二月作二本多親信墓誌銘一、為二熊谷立設〔活水〕一講二職原鈔一、

十九年壬午 五十八歳

在二江戸一、春二月、為二北条出羽守氏重一作二関宿城鐘銘一、三月奉二幕府命一、与二林道春一同撰二諸家系譜一、初幕府命二林道春一、使二太田備中守〔資宗〕監レ之、使三列侯群臣上二其家譜一、其稿実汗牛充棟、乃重命下僧徒之有二学識一者上協撰、分二于源藤両氏及諸氏一、諸氏則先生之所レ管、而涇渭混合、殆不レ可レ措レ手、先生日夜探討、稿略成、夏五月、令三工写二続日本紀一、点レ朱施レ訓、孜々不レ息、秋七月、俄然咯レ血、公聞レ之大驚、命二国手一療レ之、冬十一月廿日、卒二江戸之僑居一、識与レ不レ識、皆哀惜焉、葬二于江戸城西芝金地院之塋域一、私諡曰二頤貞先生一、所レ著杏隠詩文集若干巻、蔵二于家一、長男正英、仕二芸州侯一、二男貞高、三男道隣、仕二尾張侯一

此書は、先生の裔孫堀鉞之丞君の所蔵なり、特に本会誌に掲載する事を許され、秘庫を開かれたるは深く感謝する所なり、先生は一代の儒宗たりしにも係らず、従来世に流布する所の諸書、多く誤を伝へしに、今此書に依りて、先生の一生を通観するを得るのみならず、其誤伝を正すことを得るは学界の幸とする所なり、姑く数条を挙ぐ。

一、尾張名家誌に、慶長丁未安芸侯聘召賜秩禄とあり、本譜辛亥年とす、但堀氏系譜には慶長十二未年とあれば、姑く後考を待つ、浅野氏の移封は元和五年の事なれば、紀伊侯と書するを正しとすべし。

一、同書に、杏庵生二子、季貞高とし、先哲叢談、近世叢語には、次道隣とし、皆三子あることを知らず、其後の書に至りては、道隣を以て貞高の号なりとするものあるに至る、悉く誤を伝へたりといふべし。

附言　誌に〔堀〕南湖の名正順とあるは正修の誤なり

一、先哲叢談、先生の生年、歿年を挙げず、名人忌辰録に歿日を誤りて、十一月二十五日となしゝより、近時の人名辞書類は、皆之を引用して誤を伝へたり。

（『汲古』第一号、大正八年十月）

第九章　『日本逸史』延暦十三年十二月庚申是日条考
――賀茂社行幸初見記事の出典をめぐって

はじめに

京都の賀茂社は、賀茂別雷神社（上賀茂社）と賀茂御祖神社（下鴨社）から成り、長い歴史を有する古社である。創祀年代はこれを明確にしがたいものの、賀茂祭（葵祭）は欽明天皇朝を起源とし、また桓武天皇の平安遷都以来、皇城鎮護の神として信仰をあつめたことでもよく知られる。

その賀茂社への歴代天皇の行幸は六十余度に及ぶが、その初見は平安遷都の年である延暦十三年（七九四）、桓武天皇が賀茂社に行幸になったという記事である。

しかし、この記事にはその出典史料に問題が存する。本章では、記事の信憑性について論ずるまでには至らないが、この記事の出典をめぐる問題点を整理のうえ、『日本逸史』と二十巻本『日本後紀』との関連など、若干の検討を試みたい。

一　賀茂社行幸初見記事の問題点

神社行幸については、岡田莊司氏が

神社行幸の確実な初見は天慶年間（九三八～四七）からである。これ以前にも幾例かの行幸の記事が散見するが、確証は得られていない。

通説では天慶五年（九四二）四月二十九日の賀茂行幸を初例とする。

と論じており[1]、また例えば嵯峨井建氏も、

平安中期まで神社行幸そのものが行われていなかったことである。岡田莊司は神社行幸の成立は天慶年間（九三八～四六）、すなわち平安中期であったことを明らかにした。平安京に入ってはじめて行幸制度が確立したのであり、例外を除き平安中期以前にはなかった。

と述べておられるごとく[2]、史実として確実であるのは『西宮記』巻八裏書「諸社行幸」や『拾芥抄』下「諸社行幸始」にも初例として記している天慶五年の賀茂行幸であるといわれている[3]。伴信友『瀬見小河』（文政四年〈一八二一〉撰、『伴信友全集』第二巻所収）においても、

賀茂行幸の始は、日本紀略に、天慶二年四月廿五日丙申、天皇行二幸賀茂社一、又同五年四月九日壬午、天皇幸二賀茂社一奉二神宝幣帛走馬一、禰宜等加二給爵位一、依二兵乱平和之賽一也と見えたり、朱雀院天皇の御事なり、扶桑略記、帝王編年記にも見ゆ、中右記、愚管鈔、諸神記等には、此五年の度をもて行幸の始といへり、

と記される。

ただし、これ以前に神社行幸記事が存することも指摘されており、岡田・嵯峨井両氏は「確証は得られていない」あるいは「例外」とされている。賀茂社行幸については、例えば建内光儀氏が「桓武天皇は延暦十三年（七九四）初めて賀茂社に行幸にな」ったと記しておられる(4)ように、延暦十三年（七九四）十二月庚申（二十一日）の桓武天皇の賀茂社行幸が知られている。

この点につき、栗田寛『神祇志料』（明治四年六月成稿）は、

（延暦）十二年二月辛亥、壱志濃王等をして平安京に遷る事を告し、十三年十月丁卯、遷都の故を以て従一位勲一等を授け、十二月庚申、賀茂社に幸し給ふ。日本紀略、神階拠二本朝月令、帝王編年記一、○按賀茂行幸此に始るに似たり、然れど諸書みな天慶五年を以て始とするもの、其何故なる事を知らず、附て後考を俟、

と述べ、また『古事類苑』神祇部三、賀茂神社には、

按ズルニ、賀茂皇大神宮記ニハ、承平五年賀茂社行幸ヲ以テ諸社行幸ノ始トシ、濫觴抄ニハ天慶五年ヲ以テ、賀茂行幸ノ始トス、中右記亦同ジ竝ニ誤レルガ如シ、上ニ引ケル日本紀略、延暦十三年ノ条考フベシ、

と記され、前者は問題を保留、後者は承平五年あるいは天慶五年を始めとするのは誤りとしている。近世中期の延宝八年（一六八〇）に編纂され「類書中の白眉」(5)とも称される『賀茂注進雑記』には、「第五　行幸、官幣、御幸　附祈願、霊験等」の項に、傍書ながら、

日本後紀延暦十三年十二月庚申賀茂社

と記されている(6)。また、『古事類苑』神祇部三、賀茂神社には、

〔日本紀略桓武〕延暦十三年十二月庚申、幸二賀茂社一、

とある。他に、手元の御由緒略記をみるに、『官幣大社賀茂別雷神社由緒略記』には「桓武天皇延暦十三年十一月廿二日、平安奠都あらせらるゝや、越て十二月廿一日賀茂両社に行幸遊ばさる。これ行幸の始なり」とあり、[7]『官幣大社賀茂御祖神社略誌』には「桓武天皇都を山城国に定め給ふや先づ当社を平安京の鎮護神と崇め給ひ、親しく行幸遊ばされた。〔日本紀略〕桓武―延暦十三年十二月庚申幸二賀茂社一」とある。[8]

戦後のものでは、『神道史研究』に掲載の賀茂別雷神社編「賀茂別雷神社年表」には桓武天皇の延暦十三年十二月二十一日「賀茂社に行幸ありて祭祀を御親斎さる。此賀茂社へ天皇行幸の始也（日本後紀、日本紀略、水鏡）[9]」と三書を出典として掲げている。一方、『式内社調査報告』には、「行幸は延暦十三年（七九四）の桓武天皇を最初とし（日本逸史）[10]」と『日本逸史』のみ記しており、同様に『日本逸史』を典拠とする例は他にもみられる。[11]それに対して、例えば谷川健一氏編『日本の神々』など、『日本紀略』とのみ記すものも少なからず存する。[12]

以上、制度的な神社行幸の確立は天慶年間の賀茂社行幸がその始まりとされるが、それ以前にも傍証史料が得られなかったり例外としての神社行幸が存することが認識されており、延暦十三年の桓武天皇賀茂社行幸はその出典を『日本後紀』、『日本紀略』、『日本逸史』、『水鏡』、と四通り記している場合がある。とりわけ近年では『日本紀略』とするもの、『日本逸史』とするものが多いことを確認した。

しかるに、ここには問題がある。四書のうち、『日本後紀』は散佚しており、延暦十三年を収める巻三は現存していない。その『日本後紀』現存十巻（巻第五・八・十二・十三・十四・十七・二十・二十一・二十二・二十四）が「再発見」されたのは塙保己一の功績によるもので、版行は寛政十一年（一七九九）・享和元年（一八〇一）のことであったが、巻三は恐らく応仁の乱前後に『日本後紀』が散佚して後、今日に至るまで伝わっていないのである。その散佚以前に『日本後紀』を引用していれば新たな逸文として認定し得るが、そうでなければ検討を要する。

また、『日本紀略』とすることについても問題がある。近年のそれらの多くは『古事類苑』に依拠せるがためのものと考えられるが、新訂増補国史大系本『日本紀略』によって確認するに、当該条文は存在せず、これを見出すことができない。『日本紀略』を当該条文の出典とするのは『日本逸史』で、『神祇志料』や『古事類苑』はこれに依拠したものと思われるが、このことについて、新訂増補国史大系本『日本逸史』を見るに、

（庚申）是日、幸二賀茂社一。日本記（ママ）略

という条文に、頭注で

是日条、紀略无

と注記してある。また、『日本後紀』逸文を蒐集した朝日新聞社増補六国史本『日本後紀』下巻にも、その頭注に

丙辰、逸史に丙辰の次に庚申是日幸二于賀茂社一（日本紀略）とあれど紀略には見えず類史巻五賀茂大神の条にも載せず

とあるし、訳注日本史料本『日本後紀』の頭注にも、

癸亥　コノ上、紀略ニヨルトシテ、逸史ニ「（庚申）是日幸賀茂社」アルモ、紀略底本及ビ朝日本ニナシ。

と記している。すなわち、『日本逸史』が出典を誤って記したか、もしくは今日知られている『日本紀略』とは別本を参照したことになるであろう。

『日本逸史』は、周知のごとく、鴨祐之が元禄五年（一六九二）に『日本後紀』の欠を補うため関係史料を博捜し編んだ編年史料集で、享保九年（一七二四）に刊行された。逐一出典も明記してあり、『日本後紀』復原作業の成果とし

て貴重な史料であるが、その後『日本後紀』残欠十巻が発見され、あるいは『日本逸史』所収史料も厳密な意味で『日本後紀』の逸文とはいい得ないものが多いなどの点から、今日その史料的価値は決して高くない。出典を明記する『日本逸史』が「日本記略」と記すもののその『日本紀略』に条文が確認できないゆえに、小山田和夫氏が、

この記述の根拠となった『日本紀略』を〔新訂増補〕国史大系本で見るかぎり、そのような記事はなく、江戸時代中期に、散逸した『日本後紀』の復元のために編集された『日本逸史』延暦十三年十二月庚申・是日条に「幸二賀茂社一〔日本紀略〕」とあるに過ぎない。これをもって、異例ともいうべき桓武天皇自身の賀茂社への行幸を信ずることはできない。

と述べておられるごとく(13)、記事の信憑性にも疑問を生じさせる所以となっている。

二　『日本後紀』・『日本紀略』

それでは、『日本逸史』は何によって当該条文を記したのであろうか。『日本逸史』については山本信吉氏による詳細な解題が存し(14)、山本氏は賀茂社行幸の記事について、

この『日本紀略』を『逸史』はその書名を「記略」としているのが特徴であるが、その本文は「国史大系」本に比べて字句に異同が著しく、例えば延暦十三年十二月庚申(二十一日)条に「是日幸于(ママ)賀茂社、日本記略」と現行本に不見の記事を伝えている場合もある。

と言及されている。また『逸史』が用いた『日本紀略』については、

　鴨祐之が『逸史』の編纂に用いた『日本紀略』が何処の写本であるのか未詳であるが、その引用文によれば桓武・平城・嵯峨・淳和四代の天皇紀は整っていたと判断される。この『逸史』所載の本文は比較的良本であって、「国史大系」本『日本紀略』の校訂にさいしては「日本逸史所引本」として利用されている。

と述べておられるように、実際に鴨祐之が用いた本がいずれか判明していない。したがって、『日本逸史』が用いた『日本紀略』に該当する条文が存在したのか、それとも出典の誤記であるのか、『日本逸史』の検討からは現段階では不明ということになるであろう。

　ところで、『日本逸史』に先行する近世期の『日本後紀』復原作業として、『本朝編年録』と『類聚日本紀』とが存する。[15]前者は林家による成果で、『本朝通鑑』へとつながるものである。後者は尾張藩による成果で、そのうち『日本後紀』係年部分が広く流布した（二十巻本『日本後紀』）。『日本逸史』版行時、伊勢神宮に奉納の際に添えた『奉納日本逸史記』にも「在二今時一行二于世一号二日本後紀一者、実好事者偽作不レ堪二信用一也」として見えているので、[16]祐之が二十巻本『日本後紀』を知り偽書と認識していたことも知られる。この『本朝編年録』・『類聚日本紀』の二書を確認すると、『本朝編年録』には当該条文が存しないが、『類聚日本紀』（ならびに二十巻本『日本後紀』[17]）は

　庚申、幸二賀茂社一

という『日本逸史』と全く同じ条文を確認することができる。（なお厳密にいえば、『類聚日本紀』は前条〔類聚三代格〕の干支を「己未」としているので「庚申」、『日本逸史』は同一条文の干支を「庚申」としているので「是日」となっている。また、全体に通ずる特徴として、『類聚日本紀』は『日本逸史』と違い、出典を明記していない。）

したがって、先に引用した『賀茂注進雑記』は出典を「日本後紀」としていたが、これは近世に流布した二十巻本の『日本後紀』を指すのではないかと考えられよう。『賀茂注進雑記』は近世中期、延宝八年（一六八〇）の編である。それに対して二十巻本『日本後紀』は、『類聚日本紀』編纂のために『類聚日本後紀』がまとめられ、『類聚日本紀』は正保三年（一六四六）の序を有する。正保三年より先に『類聚日本後紀』は成立していたものと想定され、その「類聚日本後紀」の「類聚」の二字がとれて「日本後紀」として流布するようになったのは、寛文九年（一六六九）以後間もない頃であろう。(18)『賀茂注進雑記』成立より二十巻本『日本後紀』の流布のほうがおそらく先である。なお刊本『賀茂注進雑記』が当該条文を傍書にて記していることから、あるいは延宝八年の成立より後に、山本氏侍が追筆したものであろうかとも思われるので、(19)なおさら、二十巻本『日本後紀』が流布した後の追筆と考えて良く、『賀茂注進雑記』の出典を二十巻本『日本後紀』とすることに全く支障はない。

先に掲げた延暦十三年の賀茂社行幸を伝える史料の出典、『日本後紀』・『日本紀略』・『日本逸史』・『水鏡』の四書のうち、「日本後紀」は二十巻本『日本後紀』（すなわち『類聚日本紀』に遡る）を指すものと目安がついた。「日本紀略」は『日本逸史』が出典をそのように記しているのであるから、次に『日本逸史』と同一の条文を引く二十巻本『日本後紀』と『日本紀略』の関係が問題となる。『類聚日本紀』の成立が『日本逸史』の成立に先んずることは明らかであるので、（1）両書とも等しく今日確認されていない異本ともいうべき『日本紀略』を披見したのか、あるいは（2）典拠が『日本紀略』ではなく、この場合は『日本逸史』の単純な誤記ということになる、というこの二通りの可能性がまず考えられよう。

『日本逸史』については、先に引用した山本信吉氏の言によるに、用いた『日本紀略』が何れのものであるのか明確にしがたい。しかし、『類聚日本紀』に関しては、その引用書目は一応徳川義直時代の尾張藩蔵書に収まることが確認できている。[20]そこで、徳川義直蔵書であった名古屋市蓬左文庫所蔵『日本紀略』を確認したところ、延暦十三年を収める巻は存するものの、当該条文は確認できず、書入れなども一切みられなかった。[21]このことよりすれば、『類聚日本紀』は当該条文を『日本紀略』によって記した可能性は極めて低いのではないかと思われる。

そうとなれば、先行する『類聚日本紀』では全く同じ条文を引いており、その出典は『日本紀略』ではない、というのであるから、『日本逸史』が「日本記略」とすることは疑わしく、引用書目を誤って記したと考えるのが妥当であろう。

三　『類聚日本紀』・『日本逸史』と『水鏡』

さて、『日本逸史』が「日本記略」とすることは誤りであろうことを述べたが、その可能性をさらに考える場合、想起されるのは延暦十三年の賀茂社行幸を伝える史料として『水鏡』の存することである。このことは先にもふれた『神道史研究』掲載の賀茂別雷神社編「賀茂別雷神社年表」にも見えることであるが、『水鏡』（流布本）には次の条文が存する。[22]

同（延暦）十三年十二月廿二日辛酉長岡の京より今の京にうつり給て、かもの社に行幸ありき。

『水鏡』では十二月二十二日辛酉とし、『類聚日本紀』や『日本逸史』が十二月庚申（二十一日）とするのとは一日の異同がある。『水鏡』が二十二日辛酉とするのは、『類聚国史』巻七十八奉献部献物・延暦十三年十月辛酉（二十二日）

条[23]に、

　辛酉、車駕遷二于新京一、

とある平安遷都の記事に引かれたようにもみえる。この問題については非常に難解なためしばらく措くとして、『水鏡』といえば、第五章第三節で検討した際、『類聚日本紀』編纂における『日本後紀』復原作業では、この『水鏡』もしくは『水鏡』と同様に『扶桑略記』から派生した史料が利用された形跡が見られたことが思い起こされる。

尾張藩の『日本後紀』復原作業における『扶桑略記』系統の史料の利用についてはすでに述べたので繰り返しになるが、『類聚日本紀』の『日本後紀』係年部分の材料として、

①類聚国史　②日本紀略　③類聚三代格　④公卿補任　⑤元亨釈書　⑥続日本後紀　⑦経国集　⑧新撰姓氏録

⑨釈日本紀

⑩以上①から⑨にあてはまらない条文が本条（桓武天皇賀茂社行幸記事）の他に六条確認されるが、『水鏡』に逸話がみえるため、これらは『扶桑略記』より派生した諸書をもとにしたのであろうと思われる。[24]『水鏡』を独自に漢文体に改めた可能性も想起される。『扶桑略記』が『類聚日本紀』編纂にあたって直接利用された形跡は確認できない。

が掲げられる。一方、『日本逸史』が利用する史料については山本信吉氏が掲出しておられるので、[25]これを『類聚日本紀』に引用がみられるものとそれ以外と区別して示すと次のとおりである。

『類聚日本紀』に引用がみられるもの

類聚国史（①）　日本紀略（②）　続日本後紀（⑥）　公卿補任（④）　釈日本紀（⑨）　新撰姓氏録（⑧）　経国集（⑦）

類聚三代格（③）

『類聚日本紀』に引用がみられないもの

日本三代実録　帝王編年記　令義解　令集解　内裏式　政事要略　西宮記　北山抄　江次第　法曹至要抄　太神宮諸雑事記　宇佐八幡宮記　東大寺要録　年中行事秘抄　拾芥抄　職原抄追加　台記　本朝文粋　等の諸書

すなわち、『類聚日本紀』に独自のものとして⑤『元亨釈書』と、⑩つまり『水鏡』を独自に漢文体に改めたか、もしくは『水鏡』同様に『扶桑略記』の系統を引く史料、があるということになる。（ただし、『扶桑略記』を直接利用した形跡はみられない。ということは、「日本紀略」と題されている『扶桑略記』が存するというが、[26]本条文の場合それに該当しないことになる。）

そこで、この⑩について、改めてその記事の性格を確認することとする。（※は対応する『水鏡』・『日本逸史』条文）

A　延暦十三年十二月庚申条

幸㆓賀茂社㆒、

※『水鏡』

同（延暦）十三年十二月廿二日辛酉、長岡の京より今の京にうつり給て、かもの社に行幸ありき。

※『日本逸史』

（庚申）是日、幸㆓賀茂社㆒。日本記略

B
延暦十七年三月此月条

遣二勅使参議五百枝（春原）于淡路国一、奉レ迎二早良親王骨一収二葬于大和国八嶋陵一、近年依二親王祟一世人多病脳（悩）、或夭亡、先レ是二度遣二勅使一、然而神祟不レ止、風波衝盪、官船漂没、群臣命曰、宜下遣二五百枝一以慰中神意上、制可、五百枝者、親王之姪也、

※『水鏡』

同（延暦）十七年三月に勅使をあはちの国へつかはして、早良の親王の骨をむかへたてまつりてやまとのみさゝきにおさめ給き。この親王なかされ給てのち、世中こゝちおこりて人おほくしにうせしかは、みかとおとろき給て御むかへにふたゝひまて人をたてまつり給し、みなうみに入なみにたゝよひて命をうしなひてき。第三度に、御王の御をひの宰相五百枝をつかはしき。ことに祈こひてたひらかにゆきつきてわたしたてまつりしなり。

※『逸史』無し

C
延暦十七年七月是月条

坂上大宿禰田村麻呂創二建清水寺一、

※『水鏡』

七月二日、田村の将軍きよみつの観音をつくりたてまつり、又わか家をこほちわたして堂にたてき。

※『逸史』無し

D
延暦二十一年十月是月条
勅、於二山階寺一如レ元可レ行二唯摩会一、
※『水鏡』
十月に維摩会をもとのやうにやましなてらにておこなひて、なかくほかにておこなふへからさるよし、宣旨をくたさる。これよりさきにはなかをかにしておこなはるゝ事もありき。又ならの法花寺にてもおこなはれしなり。
※『逸史』無し

E
延暦二十四年是歳条
勅、賜二坂上田村麻呂清水寺一、依三先レ是禁二私寺一也、
※『水鏡』無し
※『逸史』無し
※逵日出典氏[27]の成果を参照するに、これを叙述できるのは今日知られる史料のうちでは『清水寺縁起』・『扶桑略記』・『元亨釈書』であり、内容的には『扶桑略記』がふさわしい。

F
弘仁二年正月戊午条
幸二豊楽院一、観レ射、親王以下皆射、于レ時葛井親王、幼而在レ座、天皇戯曰、雖レ幼可レ学二射芸一之器也、試射焉、親

王挟㆓二矢㆒、立発中㆑鵠、外祖父田村麻呂在㆑座、見㆑之驚起不㆑堪㆓感悦㆒、奉㆑抱㆓親王㆒、作㆑舞奏曰、田村麻呂往年蒙㆓将軍宣旨㆒多平㆓夷賊㆒者、朝庭之威也、雖㆑学㆓武芸㆒、未㆑究㆓渕奥㆒今也、親王童幼、而無㆓射不㆒㆑中、非㆓我所㆒㆑及、天皇感㆓親王之射芸㆒、褒㆓田村之仁愛㆒、親王者天皇之弟、于㆑時年十二也、

※『水鏡』

（弘仁二年正月）廿三日に豊楽院にいて給て、ゆみあそはして、親王以下いさせ奉らせ給しに、みかとのおほんおとゝの葛井親王はいまたおさなくおはして、ゆみい給うちにもおほしよらさりしを、みかと、たはふれて、親王おさなくともゆみやとり給へき人なり、いたまへ、とのたまはせしに、親王たちはしりてい給しに、ふたつのやみなまとにあたりにき。生年十二にそなり給し。はゝかたのおほちにて田村麿大納言その座に侍て、おとろきさはきよろこひて、えしつめあへすして座をたちて、むまこの親王をかきいたきたてまつりて、まひかなて、御門に申ていはく、田村麿、むかしおほくのいくさの将軍としてゑひすをうちたひらけ侍しは、たゝみかとの御威なり。つはものゝみちをならふといへとも、いまたきはめさるところおほし。いま親王のとしいとけなくしてかくおはする、田村麿さらにをよひたてまつるへからす、と申き。いまもむかしも子孫をおもふ心はあはれに侍事なり

※『逸史』無し

G　**天長二年今歳条**

浦嶋子帰㆑郷、雄略天皇御宇入㆑海、至㆑今三百四十七年也、（浦嶋子者、丹後国水江浦人也、昔釣得㆓大亀㆒、変成㆓

婦人一、〈中略〉於レ是浦嶋子忽変二衰老皓白之人一、不レ去而死、）　（　）内は『釈日本紀』所引『本朝神仙伝』

※『水鏡』

ことし〈天長二年〉、うらしまのこはかへれりし也。もたりしたまのはこをあけたりしかは、むらさきの雲、にしさまへまかりてのち、いとけなかりけるかたちたちまちにおきなとなりて、はか〱しくあゆみをたにもせぬほとになりにき。雄略天皇のみよにうせて、ことし三百四十七年といひしにかへりたりしなり。

※『逸史』無し

以上のAからGについて、Eを除けばすべて『水鏡』にみえる逸話で、Eは『扶桑略記』等に類似の記事が確認できる。『扶桑略記』にみえる場合でも、字句は異なっており、『類聚日本紀』の引用方針からすれば、『扶桑略記』を直接用いたとは考えがたい。また、『類聚日本紀』においては利用された史料の範囲を限ることができ、年代記や個別の縁起書などが利用された形跡もみられなかった。以上のようなことから、これら七条文のうちBからGまでについて、いずれも『水鏡』と同じく『扶桑略記』の系統を引くなにがしかの史料によるものと判断される[28]。『類聚日本紀』に特徴的な記事ともいえるものであり、これらAからGの条文は、それぞれ別の史料からの引用と考えるよりも、同一の史料を出典とすると考えた方が、穏当であろう。その上で、『日本逸史』についてみると、Aのみが採録され、BからGの条文は、確認できない。

そこで、『日本逸史』がどの史料を典拠とするのか、という問題であるが、二十巻本『日本後紀』とまったく別の史料、という可能性は極めて低い。基本的に『日本逸史』では右のごとき二十巻本『日本後紀』に特徴的な記事を採録していないのにも拘らず、A条文が採録されているのはどのような理由が考えられるであろうか。そこでA条文をみてみると、Aの条文は、真本『日本後紀』にあっても何ら違和感のない、行幸記事である。加えて、賀茂社に関わる記事であれば、下鴨社祠官たる『日本逸史』撰者・鴨祐之にとっては興味深いものがあったであろう。

鴨祐之については山本信吉氏(29)も述べておられるごとく、万治二年（一六五九）七月十日生まれで、本姓梨木、父は賀茂御祖社祠官である永祐、母は伊賀国藤堂家家臣の女。寛文八年（一六六八）十二月に九歳で叙爵、比良木社禰宜、河合社禰宜を経て、享保元年（一七一六）七月賀茂御祖社禰宜となり、中絶していた葵祭の再興に功績を残した。享保九年（一七二四）正月二十九日、六十五歳で薨去した。『大八洲記』、『神代巻校本』、『神武巻校本』、『神代和解』、『祭事記』、『春日祭旧例』などの著書もある。

その祐之であるから、当然、当時下鴨社に伝来の史料を利用し得る立場にある。しかし、『日本逸史』ではそうした賀茂社独自の所伝を用いた形跡はみられないし、加えてそうした特有性を強調するのであれば『類聚日本紀』に同一条文がみられるのは不可解である。さらに、自社の所伝や史料を用いたのであれば、その条文の出典を書き誤ることがあるであろうか。二十巻本『日本後紀』と同じ史料を典拠と考える場合、A条文の典拠が確定していない段階でこれを明言することは難しいが、A条文は可能性として、『水鏡』を漢文体に改めた、もしくは筆者が確認できていない『扶桑略記』から派生した史料を引用した、といういずれかということになるが、『日本逸史』が二十巻本『日本後紀』と全くの同文である以上、『日本逸史』においても『水鏡』を漢文体に改めることを試み、偶然同文となったということはまずありえない。『類聚日本紀』と同じ、『扶桑略記』から派生した史料を引用している、ということも考えられるが、むしろ、出典を明記していない二十巻本『日本後紀』から引用した、ということを考えたほうが妥当ではなかろうか。二十巻本を参看したのであれば、こちらには出典が示されていないので『日本紀略』の記事と読み誤ることもありえようし、また『日本逸史』において『扶桑略記』や『水鏡』といった系統の史料が用いられていない中にあっても、行幸記事である、そして賀茂社に関する、という性格を有するこのA条文が採録されている意図も肯ける。本条文の典拠が『日本紀略』ではないという前提にたてば、『日本逸史』は二十巻本『日本後紀』を参看したと考えるほうが無理のないように思われる。

なお、AとEの条文より判断すれば、その日付の異同よりして、『類聚日本紀』編纂において『水鏡』を独自に漢文体に改め記したと考えることはすぐにはできない。『水鏡』・『類聚日本紀』ともに干支で記されているので、「一」と「二」の誤写と説明することはできない故である。あるいは、『水鏡』においては、「同（延暦）十三年十二月廿二日辛酉、長岡の京より今の京にうつり給て、かもの社に行幸ありき。」（前掲）として遷都と賀茂社行幸いずれもが十二月二十二日であるかのようにしているが、平安遷都は賀茂社行幸の二ヶ月前、『類聚国史』や『日本紀略』が十月辛酉（二十二日）とするとおりで、『類聚日本紀』もこの『類聚国史』・『日本紀略』の記事を掲げている。したがって、『類聚日本紀』編纂において『水鏡』が遷都と賀茂社行幸を混同し誤り記述しているものとし何らかの判断を下したとも考えられそうであるが、しかしそれにしても庚申条に掲げる意図が不明となる。結局、『類聚日本紀』が具体的にいずれの史料を用いたか特定することは引き続き保留せざるをえない。

以上要するに、『日本逸史』の当該記事は二十巻本『日本後紀』に依拠した可能性が存し、二十巻本『日本後紀』すなわち『類聚日本紀』は、いずれの史料を直接用いたかまでは断定できないものの、当該記事に関しては『水鏡』と同系統の史料を用いていると考えられる。そして、『水鏡』では、平安遷都の記事とともに桓武天皇の行幸のことがみえる。『日本逸史』も『類聚日本紀』も、結局は『水鏡』もしくは『水鏡』と同様に『扶桑略記』から派生する史料から引用しているということであれば、この逸話は『水鏡』さらには『扶桑略記』にまでは遡ることができる、ということになろう。

『水鏡』は『扶桑略記』のみを原史料としていることはほぼ確実であって、『水鏡』の平安遷都の記事に関しても、益田宗氏が、[30]

（前略）『水鏡』の「いま」は現実の作者の今ではなく、むしろ『扶桑略記』の編者皇円の時代の今であり、これをそのまゝに使っているといってよいであろう。このことは、『扶桑略記』の散逸してしまっている『水鏡』の部分についても同じであると考えるほうがよく、例えば、桓武天皇の平安遷都のくだり、

同十二年にいまの京の宮城をつくり給き。同十三年十二月廿二日辛酉、長岡の京より今の京にうつり給て、かものやしろに行幸ありき。

の記述でも、「今」は『扶桑略記』にあったと思われる「今」を移し替えたにすぎず、（後略）

と述べておられるように、桓武天皇賀茂社行幸の逸話は、『扶桑略記』の成立した平安後期の白河院政期にまで遡る、と判断される。

『日本逸史』は二十巻本『日本後紀』、そして二十巻本『日本後紀』（『類聚日本紀』）は『扶桑略記』『水鏡』の系譜を引く史料をもとにしている、という本章の推測に大過なければ、『扶桑略記』や『水鏡』の史料性を併せ考えるに、この史料のみをもって桓武天皇の賀茂社行幸を史実と判断することは躊躇される。確実なのは、『水鏡』のもととなった『扶桑略記』が成立した平安後期に遡る逸話である、というところまでであって、史実か否かの判断は、更なる傍

証史料の探求や、平安遷都をめぐるその時代背景等を踏まえてなお考える必要があるといえるだろう。

おわりに

本章においては、延暦十三年十二月二十一日の桓武天皇賀茂社行幸の記事について、その出典をめぐる問題点を整理のうえ、若干の検討を加えた。要するに結論は左の点である。

一、延暦十三年桓武天皇賀茂社行幸の記事を伝えるのは、『水鏡』・『類聚日本紀』(＝二十巻本『日本後紀』)・『日本逸史』である。但し、『水鏡』は十二月二十二日、『類聚日本紀』・『日本逸史』は二十一日と異同がある。

二、『日本逸史』は出典を「日本記略」とするが、その可能性は極めて低く、誤記と思われる。後の研究者が少なからず「日本逸史」「日本紀略」とするは、これに拠った『古事類苑』の誤りを踏襲したものであろう。

三、一のうち『日本逸史』は、二十巻本『日本後紀』を参看してこの条文を記した可能性が高いのではないか。

四、二十巻本『日本後紀』つまり『類聚日本紀』は、『水鏡』もしくは『水鏡』と同様に『扶桑略記』から派生した史料を典拠としている。ただし『扶桑略記』からの引用ではない。

すなわち、桓武天皇賀茂社行幸の記事の出典は、『水鏡』とすべきであって、逸話自体は、その原史料である『扶桑略記』にまでは遡ることができる、ということになる。

以上であるが、『日本逸史』が二十巻本『日本後紀』の条文を利用していたとすれば、両者の関係性を考える上でも非常に興味深いものがある。

註

（1）岡田莊司氏「神社行幸の成立」（『平安時代の国家と祭祀』続群書類従完成会、平成六年一月。初出は平成三年十二月）。

（2）嵯峨井建氏「社寺行幸と天皇の儀礼空間」（『神仏習合の歴史と儀礼空間』思文閣出版、平成二十五年一月。初出は平成十四年六月）。

（3）神社行幸を扱う岡田・嵯峨井両氏に限らず、行幸に関する研究においても、延暦十三年賀茂社行幸には言及しない。鈴木景二氏「日本古代の行幸」（『ヒストリア』一二五、平成元年十二月）、詫間直樹氏編『皇居行幸年表』（続群書類従完成会、平成九年十二月）、仁藤智子氏「古代行幸の変遷」（『平安初期の王権と官僚制』吉川弘文館、平成十二年九月）等。

（4）建内光儀氏『上賀茂神社』（学生社、平成十五年十二月）。

（5）『国史大辞典』第三巻（吉川弘文館、昭和五十八年二月）「賀茂注進雑記」の項（西田長男氏執筆）。

（6）賀茂別雷神社編『賀茂注進雑記』（賀茂別雷神社、昭和十五年六月）による。なお、「鴨皇大神宮御鎮座由緒書」（『神道大系　神社編　賀茂』所収）には、「桓武天皇延暦年中に行幸あらせられ、御起文に宮城を当宮之南に遷し、偏、聖運を奉レ任二於斯神一云々」とのみ記され、出典は明記されていない。

（7）『官幣大社賀茂別雷神社由緒略記』（官幣大社賀茂別雷神社々務所、昭和十二年五月）。

（8）『官幣大社賀茂御祖神社略誌』（官幣大社賀茂御祖神社々務所、昭和十二年四月）。

（9）賀茂別雷神社編「賀茂別雷神社年表」（『神道史研究』二四―五・六、昭和五十一年十一月）。

（10）式内社研究会編『式内社調査報告』第一巻（皇學館大学出版部、昭和五十四年二月）「賀茂別雷神社」（泉谷康夫氏執筆）。

（11）例えば、大山喬平氏監修、石川登志雄・宇野日出生・地主智彦各氏編『上賀茂のもり・やしろ・まつり』（思文閣出版、平成十八年六月）。

（12）大和岩雄氏「賀茂別雷神社・賀茂御祖神社」（谷川健一氏編『日本の神々――神社と聖地』第五巻山城・近江、白水社、昭和六十一年八月）。他に、稲垣栄三氏「神社建築史研究（各論）」（稲垣栄三著作集二『神社建築史研究Ⅱ』中央公論美術出版、平成二十年八月。初出は昭和四十七年六月）、所功氏『京都の三大祭』（角川書店、平成八年一月）、三好和義氏他『日本の古社　賀茂社　上賀茂神社・下鴨神社』（淡交社、平成十六年四月）九二頁、特別展図録『賀茂斎院と伊勢斎宮』（斎宮歴史博物館、平成二十二年十月）等。

（13）小山田和夫氏「平安京　新たなる宮都の造営と神社の創建」（『歴史読本』五八―二、平成二十五年二月）。他にも例えば、詫間直樹氏編『皇居行幸年表』（前掲註（3））等も天慶五年四月二十九日の賀茂社行幸を「兵乱鎮定の報賽のため、賀茂社行幸の初め」と記し、出典に「紀略、扶桑、本朝世紀、中右記嘉保二年四月十五日条、賀茂注進雑記、孝重勘進記」を掲げているが、延暦十三年十二月の賀茂社行幸は掲載していない。

（14）山本信吉氏「日本逸史」（皆川完一・山本信吉両氏編『国史大系書目解題』下、吉川弘文館、平成十三年十一月）。

（15）林家における『日本後紀』復原作業の成果である『本朝編年録』については安川実氏『本朝通鑑の研究――林家史学の展開とその影響』（言叢社、昭和五十五年八月）、尾張藩における『日本後紀』復原作業の成果である『類聚日本紀』、ならびにその日本後紀部分が広く流布したのが二十巻本『日本後紀』であることについては本書第五章～第七章および三橋広延氏「逸文収集の歩み」（訳注日本史料『日本後紀』集英社、平成十五年十一月）等を参照。

（16）引用は三橋広延氏「神宮文庫所蔵『奉納日本逸史記』」（『季刊ぐんしょ』復刊三〇、平成七年十月）による。

（17）なお筆者は、尾張藩において『類聚日本紀』編纂のため『日本後紀』復原作業が行われ、はじめに『類聚日本後紀』なる書ができ（ただし現存する『類聚日本後紀』ではない）、それが『類聚日本紀』に利用され、やがて『類聚日本後紀』の書名より「類聚」の二字がとれて『日本後紀』（二十巻本）として広く流布した、という過程を想定しているが（第七章参照）、これら『類聚日本紀』・『類聚日本後紀』（今日現存しない、『類聚日本紀』の材料）・『類聚日本後紀』（今日現存する）・二十巻本『日本後紀』など逐一使い分けると非常に煩雑となる上、『類聚日本紀』の材料としての『類聚日本後紀』は筆者の推論にとどまるので、本章では次のように書名を用いた。まず、尾張藩における『日本後紀』復原作業ならびにその成果はすべて『類聚日本紀』とし、世間に広く流布し偽書とも称されたものを二十巻本『日本後紀』とする。

この両者は同一の内容であるが、『類聚日本紀』は秘本のごとく扱われており仮に『日本逸史』が尾張藩における『日本後紀』復原作業の成果を利用した場合は、『類聚日本紀』を直接見たのではなく世間に流布したもの（『類聚日本後紀』から派生したであろう二十巻本『日本後紀』等）であったと想定されるので、その意味においてのみ両者を区別するため書名を使い分けている。

本章の初出論文と同じ『神道史研究』六二―二（平成二十六年十月）に、江頭慶宣氏「徳川光圀の八幡信仰――八幡改の問題を通して」が発表された。同氏は梨木（鴨）祐之と水戸藩との交流についても具体的に紹介しておられ極めて有益である。水戸藩では二十巻本『日本後紀』と同一の内容を有する『日本後紀纂』を寛文十年（一六七〇）脱稿の『神道集成』に利用していることが本論文で述べられており、そうとすれば鴨祐之の『日本逸史』編纂におけるこの『日本後紀纂』の利用も考えられる。示唆に富む論考であり教えられるところが多いが、本章と関わる部分に限れば、いずれにしても『類聚日本紀』もしくは『類聚日本後紀』から派生した史料という点において二十巻本『日本後紀』と同種のものであるといって良いため、ここでは初出論文と同様に右のごとき定義でもって書名の使い分けを行っている。

(18)　本書第七章第二節。

(19)　『賀茂注進雑記』の初治本系（延宝八年三月）と加筆本系（延宝九年八月山本氏侍追筆）については、所功氏「『賀茂注進雑記』に関する覚書」（『京都産業大学日本文化研究所紀要』創刊号、平成八年三月）参照。

(20)　本書第六章。ただし、角倉本『続日本紀』の書入れに示されるごとく、あるいはその史料蒐集の一端を明らかにされているごとく、他本との校合がなされていたことも明白である。田辺裕氏「徳川義直の伊勢参宮――「神祇宝典」の成立に関連して」（『皇學館論叢』一―四、昭和四十三年十月）、同氏「『類聚日本紀』の成立」（『神道史研究』一八―四、昭和四十五年十月）、吉岡眞之氏「角倉本『続日本紀』の諸問題」（『古代文献の基礎的研究』吉川弘文館、平成六年十一月。初出は昭和六十二年十二月）、同氏「蓬左文庫本『続日本紀』の諸問題」（同上書。初出は平成五年四月）参照。すなわち、手元に存する史料のみを用いたということではなく、この編纂事業において新たに得た史料や新たに書写した史料も義直蔵書に含まれるという意味合いを持たせている。

(21) 名古屋市蓬左文庫所蔵『日本紀略』、請求記号一〇五―四二。第一冊より第二十二冊(文武天皇元年～後一条院・長元九年)、うち第三・九・十一冊の三冊欠。奥書はないが、徳川義直の蔵書印である「御本」印がある。延暦十三年条はそのうちの第五冊目に所収。

(22) 以下、本書における『水鏡』の引用は、榊原邦彦氏編『水鏡本文及び総索引』(笠間書院、平成二年六月)より、底本とする蓬左文庫本の翻刻による。引用に際しては、句読点を金子大麓・松本治久・松村武夫・加藤歌子各氏編『校注水鏡』(新典社、平成三年五月)に従って付した。なお、名古屋市蓬左文庫所蔵『水鏡』(請求記号一〇七―二五)は、「御本」印を捺す徳川義直蔵書である。

(23) 引用は新訂増補国史大系本による。

(24) なお、『扶桑略記』延暦十三年条は抄本しか現存しない。『類聚日本紀』編纂において『扶桑略記』を直接に用いたと思われる条文は皆無であり、『日本逸史』編纂においても利用されるに至らなかった。
そして『水鏡』は、近年その独自性が注目されているとはいえ、『扶桑略記』に全面的に依拠していることは確定的である。平田俊春氏「水鏡の批判」(『私撰国史の批判的研究』国書刊行会、昭和五十七年四月。初出は昭和十年十一月)、加納重文氏『歴史物語の思想』(京都女子大学、平成四年十二月)「第Ⅲ編　水鏡、第一章　独自性――史書との関係」(初出は平成三年六月)、小山田和夫氏「『水鏡』と『扶桑略記』との関係をめぐる研究の歴史と問題点の整理」(『立正大学文学部研究紀要』一三、平成九年三月)、同氏「水鏡と扶桑略記」(『歴史物語講座　第五巻　水鏡』風間書房、平成九年八月)、益田宗氏「水鏡」(前掲註(14)『国史大系書目解題』下、所収)等を参照。

(25) 山本信吉氏前掲註(14)論文。

(26) 石井正敏氏「日本紀略」(前掲註(14)『国史大系書目解題』下、所収)参照。

(27) 逵日出典氏『奈良朝山岳寺院の研究』(名著出版、平成三年二月)。

(28)　本書第五章第三節参照。
(29)　山本信吉氏前掲註（14）論文。また、江頭慶宣氏註（17）論文には、徳川光圀との交流について詳しい考証がなされている。
(30)　益田宗氏前掲註（24）論文。

結論

本書では、六国史の一つ『日本後紀』について、基本的な問題を検討した。最後に、各章の結論の要点をまとめることとする。

冒頭、序論として、近年における六国史研究についての所感を述べ、本書の研究視角を示した。特に、中西康裕・高森明勅両氏にみられるような、六国史記事を虚実に切り分けるといった方法論に対して、遠藤慶太・細井浩志両氏が指摘されるごとき、国史編纂に積極的偽造を認めない立場を尊重すべきであろうことを述べた。

続く本論は、全九章より成り、第一部・第二部の二部構成とした。

第一部は、真本『日本後紀』について論じた四章より成る。

第一章「『日本後紀』の諸本をめぐる問題」では、『日本後紀』の諸本に関して、先学の研究成果を参照しつつ、主な写本（三条西家本・柳原本）・版本（塙本・本朝六国史本）、ならびに活版本について概観。その上で、三条西家本と塙本の異同、またそれらと柳原本との異同箇所を検出しそれぞれ一覧にした。訳注日本史料本の残存巻における校訂の態度についても論究した。

第二章「『日本後紀』の編纂と藤原緒嗣」では、『日本後紀』編纂過程における藤原緒嗣の役割について検討した。坂本太郎氏によって、終始一貫して撰者の任にあった緒嗣が実質的にも編纂を主導し、その個性が存分に『日本後紀』に盛り込まれている、ということが指摘され、現在に至るまで通説となっている。そこで、緒嗣の経歴について検討を加えたところ、度重なる辞表は儀礼的なものとは思われず、国史編纂への関与も淳和・仁明天皇朝においては名目的なものであったと推測されることから、通説となっている坂本説に対し疑問を提示した。

第三章「「桓武天皇の遺勅」について」では、近年提唱されている桓武天皇が三皇子の兄弟相承を遺勅されたとする説について、春名宏昭氏による批判を紹介。『東宝記』という史料の性格や、『日本後紀』の叙述を考えるに、春名説に従うべきことを述べた。

第四章「『日本後紀』における平城上皇に対する叙述――薬子の変を中心として」では、「薬子の変」を「平城太上天皇の変」と称すべきとする近年の傾向に対して、『日本後紀』における天皇に対する批判的な文言を検討。その結果、天皇に対する批判は平城天皇に限られることから、薬子の変を叙述するにあたって平城上皇の責を問わない『日本後紀』の立場に注意すべきで、『日本後紀』を素直に解釈するほうがよいであろうことを論じた。

第二部は、『日本後紀』散佚後、近世期における『日本後紀』復原作業が行われたことについての基礎的な検討を加えた五章より成る。特に、一般に広く流布し「偽書」とも称された二十巻本『日本後紀』を中心に扱った。

第五章「二十巻本『日本後紀』の基礎的検討」では、二十巻本『日本後紀』について、その成立が尾張藩の『類聚日本紀』編纂に求められることを論じ、あわせて用いられている出典史料を調査した結果を示した。

第六章「『類聚日本紀』の基礎的検討」では、一七四巻に及ぶ『類聚日本紀』全体について、出典として用いられている史料を調査した結果を示した。また、それを踏まえて、『類聚日本紀』における日本書紀部分と日本後紀部分の特異性や、『類聚日本紀』編纂について言及した。

第七章「二十巻本『日本後紀』の編纂と流布をめぐって」では、近世期における『日本後紀』探求、とくに林家・水戸藩における動向を概観。また、『日本後紀』以外の書名で伝わる復原本・抄本・偽書と目される書について見渡すとともに、『日本後紀纂』と『類聚日本後紀』について検討を加えた。それらにより、『類聚日本紀』の日本後紀部分の編纂過程と二十巻本『日本後紀』流布に至る経緯、すなわちはじめ『類聚日本後紀』なる書が堀杏庵によって作成され、『類聚日本紀』完成前に亡くなるとその弟子が引き継いだこと、あるいは『類聚日本後紀』が『日本後紀』として流布したのは前田家本が契機となっているであろうことを推測した。

第八章「尾張藩二代藩主徳川光友の学と堀杏庵門下」では、前章において、尾張藩における『類聚日本紀』と二十巻本『日本後紀』の関係性をめぐる所伝が尾張藩の記録に認められないことが確認されたことを踏まえ、その原因について検討した。結論として、初代藩主徳川義直の跡を継いだ二代光友の治世において、藩としての編纂事業の企てがなかったことに理由を求めた。また附には、小野恭靖氏による光友詠歌集成の補遺と、堀杏庵の年譜（『頤貞先生年譜』、『汲古』第一号掲載）の再翻刻を収めた。

第九章「『日本逸史』延暦十三年十二月庚申是日条考――賀茂社行幸初見記事の出典をめぐって」は、賀茂社行幸に関する『日本逸史』延暦十三年十二月庚申是日条の出典についての検討である。賀茂社行幸に関するこの記事は、出典を『日本後紀』『日本紀略』『日本逸史』『水鏡』と四通り示される場合があるが、このうち『日本後紀』というのは二十巻本『日本後紀』を指し、『日本紀略』は『日本逸史』がそのように記すものの現行『日本紀略』に該当条文はなく、二十巻本『日本後紀』（『類聚日本紀』）に同一条文も確認される。これらの検討から、『日本逸史』が出典を「日本記《（ママ）》略」とするのは誤記であり、これが『古事類苑』さらにはその後の研究などにも踏襲されている場合が少なくないものと推測した。

以上の全九章で論じたことは、序論に述べたごとき筆者の研究視角によっている。第一部は、真本『日本後紀』をめぐって、通説、あるいは近年注目されている学説に対し疑問を呈したもので、『日本後紀』の本文、国史編纂と撰者の関わり、桓武天皇の皇統意識をめぐる問題、薬子の変、などといったような、いずれも極めて重要な論点であるが、史料の性格を考慮してそれらの問題に言及したつもりである。また、第二部では、これまで研究の乏しかった二十巻本について、基本的な事柄は明らかにしえたのではないかと考えており、新たに生じた疑問を残してはいるものの、近世期における『日本後紀』散佚後の様相を垣間見ることができたのではないかと思っている。

今日、六国史研究は新たな段階を迎えたといわれ、『日本後紀』研究についても注釈書の刊行によって一つの区切りがつけられた。今後、それらを踏まえた研究がなされていくことと思うが、そうしたこれからの『日本後紀』研究に本書が聊かでも資するところがあれば幸いである。

初出一覧（いずれも加筆修正を加え、大幅に書き改めたものが多い）

序論　「紹介　遠藤慶太氏著『平安勅撰史書研究』」（『皇學館論叢』第四十巻第一号、平成十九年二月）を一部利用

第一部

第一章　次の三篇をもとに改編。

「塙本『日本後紀』の親本について――三条西家本説の検討」（『皇學館論叢』第三十三巻第六号、平成十二年十二月）

「日本後紀の研究」（皇學館大学大学院文学研究科修士論文、平成十四年一月提出）第四章「近世に於ける『日本後紀』」

「書評　黒板伸夫・森田悌編『日本後紀』（訳注日本史料）」（『古代文化』第五十七巻第二号、平成十七年二月）

第二章「『日本後紀』の編纂と藤原緒嗣」（『皇學館論叢』第三十五巻第二号、平成十四年四月）

第三章「『日本後紀』の桓武天皇紀」（『皇學館大学研究開発推進センター紀要』第三号、平成二十九年三月）

第四章「『日本後紀』における平城上皇に対する叙述――薬子の変を中心として」（『皇學館大学史料編纂所報　史料』第二一八号、平成二十年十二月）

第二部

第五章「二十巻本『日本後紀』の成立と内容」（『日本歴史』第六六一号、平成十五年六月）

第六章「『類聚日本紀』の引用史料について」（『皇學館論叢』第三十六巻第六号、平成十五年十二月）

第七章　「二十巻本『日本後紀』の流布をめぐって」（『皇學館史學』第十九号、平成十六年三月）
　　　　「『日本後紀』後撰本覚書」（『皇學館大学史料編纂所報　史料』第一九五号、平成十七年二月）
第八章　「尾張藩主の学問と京学派——二代光友を中心として」（『日本歴史』第七一〇号、平成十九年七月）
附一　「徳川光友の詠歌五首」（『皇學館論叢』第三十八巻第五号、平成十七年十月）
附二　新稿
第九章　「『日本逸史』延暦十三年十二月庚申是日条考——賀茂社行幸初見記事の出典をめぐって」（『神道史研究』第六十二巻第二号、平成二十六年十月）

参考文献一覧

一、著者の五十音順に初出年月日順とする。敬称略。
一、本文中に書名・論文名または研究者名を掲出したものに限る。
一、明治以前のもの、校訂本・注釈書の類は原則除く。
一、【 】は掲出した章。

愛知県『愛知県史』第二巻（愛知県、昭和十三年三月）【第六章・第八章】
秋山光和「「唐絵」と「やまと絵」」（『平安時代世俗画の研究』吉川弘文館、昭和三十九年三月。初出は昭和十六年十二月～昭和十七年一月）【第二章】
跡部佳子「徳川義直家臣団形成についての考察（七）――義直の文治臣僚」（『金鯱叢書』九、徳川黎明会、昭和五十七年三月）【第六章・第七章・第八章】
阿部秋生『吉見幸和』（春陽堂書店、昭和十九年四月）【第八章】
阿部猛「大同二年の伊予親王事件」（『平安前期政治史の研究　新訂版』高科書店、平成二年九月。初出は昭和四十三年九月）

【第四章】

〃　「平安初期の一貴族の生涯――藤原緒嗣小伝」（『平安前期政治史の研究』大原新生社、昭和四十九年五月）【第二章】

家永　三郎『上代倭絵全史』（高桐書院、昭和二十一年十月）【第二章】

石井　正敏「いわゆる遣唐使の停止について――『日本紀略』停止記事の検討」（『中央大学文学部紀要』史学科三五、平成二年二月）【第二章】

〃　「日本紀略」（皆川完一・山本信吉編『国史大系書目解題』下、吉川弘文館、平成十三年十一月）【第九章】

〃　『東アジア世界と古代の日本』（山川出版社、平成十五年五月）【第二章】

維新史料編纂会『維新史』第一巻（明治書院、昭和十四年三月）【第六章】

泉谷　康夫「賀茂別雷神社」（式内社研究会編『式内社調査報告』第一巻、皇學館大学出版部、昭和五十四年二月）【第九章】

市橋　鐸『名古屋叢書未刊書目解説――神祇篇』（文化財叢書五六、名古屋市教育委員会、昭和四十七年三月）【第六章】

〃　『名古屋叢書　続未刊書目解説』上・下（文化財叢書六二・六八、名古屋市教育委員会、昭和四十九年三月・五十一年三月）【附二】

〃　『松平君山考』（文化財叢書七三、名古屋市教育委員会、昭和五十二年十一月）【第八章】

稲垣　栄三「神社建築史研究（各論）」（稲垣栄三著作集二『神社建築史研究Ⅱ』中央公論美術出版、平成二十年八月。初出は昭和四十七年六月）【第九章】

井上　幸治『桓武天皇と平安京　桓武天皇御事蹟記』（平安神宮、平成二十四年七月）【第三章】

井上　満郎『桓武天皇　当年の費えといえども後世の頼り』（ミネルヴァ日本評伝選、ミネルヴァ書房、平成十八年八月）【第三章】

岩橋小彌太「国史と其の後」（『上代史籍の研究』吉川弘文館、昭和三十一年一月）【第二章・第五章】
鵜飼　尚代「深田家の学問――細野要斎の視点から」（『愛知女子短期大学研究紀要』人文編二三、平成二年三月）【第七章・第八章】
〃「熊谷活水に関するノート」（『愛知女子短期大学研究紀要』人文編二七、平成六年三月）【第八章】
〃「堀杏庵の歴史解釈」（林董一博士古稀記念『近世近代の法と社会』清文堂出版、平成十年二月）【第八章】
〃「『朝林』――解題と「朝林叙」訳注」（名古屋学芸大学短期大学部東海地域文化研究所編『東海地域文化研究　その歴史と文化』思文閣出版、平成十八年三月。初出は平成十年七月）【第七章・第八章】
〃「江戸初期の尾張の学問について――元禄・宝永期の闇斎学を中心として」（『郷土文化』五六―一、名古屋郷土文化会、平成十三年八月）【第八章】
〃「『朝林』解題と成立事情」（鵜飼尚代研究代表者『尾張藩における幕府関連記録の基礎的研究』平成十四年度～平成十七年度科学研究費補助金（基盤研究C）研究成果報告書、平成十八年三月）【第八章】
江頭　慶宣「徳川光圀の八幡信仰――八幡改の問題を通して」（『神道史研究』六二―二、平成二十六年十月）【第七章・第九章】
榎　英一『尾張名古屋の古代学』（名古屋市博物館、平成七年二月）【第六章・第七章・第八章】
榎本　淳一『唐王朝と古代日本』（吉川弘文館、平成二十年七月）【第二章】
遠藤　慶太「『日本後紀』の諸本と逸文」（『平安勅撰史書研究』皇學館出版部、平成十八年六月。初出は平成十四年十月）【序論・第一章・第五章】
〃「書評と紹介　黒板伸夫・森田悌編　訳注日本史料『日本後紀』」（『古文書研究』六〇、平成十七年七月）【第一章】

〃『平安勅撰史書研究』（皇學館出版部、平成十八年六月）【序論・第二章】
〃「『日本後紀』における歌謡の位置」（『平安勅撰史書研究』皇學館出版部、平成十八年六月）【第二章】
〃「勅撰史書の政治性――ふたつの桓武天皇紀をめぐり」（『歴史学研究』八二六、平成十九年四月）【第四章】
〃「書評と紹介　細井浩志著『古代の天文異変と史書』」（『日本歴史』七二〇、平成二十年五月）【序論】
〃「失われた古典籍を求めて――『日本後紀』と塙保己一」（『温故叢誌』六五、平成二十三年十一月）【第一章・第七章】
〃『日本書紀の形成と諸資料』（塙書房、平成二十七年二月）【序論】
〃『六国史――日本書紀に始まる古代の「正史」』（中公新書、平成二十八年二月）【序論】
大隅　清陽「桓武天皇――中国的君主像の追求と「律令制」の転換」（吉川真司編『古代の人物4　平安の新京』清文堂、平成二十七年十月）【第三章】
太田　善麿『塙保己一』（吉川弘文館、昭和四十一年十二月）【第一章】
大津　透『古代の天皇制』（岩波書店、平成十一年十二月）【第二章】
〃「古代日本文化と東アジア世界――ジュネーヴ大学講義」（『日本古代史を学ぶ』岩波書店、平成二十一年二月）【第二章】
大沼　宜規「旧版「国史大系」の編纂とその底本――小中村清矩旧蔵『日本書紀』を中心に」（『近代史料研究』一一、平成二十三年三月）【第一章】
大山喬平監修、石川登志雄・宇野日出生・地主智彦編『上賀茂のもり・やしろ・まつり』（思文閣出版、平成十八年六月）【第九章】

大和　岩雄「賀茂別雷神社・賀茂御祖神社」（谷川健一編『日本の神々――神社と聖地』第五巻山城・近江、白水社、昭和六十一年八月）【第九章】
大和　典子「「承和の変」の歴史的帰結――前春宮大夫文室秋津・致仕左大臣藤原緒嗣・前大納言藤原愛發の連続薨卒去と文室宮田麿の変」（『政治経済史学』二七八、平成元年六月）【第二章】
岡田　莊司「神社行幸の成立」（『平安時代の国家と祭祀』続群書類従完成会、平成六年一月。初出は平成三年十二月）【第九章】
岡本　柳英「尾張歴代藩主と教学の発達」（文化財叢書五七『蓬左史話十集』名古屋市教育委員会、昭和四十八年二月）【第八章】
小口　雅史「弘前市立図書館所蔵『寛平八年九年記事』について――その性格と他史料との校合」（『弘前大学国史研究』八六、平成元年三月）【第五章】
〃　「弘前市立図書館（旧市立弘前図書館）所蔵『寛平八年九年記事』について――林家史学の展開をふまえて」（『神道古典研究所紀要』四、平成十年三月）【第五章】
小倉　慈司「書評　遠藤慶太著『平安勅撰史書研究』」（『市大日本史』一一、平成二十年五月）【序論】
小倉真紀子「近世禁裏における六国史の書写とその伝来」（田島公編『禁裏・公家文庫研究』第三輯、思文閣出版、平成二十一年三月）【第五章】
小沢　栄一「近世史学の成立と林羅山」（『近世史学思想史研究』吉川弘文館、昭和四十九年十二月。初出は昭和四十四年四月）【第五章】
押部　佳周「令義解」（『日本律令成立の研究』塙書房、昭和五十六年十一月。初出は昭和四十六年七月）【第二章】
小野　恭靖「徳川美術館蔵「徳川光友筆歌謡」考」（『近世歌謡の諸相と環境』笠間書院、平成十一年十月。初出は平成五年二月）

【第八章・附二】
〃　「徳川光友の文芸」（同右。初出は平成七年二月）【第八章・附二】
小山田和夫「東宝記の編纂材料と新出逸文の検討」（国書逸文研究会月例会発表レジュメ、昭和五十六年九月）【第三章】
〃　「『水鏡』と『扶桑略記』との関係をめぐる研究の歴史と問題点の整理」（『立正大学文学部研究紀要』一三、平成九年三月）【第五章・第九章】
〃　「水鏡と扶桑略記」（『歴史物語講座　第五巻　水鏡』風間書房、平成九年八月）【第五章・第九章】
〃　「平安京　新たなる宮都の造営と神社の創建」（『歴史読本』五八―二、平成二十五年二月）【第九章】
笠井　純一「日本後紀逸文索引稿（一）～（六）」（『金沢大学教養部論集』人文科学篇一〇～三一―二、昭和四十八年三月～平成六年三月）【第一章】
〃　「『日本後紀』の撰者と編纂の背景」（直木孝次郎先生古稀記念会編『古代史論集』下、塙書房、平成元年一月）【第二章】
〃　「『日本後紀』の第一次撰者と坂上今継」（『続日本紀研究』二七九、平成四年八月）【第二章】
〃　「続日本紀と日本後紀――撰者と「蕃」人をめぐる一問題」（『続日本紀研究』三〇〇、平成八年三月）【序論・第二章】
笠井　剛「東宮傅・東宮学士の研究」（『皇學館論叢』三一―四、平成十年八月）【第二章】
梶山　孝夫「水戸学の話　第Ⅱ部の一」（ＢＬＯＧ江風舎、平成二十八年十二月三日付。http://edosakio.cocolog-nifty.com/blog/2016/12/post-ae97.html）【第七章】
勝山　清次「東寺領伊勢国川合・大国荘とその文書――平安前・中期の文書の真偽をめぐって」（『中世伊勢神宮成立史の研究』

塙書房、平成二十一年六月。初出は平成元年十一月）【第三章】
加藤　順一「日本後紀」（國書逸文研究会編『新訂増補國書逸文』国書刊行会、平成七年二月）【第五章】
加藤　英明「光友と寛文の改革」（『新修名古屋市史』第三巻、名古屋市、平成十一年三月）【第八章・附一】
門脇　禎二「律令体制の変貌」（『日本古代政治史論』東京大学出版会、昭和五十六年三月。初出は昭和三十七年八月）【第二章】
加納　重文「独自性――史書との関係」（『歴史物語の思想』京都女子大学、平成四年十二月。初出は平成三年六月）【第五章・第九章】
亀田　隆之「『日本後紀』における「伝」」（『日本古代制度史論』吉川弘文館、昭和五十五年四月。初出は昭和四十九年三月）【第二章】
〃　「『続日本後紀』における「伝」」（『日本古代制度史論』吉川弘文館、昭和五十五年四月。初出は昭和五十一年十一月）【第二章】
賀茂御祖神社『官幣大社賀茂御祖神社略誌』（官幣大社賀茂御祖神社々務所、昭和十二年四月）【第九章】
賀茂別雷神社『官幣大社賀茂別雷神社由緒略記』（官幣大社賀茂別雷神社々務所、昭和十二年五月）【第九章】
〃　「賀茂別雷神社年表」（『神道史研究』二四―五・六、昭和五十一年十一月）【第九章】
川島　丈内『名古屋文学史』（松本書店・東文堂書店、昭和七年二月）【第六章・第八章】
川瀬　一馬「駿河御譲本の研究」（『日本書誌学之研究』大日本雄弁会講談社、昭和十八年六月。初出は昭和九年九月）【第八章】
河添　房江『源氏物語時空論』（東京大学出版会、平成十七年十二月）【第二章】
〃　『源氏物語と東アジア世界』（日本放送出版協会、平成十九年十一月）【第二章】
〃　『光源氏が愛した王朝ブランド品』（角川学芸出版、平成二十年三月）【第二章】

〃　『唐物の文化史――舶来品からみた日本』（岩波新書、平成二十六年三月）【第二章】
河添房江・皆川雅樹『唐物と東アジア　舶載品をめぐる文化交流史（アジア遊学一四七）』（勉誠出版、平成二十三年三月）【第二章】
岸野　俊彦『幕藩制社会における国学』（校倉書房、平成十年五月）【第八章】
北山　茂夫「平城上皇の変についての一試論」（『続万葉の世紀』東京大学出版会、昭和五十年十一月。初出は昭和三十八年二月）【第四章】
鬼頭　素朗『尾張学概説』（奎星社、昭和十五年一月）【第八章】
木下　綾子「嵯峨上皇と淳和上皇――『日本後紀』序文の「一天両日」と堯・舜の喩」（『文学研究論集』二六、平成十九年二月）【第三章】
木村　茂光『「国風文化」の時代』（青木書店、平成九年二月）【第二章】
木本　好信「藤原緒嗣――その東北政策」（『平安朝官人と記録の研究――日記逸文にあらわれたる平安公卿の世界』おうふう、平成十二年十一月。初出は平成元年五月）【第二章】
〃　「藤原百川」（『藤原式家官人の考察』高科書店、平成十年九月。初出は平成七年六月）【第二章】
〃　「新刊紹介　細井浩志著『古代の天文異変と史書』」（『甲子園短期大学文化情報学科研究報告』三、平成二十年三月）【序論】
京都府医師会医学史編纂室『京都の医学史』（思文閣出版、昭和五十五年三月）【附二】
久保田　収「高野山における神仏習合の問題」（『神道史の研究』皇學館大学出版部、昭和四十八年七月。初出は昭和四十二年五月・七月）【第三章】

〃　「水戸義公の学問的業績」（『近世史学史論考』皇學館大学出版部、昭和四十三年十二月。初出は昭和三十二年十一月）【第七章】
栗田　寛『神祇志料』（明治四年六月成稿。昭和四十六年八月、思文閣復刻）【第九章】
栗田　元次「堀杏庵」（『郷土文化』二―二、名古屋郷土文化会、昭和二十二年三月）【第五章・第七章・第八章】
黒板　伸夫「書名と編修」（訳注日本史料『日本後紀』集英社、平成十五年十一月）【序論】
〃　「特色と時代」（同右）【序論・第二章】
〃　「全四十巻を対象とする初めての注釈書」（訳注日本史料『日本後紀』リーフレット、平成十五年十一月）【第一章】
黒板博士記念会『古文化の保存と研究』（黒板博士記念会、昭和二十八年二月）【第一章】
小池　富雄「元禄期における尾張藩士の文芸活動――朝日重章と「文会」」（『金鯱叢書』九、徳川黎明会、昭和五十七年六月）【第八章】
皇學館大学神道博物館『創立一二〇周年記念特別陳列　皇學館大学所蔵の名品――古文書・典籍』（皇學館大学神道博物館、平成十四年十月）【第三章】
河内　祥輔『古代政治史における天皇制の論理』（吉川弘文館、昭和六十一年四月）【第三章】
河内　春人「書評　細井浩志著『古代の天文異変と史書』」（『歴史評論』七一一、平成二十一年七月）【序論】
小路田泰直「津田史学からの脱却」（『日本史の方法』七、平成二十年五月）【序論】
小中村清矩『日本後紀考』（多和文庫所蔵、架蔵番号四〇―四、明治二十五年六月）【第五章】
小松原　濤『陳元贇の研究』（雄山閣出版、昭和四十七年十一月）【第八章】

是澤　恭三「柳原紀光の諸家記録探求に就て」(『国史学』四五、昭和十七年十月)【第一章】
斎宮歴史博物館　図録『賀茂斎院と伊勢斎宮』(斎宮歴史博物館、平成二十二年十月)【第九章】
齋藤　融「残存巻について」(訳注日本史料『日本後紀』集英社、平成十五年十一月)【序論・第五章】
斎藤　政雄『和学講談所御用留』の研究』(国書刊行会、平成十年一月)【第一章】
〃　「『日本後紀』とその版木」(『温故叢誌』五四、平成十二年十一月)【第一章】
佐伯　有清「新撰姓氏録序説」(『新撰姓氏録の研究』研究篇、吉川弘文館、昭和三十八年四月)【第二章】
〃　「政変と律令天皇制の変貌」(『日本古代の政治と社会』吉川弘文館、昭和四十五年五月)【第四章】
佐伯　有義「日本後紀　解説」(『朝日新聞社』六国史　日本後紀』朝日新聞社、昭和四年十二月)【第一章・第二章・第五章・第七章】
〃　「日本三代実録　解説」(『朝日新聞社』六国史　三代実録』朝日新聞社、昭和五年六月)【第二章】
〃　「日本後紀の写本に就いて」(『増補六国史月報』九、昭和十六年一月)【第一章】
嵯峨井　建「社寺行幸と天皇の儀礼空間」(『神仏習合の歴史と儀礼空間』思文閣出版、平成二十五年一月。初出は平成十四年六月)【第九章】
坂本　太郎「六国史について」(史学会編『本邦史学史論叢』上、冨山房、昭和十四年五月)【第二章】
〃　「六国史とその撰者」(坂本太郎著作集第三巻『六国史』吉川弘文館、平成三年八月。初出は昭和三十年一月)【第二章】
〃　「六国史と文徳実録」(『日本古代史の基礎的研究』上、東京大学出版会、昭和三十九年五月。初出は昭和三十八年十月)【第二章】

〃「記紀研究の現段階」（『史学雑誌』七二―一二、昭和三十八年十二月）【序論】
〃「藤原良房と基経」（坂本太郎著作集第十一巻『歴史と人物』吉川弘文館、平成元年七月。初出は昭和三十九年十一月）【第二章】
〃「三代実録とその撰者」（坂本太郎著作集第三巻『六国史』吉川弘文館、平成元年八月。初出は昭和四十三年八月）【第二章】
〃「六国史の伝来と三条西実隆父子」（坂本太郎著作集第三巻『六国史』吉川弘文館、平成三年八月。初出は昭和四十五年九月）【第一章・第五章】
〃『六国史』（吉川弘文館、昭和四十五年十一月）【序論・第一章・第二章・第五章】
〃「塙検校の識見」（坂本太郎著作集第五巻『修史と史学』吉川弘文館、平成元年二月。初出は昭和四十六年三月）【第一章】
鷺森　浩幸「藤原緒嗣の辞職上表」（『古代文化』六三―二、平成二十三年九月）【第二章】
櫻木　潤「伊予親王事件の背景――親王の子女と文学を手がかりに」（『古代文化』五六―三、平成十六年三月）【第四章】
佐々木恵介「薬子の変」（『歴史と地理』五一四、平成十年六月）【第四章】
笹山　晴生「唐風文化と国風文化」（『平安初期の王権と文化』吉川弘文館、平成二十八年十一月。初出は平成七年三月）【第二章】
〃「続日本後紀」（『平安初期の王権と文化』吉川弘文館、平成二十八年十一月。初出は平成十三年十一月）【第二章】
〃「訳注『日本後紀』の刊行に期待する」（訳注日本史料『日本後紀』リーフレット、平成十五年十一月）【第一章】
佐藤　宗諄「平安初期の官人と律令政治の変質」（『平安前期政治史序説』東京大学出版会、昭和五十二年三月。初出は昭和三十九年九月）【第二章】

〃　「文徳実録の編纂――その史料的性格をめぐって」（『奈良女子大学文学部研究年報』二一、昭和五十三年三月）【第二章】
〃　「桓武天皇の政治基調」（中山修一先生喜寿記念事業会編『長岡京古文化論叢』Ⅱ、三星出版、平成四年七月）【第二章】
佐藤　豊三「徳川義直と寛永の文化人」（『金鯱叢書』二七、徳川黎明会、平成十二年十一月）【第八章】
佐藤　長門「二〇〇六年の歴史学界――回顧と展望　古代　二」（『史学雑誌』一一六―五、平成十九年五月）【序論】
佐藤　信「平城太上天皇の変」（『歴史と地理』五七〇、平成十五年十二月）【第四章】
佐野　真人「桓武天皇の御生涯と祭祀」（『皇學館大学研究開発推進センター紀要』三、平成二十九年三月）【第三章】
佐村　八郎『国書解題』（六合館、明治三十三年二月）【第七章】
柴田　純『思想史における近世』（思文閣出版、平成三年六月）【第八章】
清水　潔『公卿補任年紀編年索引』（皇學館大学史料編纂所、平成二年三月）【第六章】
白井伊佐牟「『日本後紀』延暦十八年十二月戊戌条の「譜講」は「譜謀」か」（『皇學館大学史料編纂所報　史料』二二七、平成二十二年九月）【第三章】
白山芳太郎「職原抄諸本の系統と原型」（『職原抄の基礎的研究』神道史学会、昭和五十五年二月。初出は昭和四十九年四月・六月）【第六章】
神宮皇學館『六国史神祇索引』（神宮皇學館、昭和八年三月）【第一章】
水府明徳会徳川博物館　図録『水戸市制１００周年記念特別展　徳川光圀』（水府明徳会徳川博物館、平成元年九月）【附一】
杉浦　豊治『蓬左文庫典籍藂録　駿河御譲本』（人文科学研究会、昭和五十年九月）【第八章】
鈴木　景二「聖武天皇勅書銅板と東大寺」（『奈良史学』五、昭和六十二年十二月）【第三章】

〃　「日本古代の行幸」(『ヒストリア』一二五、平成元年十二月)【第九章】
鈴木　健一　『林羅山年譜稿』(ぺりかん社、平成十一年七月)【附二】
鈴木　拓也　「徳政相論と桓武天皇」(『国史談話会雑誌』五〇、平成二十一年三月)【第二章】
関根　淳　「「長屋王の変」の構造――『続日本紀』『日本霊異記』の史料的検討」(『平田耿二教授還暦記念論文集　歴史における史料の発見』平田研究室、平成九年九月)【序論】
〃　「長屋王の「誣告」記事と桓武朝の歴史認識」(『日本歴史』六六七、平成十五年十二月)【序論】
〃　「書評　細井浩志著『古代の天文異変と史書』」(『続日本紀研究』三七五、平成二十年八月)【序論】
〃　「戦後六国史研究の潮流」(『日本歴史』七二六、平成二十年十月)【序論】
高木　元豁　『徳川義直と尾張学』(名古屋市、昭和十八年十月)【第八章】
高田　淳　「桓武天皇の親王について――その加冠・叙品・任官を中心に」(『史学研究集録』九、昭和五十九年四月)【第四章】
高橋　崇　「藤原緒嗣と菅野真道――延暦二十四年の相論を中心として」(『続日本紀研究』三―六、昭和三十一年六月)【第二章】
〃　「藤原緒嗣と東北」(『古代東北と柵戸』吉川弘文館、平成八年七月)【第二章】
高橋　俊和　「「曠懐堂堀氏譜系」と「堀氏譜図」」(『堀景山伝考』和泉書院、平成二十九年二月。初出は平成十六年一月)【第八章】
高森　明勅　「道鏡事件とは何か」(『季刊日本文化』二四、平成十八年四月)【序論】
瀧川政次郎　「革命思想と長岡遷都」(『京制並に都城制の研究』角川書店、昭和四十二年六月)【第三章】
瀧浪　貞子　「薬子の変と上皇別宮の出現――後院の系譜(その一)」(『日本古代宮廷社会の研究』思文閣出版、平成三年十一月。初出は昭和五十五年十二月)【第四章】

〃　「薬子の変」（同右。初出は昭和六十三年六月）【第四章】
〃　「平安京の造営」（笹山晴生編『古代を考える　平安の都』吉川弘文館、平成三年二月）【第二章】
詫間　直樹『皇居行幸年表』（続群書類従完成会、平成九年十二月）【第九章】
武井　和人「東京大学史料編纂所所蔵『一条家書籍目録』翻刻」（『中世古典学の書誌学的研究』勉誠出版、平成十一年一月。初出は平成七年七月・十二月）【第七章】
竹内　理三「日本後紀の撰者「藤原緒嗣」伝」（『天理図書館善本叢書月報』三九、昭和五十三年三月）【第二章】
建内　光儀『上賀茂神社』（学生社、平成十五年十二月）【第九章】
竹谷　優「薬子の変（平城上皇の変）再考」（『上越社会研究』二七、平成二十四年十月）【第四章】
武部　敏夫「続史愚抄」（坂本太郎・黒板昌夫編『国史大系書目解題』上、吉川弘文館、昭和四十六年三月）【第一章】
武光　誠「摂関期の太政官政治の特質——陣申文を中心に」（『律令太政官制の研究』吉川弘文館、平成十一年五月。初出は昭和六十年四月）【第二章】
多田　圭介「『続日本後紀』の予防記事と物怪記事」（『皇學館論叢』四五—四、平成二十四年八月）【第二章】
〃　「紹介　遠藤慶太氏著『六国史——日本書紀に始まる古代の「正史」』」（『皇學館論叢』四九—四、平成二十八年八月）【序論】
但野　正弘「大日本史編纂と史料蒐集の苦心」（『水戸史学の各論的研究』慧文社、平成十八年八月。初出は昭和六十年四月）【第七章】
田中　善一「尾張光友と若宮八幡宮」（『熱田神宮とその周辺』名古屋郷土文化会、昭和四十三年八月。初出は昭和三十九年十二月）

【第八章・附二】

田中　卓「古典校訂に関する再検討と新提案」（続・田中卓著作集三『考古学・上代史料の再検討』国書刊行会、平成二十四年六月。初出は平成九年三月）【第一章】

〃　続・田中卓著作集三『考古学・上代史料の再検討』（国書刊行会、平成二十四年六月）【序論】

田辺　裕「徳川義直の撰述書目（上）（下）」（『藝林』一八―一・二、昭和四十二年二月・四月）【第八章】

〃「徳川義直の学問振興」（『藝林』一九―三、昭和四十三年六月）【第六章・第八章】

〃「徳川義直の伊勢参宮――「神祇宝典」の成立に関連して」（『皇學館論叢』一―四、昭和四十三年十月）【第五章・第六章・第七章・第八章・第九章】

〃「徳川義直の神道研究」（『高原先生喜寿記念皇學論集』皇學館大学出版部、昭和四十四年十月）【第六章・第八章】

〃「「類聚日本紀」の成立」（『神道史研究』一八―四、昭和四十五年十月）【第五章・第六章・第七章・第八章・第九章】

〃「尾張義直と水戸光圀」（『水戸史学』一八、昭和五十八年四月）【第七章・第八章】

〃「徳川家康崇拝の一例――第九子尾張義直の場合」（尾藤正英先生還暦記念会編『日本近世史論叢』上、吉川弘文館、昭和五十九年七月）【第八章】

〃「武野安斎（宗朝）覚書」（『藝林』三五―三、昭和六十一年九月）【第七章・第八章】

〃「堀貞高の死因と『朝林前編』」（名古屋学芸大学短期大学部東海地域文化研究所編『東海地域文化研究　その歴史と文化』思文閣出版、平成十八年三月。初出は平成十四年七月）【第八章】

〃「『士林泝洄』と『敬公行状』――尾張藩士の系譜集の堀貞高伝の読み方」（『藝林』五一―二、平成十四年十月）【第八

章】
谷口　孝介「書評　遠藤慶太著『平安勅撰史書研究』」（『和漢比較文学』四一、平成二十年八月）【序論】
千野　香織『千野香織著作集』（ブリュッケ、平成二十二年六月）【第二章】
柄　浩司「三条西家による『日本三代実録』の書写について」（『中央史学』一八、平成七年三月）【第一章・第五章】
〃　「『日本三代実録』の編纂過程と『類聚国史』の完成」（『中央大学文学部紀要』史学科五、平成十二年二月）【第二章】
逵　日出典『奈良朝山岳寺院の研究』（名著出版、平成三年二月）【第五章・第九章】
土田　直鎮「類聚三代格所収官符の上卿」（『奈良平安時代史研究』吉川弘文館、平成四年十一月。初出は昭和四十四年十二月）【第二章】
坪之内　徹「早良親王関係史料の整理」（『文化史学』三二、昭和五十一年十二月）【第五章】
東野　治之「聖武天皇勅書銅版」（『日本古代金石文の研究』岩波書店、平成十六年六月。初出は平成七年四月）【第三章】
土岐　昌訓「解題」（『神道大系』神社編三総記（下）、神道大系編纂会、昭和五十八年十二月）【第六章】
〃　「徳川義直の『神祇宝典』について」（『神道古典研究会報』六、昭和五十九年十月）【第六章】
徳川美術館　図録『彰考館蔵水戸徳川家名宝展』（徳川美術館、昭和四十八年九月）【附一】
〃　図録『徳川義直と文化サロン』（徳川美術館、平成十二年九月）【第八章】
所　功『京都の三大祭』（角川書店、平成八年一月）【第九章】
〃　「『賀茂注進雑記』に関する覚書」（『京都産業大学日本文化研究所紀要』創刊号、平成八年三月）【第九章】

〃　「新刊紹介　黒板伸夫・森田悌編『訳注日本史料　日本後紀』」（『皇學館大学史料編纂所報　史料』一八九、平成十六年二月）【第一章】
所　三男・山岸徳平『類聚日本紀解説』（尾張徳川黎明会、昭和十四年十一月）【第五章・第六章】
中田　易直「国史学界の今昔（五六）戦中・戦後の文部省学術行政（上）」（『日本歴史』八一〇、平成二十七年十一月）【序論】
中西　康裕「道鏡事件」（『続日本紀と奈良朝の政変』吉川弘文館、平成十四年七月。初出は平成五年五月）【序論】
〃　「『日本後紀』の編纂について」（『続日本紀研究』三一一・三一二合併号、平成十年二月）【序論・第二章・第三章】
〃　『続日本紀と奈良朝の政変』（吉川弘文館、平成十四年七月）【序論・第二章】
中野渡俊治「平安時代初期の太上天皇」（『古代太上天皇の研究』思文閣出版、平成二十九年三月。初出は平成二十二年十一月）【第三章】
名古屋市　『新修名古屋市史』第三巻（名古屋市、平成十一年三月）【第六章・第七章・第八章・附一】
〃　『新修名古屋市史』第四巻（名古屋市、平成十一年三月）【第八章】
名古屋市役所『名古屋史要』（名古屋市役所、明治四十三年三月）【第七章】
〃　『名古屋市史』政治編第一（名古屋市役所、大正四年十一月）【第八章・附一】
〃　『名古屋市史』学芸編（名古屋市役所、大正五年十二月）【第六章・第八章】
〃　『名古屋市史』人物編第二（名古屋市役所、昭和九年五月）【第八・附二】
名越　時正「徳川光圀の立志と水戸史学の成立」（『水戸学の研究』神道史学会、昭和五十年五月。初出は昭和三十二年十一月）【第六章】

〃　「大日本史と義公」（同右。初出は昭和三十二年十一月）【第七章】
西田　長男「賀茂注進雑記」（『国史大辞典』三、吉川弘文館、昭和五十八年二月）【第九章】
西村さとみ『平安京の空間と文学』（吉川弘文館、平成十七年九月）【第二章】
西村　時彦『尾張敬公』（名古屋開府三百年紀念会、明治四十三年三月）【第六章・第八章】
西本　英夫「『日本後紀』『続日本後紀』『日本文徳天皇実録』における叙位記事欠落について」（『続日本紀研究』三四二、平成十五年二月）【序論】
西本　昌弘「『日本後紀』の伝来と書写をめぐって」（『続日本紀研究』三一一・三一二合併号、平成十年二月）【序論・第一章・第五章・第七章】
〃　「桓武改葬と神野親王廃太子計画」（『続日本紀研究』三五九、平成十七年十二月）【第三章・第四章】
〃　「薬子の変とその背景」（『国立歴史民俗博物館研究報告』一三四、平成十九年三月）【第四章】
〃　『桓武天皇　造都と征夷を宿命づけられた帝王』（山川出版社、平成二十五年一月）【第三章】
〃　「「唐風文化」から「国風文化」へ」（『岩波講座日本歴史』五、岩波書店、平成二十七年六月）【第二章】
西谷地晴美「記紀の読み方――神野志隆光氏の所論によせて」（『日本史の方法』七、平成二十年五月）【序論】
仁藤　敦史「桓武の皇統意識と氏の再編」（『国立歴史民俗博物館研究報告』一三四、平成十九年三月）【第三章】
仁藤　智子「古代行幸の変遷」（『平安初期の王権と官僚制』吉川弘文館、平成十二年九月）【第九章】
貫井　裕恵「宮内庁書陵部所蔵『東寺草創以来事』について――『東寺草創以来事』と『東宝記』」（『鎌倉遺文研究』二四、平成二十一年十月）【第三章】

〃　「中世寺院における寺誌の一側面――東寺と「弘仁官符」」（『中世寺社の空間・テクスト・技芸　「寺社圏」のパースペクティヴ（アジア遊学一七四）』勉誠出版、平成二十六年七月）【第三章】
野口　武司「六国史の薨卒伝の記述内容について――続日本紀～文徳実録を中心に」（『立正史学』四七、昭和五十五年三月）【第二章】
〃　「『文徳実録』と藤原基経――国司の任官記事の検討を通して」（『信州豊南女子短期大学紀要』八、平成三年三月）【第二章】
橋本　義則「朝政・朝儀の展開」（『平安宮成立史の研究』塙書房、平成七年三月。初出は昭和六十一年十二月）【第二章】
橋本　義彦「〝薬子の変〟私考」（『平安貴族』平凡社、昭和六十一年八月。初出は昭和五十九年九月）【第四章】
長谷部将司「書評　中西康裕著『続日本紀と奈良朝の政変』」（『史境』四六、平成十五年三月）【第三章】
〃　『日本古代の地方出身氏族』（岩田書院、平成十六年十一月）【序論・第三章】
林　　勉「解説」（久松潜一監修『契沖全集』第十六巻、岩波書店、昭和五十一年五月）【第五章・第七章】
林　陸朗「藤原緒嗣と藤原冬嗣――平城・嵯峨朝の政界鳥瞰」（『上代政治社会の研究』吉川弘文館、昭和四十四年九月。初出は昭和三十七年五月）【第二章】
〃　「桓武朝の太政官符をめぐって」（『桓武朝論』雄山閣出版、平成六年四月。初出は昭和六十年十一月）【第二章】
〃　「『日本後紀』訳注の刊行に寄せて」（訳注日本史料『日本後紀』リーフレット、平成十五年十一月）【第一章】
林屋辰三郎『角倉了以とその子』（星野書店、昭和十九年四月）【第八章】
〃　「多和文庫本日本後紀の偽作過程に就いて」（『日本史研究』三、昭和二十一年十二月）【第五章】

〃　『角倉素庵』（朝日新聞社、昭和五十三年三月）【第八章】
春名　宏昭「平安新王朝の創設」（大津透編『王権を考える　前近代日本の天皇と権力』山川出版社、平成十八年十一月）【第三章】
〃　『平城天皇』（人物叢書、吉川弘文館、平成二十一年一月）【第三章】
樋口　知志「二〇〇四年の歴史学界――回顧と展望　古代　二」（『史学雑誌』一一四―五、平成十七年五月）【序論】
肥後　和男「平安時代の大臣の辞表」（『古代史上の天皇と氏族』弘文堂、昭和五十三年二月。初出は昭和二十三年十二月）【第二章】
彦由一太監修、赤羽洋輔・有賀伸興編『日本後紀人名総索引』（政治経済史学会、昭和三十八年六月）【第一章】
平田　俊春「水鏡の批判」（『私撰国史の批判的研究』国書刊行会、昭和五十七年四月。初出は昭和十年十一月）【第五章・第九章】
平野　博之「日本紀略の日本後紀薨卒記事の抄録について（上）」（『下関市立大学論集』二四―三、昭和五十六年三月）【第三章】
福井　久蔵『諸大名の学術と文芸の研究』（厚生閣、昭和十二年五月）【第六章】
福井　俊彦「薬子の乱と官人」（『早稲田大学大学院文学研究科紀要』二四、昭和五十四年三月）【第四章】
〃　「平城上皇の譲位について」（久保哲三先生追悼論文集刊行会編『翔古論聚』同刊行会、平成五年五月）【第四章】
藤實久美子「「本朝通鑑」編修と史料蒐集――対朝廷・公家・武家の場合」（『近世書籍文化論――史料論的アプローチ』吉川弘文館、平成十八年一月。初出は平成十一年三月）【第七章】
〃　「江戸時代の史料蒐集と保存――紅葉山文庫を中心に」（松尾正人編『今日の古文書学　二　史料保存と文書館』雄山閣出版、平成十二年六月）【第六章】
藤田　奈緒「伊予親王事件の研究――嵯峨朝成立への展望」（『海南史学』三七、平成十一年八月）【第四章】

藤田　安蔵「佚書考　日本後紀」（『史学雑誌』五―七、明治二十七年七月）【第五章】
藤森　馨「湯島聖堂旧蔵徳川光圀献上本の所在確認と装訂――結び綴の意義」（『図書学入門』成文堂、平成二十四年三月。初出は平成七年三月）【第七章】
〃　「紹介　黒板伸夫・森田悌編『日本後紀』」（『國學院雑誌』一〇七―八、平成十八年八月）【第一章】
細井　浩志「九世紀の記録管理と国史――天文記事と日唐の月食比較」（『古代の天文異変と史書』吉川弘文館、平成十九年九月。初出は平成十三年五月）【第二章】
〃　『古代の天文異変と史書』（吉川弘文館、平成十九年九月）【序論】
保母　崇「奈良末期から平安初期の東宮官人と皇太子」（『日本歴史』六二五、平成十二年六月）【第二章】
堀　勇雄『林羅山』（人物叢書、吉川弘文館、昭和三十九年六月）【附二】
堀池　春峰「解題」（『天理図書館善本叢書　日本後紀』八木書店、昭和五十三年三月）【第一章・第五章】
真壁　俊信「冬嗣と勧学院」（『天神信仰史の研究』続群書類従完成会、平成六年三月）【第二章】
〃　「時平と『三代実録』」（同右）【第二章】
真木　隆行「鎌倉末期における東寺最頂の論理――『東宝記』成立の原風景」（東寺文書研究会編『東寺文書にみる中世社会』東京堂出版、平成十一年五月）【第三章】
益田　宗「水鏡」（皆川完一・山本信吉編『国史大系書目解題』下、吉川弘文館、平成十三年十一月）【第五章・第九章】
町田　一也「律令官人藤原氏の政治的成長――緒嗣・冬嗣を中心に」（『年報新人文学』五、平成二十年十二月）【第二章】
松木　俊曉「二〇〇八年の歴史学界――回顧と展望　古代　二」（『史学雑誌』一一八―五、平成二十一年五月）【序論】

松崎　英一「日本後紀記事の誤謬・矛盾」（『古代文化』二八—一、昭和五十一年一月）【第一章】
〃　「日本後紀編纂過程の研究」（竹内理三博士古稀記念会編『続律令国家と貴族社会』吉川弘文館、昭和五十三年一月）【第二章】
〃　「日本文徳天皇実録編纂過程の研究」（竹内理三博士喜寿記念論文集刊行会編『律令制と古代社会』吉川弘文館、昭和五十九年九月）【第二章】
〃　「日本文徳天皇実録」（皆川完一・山本信吉編『国史大系書目解題』下、吉川弘文館、平成十三年十一月）【第二章】
三浦　藤作『勅撰六国史大観』（中興館、昭和十九年一月）【第五章】
水口　幹記「書評　遠藤慶太『平安勅撰史書研究』」（『歴史学研究』八二六、平成十九年四月）【序論】
〃　「書評と紹介　細井浩志著『古代の天文異変と史書』」（『古文書研究』六八、平成二十二年二月）【序論】
三橋　広延「国史大系『日本逸史』付載資料の内容と伝来」（『国史学』一五五、平成七年五月）【第五章・第七章】
〃　「神宮文庫所蔵『奉納日本逸史記』」（『季刊ぐんしょ』復刊三〇、平成七年十月）【第五章・第九章】
〃　「逸文収集の歩み」（訳注日本史料『日本後紀』集英社、平成十五年十一月）【序論・第五章・第九章】
〃　「逸文関係文献目録」（同右）【序論】
皆川　雅樹『日本古代王権と唐物交易』（吉川弘文館、平成二十六年三月）【第二章】
宮本　有香「平安初期編纂事業の一考察」（『國學院大學大学院紀要』文学研究科二七、平成八年三月）【第二章】
三好和義他『日本の古社　賀茂社　上賀茂神社・下鴨神社』（淡交社、平成十六年四月）【第九章】
村井　康彦「官衙町の形成と変質」（『古代国家解体過程の研究』岩波書店、昭和四十年四月）【第二章】

〃　「国風文化の創造と普及」（『文芸の創成と展開』思文閣出版、平成三年六月。初出は昭和五十一年八月）【第二章】
村尾次郎『桓武天皇』（人物叢書、吉川弘文館、昭和三十八年十月）【第三章】
目崎徳衛「平城朝の政治史的考察」（『平安文化史論』桜楓社、昭和五十八年十月。初出は昭和三十七年十二月）【第四章】
〃　「薬子の変」（『国史大辞典』第四巻、吉川弘文館、昭和五十九年二月）【第四章】
森　明彦「鐵と銭――『日本後紀』・『日本三代実録』の貢調銭記事について」（『続日本紀研究』三四七、平成十五年十二月）【第一章】
〃　「平安時代貨幣研究の二、三の問題」（『出土銭貨』三三、平成二十五年十二月）【第三章】
森　銑三「稲山行教」（『森銑三著作集』続編二、中央公論社、平成四年十二月。初出は昭和十六年十月）【第一章】
森田　悌「『日本後紀』塙本の原本」（『王朝政治と在地社会』吉川弘文館、平成十七年十二月。初出は平成十二年十二月）【第一章・第五章】
〃　「歴史が動いた平安初期を描いた国史」（訳注日本史料『日本後紀』リーフレット、平成十五年十一月）【第一章】
〃　「書評と紹介　遠藤慶太著『平安勅撰史書研究』」（『日本歴史』七一〇、平成十九年七月）【序論】
矢崎浩之「『升堂記』について――林家塾入門者記録」（『いわき紀要』二一、平成六年四月）【第八章】
安川　実『本朝通鑑の研究――林家史学の展開とその影響』（言叢社、昭和五十五年八月）【第五章・第七章・第九章】
安田政彦「『続日本紀』にみえる地震記事」（『続日本紀研究』三〇〇、平成八年三月）【序論】
〃　「大伴親王の賜姓上表」（『平安時代皇親の研究』吉川弘文館、平成十年七月）【第三章】
〃　「緒嗣と冬嗣」（続日本紀研究会編『続日本紀と古代社会』塙書房、平成二十六年十二月）【第二章】

柳　宏吉「石川名足、上毛野大川の国史撰修」（『日本歴史』七七、昭和二十九年十月）【第二章】
山下克明「書評　細井浩志著『古代の天文異変と史書』」（『日本史研究』五五五、平成二十年十一月）【序論】
大和文華館『図録　特別展　没後三七〇年記念　角倉素庵』（大和文華館、平成十四年十月）【第八章】
山本信吉「三代実録、延喜格式の編纂と大蔵善行」（『歴史教育』一四—六、昭和四十一年六月）【第二章】
〃「日本後紀の編纂過程」（『新訂増補国史大系月報』五一、昭和四十一年十二月）【第二章】
〃「東寶記概説」（『国宝東宝記原本影印』東京美術、昭和五十七年二月）【第三章】
〃「日本後紀」（皆川完一・山本信吉編『国史大系書目解題』下、吉川弘文館、平成十三年十一月）【序論・第一章・第二章・第四章・第五章】
〃「日本逸史」（同右）【序章・第五章・第九章】
山本祐子「尾張藩「御文庫」について（一）——義直・光友の蔵書を中心に」（『名古屋市博物館研究紀要』八、昭和六十年三月）【第六章・第八章】
〃「尾張藩「御文庫」について（二）——蔵書目録からみた「御文庫」の展開」（『名古屋市博物館研究紀要』九、昭和六十一年三月）【第六章・第八章】
〃「尾張徳川家の文庫と蔵書目録」（『尾張徳川家蔵書目録』第一巻、ゆまに書房、平成十一年八月）【第六章・第八章】
横井在時「尾張藩御文庫と御書物奉行」（『郷土文化』三九—二、名古屋郷土文化会、昭和六十年一月）【第八章】
吉岡眞之「日本後紀」（『歴史読本臨時増刊　歴史の名著一〇〇』昭和五十年七月）【第一章】
〃「角倉本『続日本紀』の諸問題」（『古代文献の基礎的研究』吉川弘文館、平成六年十一月。初出は昭和六十二年十二

月）【第六章・第九章】
〃「蓬左文庫本『続日本紀』の諸問題」（同右。初出は平成五年四月）【第五章・第六章・第七章・第九章】
〃「宮内省における六国史校訂事業」（同右。初出は昭和五十八年二月）【第一章】
〃「類聚国史」（皆川完一・山本信吉編『国史大系書目解題』下、吉川弘文館、平成十三年十一月）【第三章】
吉川　真司「上宣制の成立」（『律令官僚制の研究』塙書房、平成十年二月）【第二章】
〃「摂関政治と国風文化」（京都大学大学院・文学研究科編『世界の中の『源氏物語』』臨川書店、平成二十二年二月）【第二章】
吉川　芳秋「汲古会と主宰者大口・花橋両翁」（『郷土文化』二八―一、名古屋郷土文化会、昭和四十八年八月）【附二】
吉田　一徳『大日本史紀伝志表撰者考』（風間書房、昭和四十年三月）【第七章】
米田　雄介「貴族文化の展開」（『摂関制の成立と展開』吉川弘文館、平成十八年二月。初出は昭和五十九年十一月）【第二章】
六国史索引編集部『六国史索引三　日本後紀　続日本後紀　日本文徳実録　索引』（吉川弘文館、昭和四十年五月）【第一章】
若井　敏明「神武天皇不在論は科学的か」（『日本史の方法』七、平成二十年五月）【序論】
〃『邪馬台国の滅亡　大和王権の征服戦争』（吉川弘文館、平成二十二年三月）【序論】
和田　英松『本朝書籍目録考證』（明治書院、昭和十一年十一月）【第五章】
〃『國書逸文』（森克己発行、昭和十五年四月）【第五章】
渡辺　寛「解題　類聚三代格観智院本」（『天理図書館善本叢書　古代史籍続集』八木書店、昭和五十年一月）【第六章】
特集「「国風文化」を捉え直す」（『歴史評論』七〇二、平成二十年十月）【第二章】

あとがき

本書は、平成二十八年四月に皇學館大学大学院に提出し、二十九年三月に博士（文学）の学位を授与いただいた学位請求論文「日本後紀の研究」を基としており、出版に際しては皇學館大学出版助成金の給付を受けた。まずは、学位審査の主査もお引き受けくださった学長清水潔先生はじめ、皇學館大学に感謝申し上げます。中でも、皇學館大学文学部在学中より今日までご指導賜わっている渡辺寛先生、早く学位論文をまとめるようお気遣いいただいた田中卓先生のご指導があってこそ、こうして学位申請・出版に至ったもので、お二人の先生に心より御礼申し上げます。

さて、郷里を離れて入学した皇學館大学文学部では、渡辺先生のご指導のもと、卒業論文のテーマに『日本後紀』を選んだ。その卒業論文に対して皇學館大學人文學會奨励賞をいただき機関誌『皇學館論叢』に一部を掲載することができたのは大変ありがたいことであった。そして同大学院博士前期課程に進学し、修士論文でも同じテーマに取り組んだ。第一章・第二章・第五章は、その卒業論文や修士論文で論じたことがベースとなっている。博士前期課程修了後は、大学院特別研究生、史料編纂所研究嘱託にそれぞれ一年ずつ籍を置かせていただき、平成十六年四月、渡辺先生が委員長を務めておられた皇學館大学創立百三十周年・再興五十周年に向けた皇學館史編纂事業のため専任教員として採用いただいた。以後はそのことに専念したが、その間にあっても、渡辺先生をはじめ本学の諸先生方より多く学ぶことができ、また有志数名で田中先生のお宅に定期的にお伺いするようになったことも、人生の大きな糧である。

平成二十六年三月の館史編纂室廃止に伴い、同年四月研究開発推進センターの一員に加えていただき、二十六年十二月に『皇學館大學百三十年史』も全五冊完結、翌二十七年四月からは佐川記念神道博物館の学芸員として勤務させていただいている。非才の身でありながら、周年事業終了後もこうして引き続き母館に籍を置き学問に携わることができているのも、学長の清水先生や前研究開発推進センター長（現文学部長）岡野友彦先生・現センター長大島信生先生、博物館の岡田芳幸先生はじめとする諸先生のご高配によるもので、他にも今日までお世話になっている先生方お一人お一人のお名前をあげると切りがない。また、学位の審査では、清水先生、加茂正典先生、荊木美行先生にご指導いただいた。口頭試問では種々のご指摘や課題をいただいたが、本書に十分活かすことができなかった。今後の課題としたい。

出版にあたっては、『続・田中卓著作集』のお手伝いでお世話になった国書刊行会にご相談させていただいた。出版不況に拘らず、このような地味な専門書の刊行をお引き受けくださった国書刊行会および編集部今野道隆様に御礼申し上げます。また、大学院進学や伊勢での就職を理解してくれた両親にも感謝したい。

平成二十九年八月十五日

大平和典

著者略歴
大平　和典（おおひら　かずのり）
昭和53年、栃木県生まれ。
平成14年、皇學館大学大学院文学研究科博士前期課程修了。
平成16年皇學館大学助手・館史編纂室員、同助教を経て、現在同大学研究開発推進センター准教授・佐川記念神道博物館学芸員。博士（文学）。
共編著に、『皇學館大學百三十年史』全5冊（学校法人皇學館）、『久邇親王行実』（同）がある。

日本後紀《にほんこうき》の研究《けんきゅう》
ISBN978-4-336-06203-1

平成30年1月20日　初版第1刷発行

著　者　大平和典
発行者　佐藤今朝夫

〒174-0056　東京都板橋区志村1-13-15
発行所　株式会社　国書刊行会
電話 03(5970)7421　FAX 03(5970)7427
E-mail: info@kokusho.co.jp　URL: http://www.kokusho.co.jp

落丁本・乱丁本はお取替えいたします。
印刷　創栄図書印刷株式会社
製本　株式会社ブックアート

書名・史料名索引

あ

か

さ

た

な

は

ま

や

ら

わ

人名索引

あ

か

さ

た

な

は

ま

や

ら

わ

件名索引

あ

か

さ

た

な

は

ま

や

ら

わ